城乡居民收入分配
投入占用产出模型及其应用

李晖 ○ 著

中国社会科学出版社

图书在版编目（CIP）数据

城乡居民收入分配投入占用产出模型及其应用／李晖著.—北京：
中国社会科学出版社，2019.6
ISBN 978 – 7 – 5203 – 4611 – 5

I.①城… II.①李… III.①居民收入—收入分配—研究—中国
IV.①F126.2

中国版本图书馆 CIP 数据核字(2019)第 122334 号

出 版 人	赵剑英	
责任编辑	安　芳	
责任校对	张爱华	
责任印制	李寡寡	

出　　版	中国社会科学出版社	
社　　址	北京鼓楼西大街甲 158 号	
邮　　编	100720	
网　　址	http://www.csspw.cn	
发 行 部	010 – 84083685	
门 市 部	010 – 84029450	
经　　销	新华书店及其他书店	

印　　刷	北京明恒达印务有限公司
装　　订	廊坊市广阳区广增装订厂
版　　次	2019 年 6 月第 1 版
印　　次	2019 年 6 月第 1 次印刷

开　　本	710 × 1000　1/16
印　　张	16.5
插　　页	2
字　　数	222 千字
定　　价	70.00 元

序

改革开放以来，我国居民收入发生了翻天覆地的变化。在收入快速增长的同时，由分配格局不合理引发的连锁反应正成为影响中国社会的一个大问题。目前我国收入分配出现的不合理格局有：城乡居民收入增速多年落后于 GDP 增速、劳动者报酬在国民收入初次分配中的比重持续下降、城乡居民收入差距过大、行业间收入差距过大等。这意味着我国居民并没有充分享受到经济增长的成果，这也是当前我国内需不足的一个重要原因。另外，多年来农村居民与城镇居民在收入增长速度上的差距使得城乡居民收入差距不断扩大，城乡居民收入差距过大已成为维护社会稳定，构建和谐社会的一大难题。因此，收入分配不仅是单纯的经济利益调节问题，还是关系社会和谐稳定的重大全局性问题，更是中国经济能否继续稳健前行的战略基石。

投入产出技术作为研究经济系统各部门之间相互依存关系的数量经济分析方法，在经济结构分析和产业间关联关系分析方面具有其他模型方法不可比拟的优势。本书将投入产出技术与收入分配问题相结合，建立城乡居民收入分配投入占用产出模型，从城镇和农村分行业层面，对居民收入结构与经济结构的相互影响机制以及国民经济各部门间收入分配复杂的关联关系进行定量分析。一是克服现有对于我国居民收入问题的研究多数集中在整体，而对于分产业部门居民收入讨论不足的问题；二是有利于对各个产业部门居民收入与经济的相互影响机制以及国民经济各部门间收入分配复杂的关联关系进行系统研究。

利用城乡居民收入分配投入占用产出模型可以对当前我国居民收入分配中许多有意义的问题进行研究。本书重点讨论：我国劳动者报酬在国民收入初次分配中的比重偏低、城乡居民收入差距过大、农产品价格变动对农村居民收入的影响、"三驾马车"——消费、投资和出口及其结构变动对我国城乡居民收入增长的拉动效应、实现 2020 年收入倍增计划的我国居民收入总量与 GDP 增速等问题。利用投入产出技术研究中国居民收入问题存在广阔的空间，希望通过本书的研究可以更加系统完善的对此问题进行研究，取得更多有意义的成果，进一步丰富城乡居民收入分配问题的研究方法和结果，为扩大我国城乡居民收入，缩小城乡居民收入差距提供相关政策建议，这具有重要的理论意义和应用价值。

目　　录

第一章

引　言

第一节　中国居民收入基本情况分析

一　城乡居民收入快速增长但多年落后于我国 GDP 增速

改革开放以来，我国城乡居民收入持续快速增长。1978 年我国城镇居民家庭人均可支配收入为 343.4 元，农村居民家庭人均纯收入为 133.6 元，到 2011 年我国城镇居民家庭人均可支配收入和农村居民家庭人均纯收入增长为 21809.8 元和 6977.3 元，分别增长了 62.5 倍和 51.2 倍，见图 1.1。

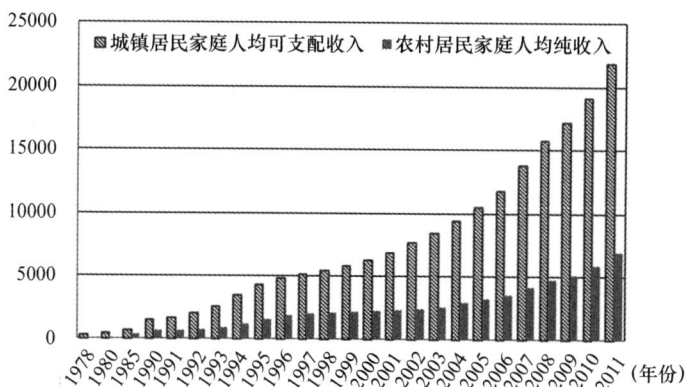

图 1.1　1978—2011 年我国城乡居民收入状况（单位：元）

数据来源：《中国统计年鉴 2012》。

虽然我国城乡居民收入有了较大幅度的提高，但与我国 GDP 增长速度相比，我国居民收入增速相对较慢。过去十几年我国 GDP 一直保持较快的增长速度，2000—2011 年平均实际增长速度达到 10.4%，2010 年我国名义 GDP 总量为 401513 亿元，超过日本成为世界第二大经济体。2000—2011 年我国城镇居民家庭人均可支配收入由 6860 元增长到 21810 元，扣除价格因素平均实际增长速度为 9.5%，农村居民家庭人均纯收入由 2366 元增长到 6977 元，扣除价格因素平均增长速度为 7.4%，如表 1.1 所示。可以看出，城乡居民收入平均增速均明显低于 GDP 增速，尤其是农村居民收入平均年增长速度低于 GDP 增速多达 3 个百分点，我国城乡居民并没有充分享受到经济增长的果实。

表 1.1　　　　2000—2011 年我国 GDP 及城乡居民收入实际增速

年份	GDP 现价总量（亿元）	同比增速（%）	城镇居民家庭人均可支配收入（元）	同比增速（%）	农村居民家庭人均纯收入（元）	同比增速（%）
2000	99215	8.4	6280	6.4	2253	2.1
2001	109655	8.3	6860	8.5	2366	4.2
2002	120333	9.1	7703	13.4	2476	4.8
2003	135823	10.0	8472	9.0	2622	4.3
2004	159878	10.1	9422	7.7	2936	6.8
2005	184937	11.3	10493	9.6	3255	6.2
2006	216314	12.7	11760	10.4	3587	7.4
2007	265810	14.2	13786	12.2	4140	9.5
2008	314045	9.6	15781	8.4	4761	8.0
2009	340903	9.2	17175	9.8	5153	8.5
2010	401513	10.4	19109	7.8	5919	10.9
2011	472882	9.3	21810	8.4	6977	11.4

数据来源：根据《中国统计年鉴 2012》相关数据计算得到（按 2000 年不变价计算）。

二 农村居民收入增长速度长期落后于城镇

我国农村居民家庭人均纯收入增长速度不但落后于 GDP 增速，也长期落后于城镇居民家庭人均可支配收入增长速度。城乡居民收入在增长速度上的差异不仅不利于扩大农村居民消费，同时也是造成我国城乡居民收入差距不断拉大的一个重要原因。

根据不同的历史时期，我国农村居民收入变化可以分为以下几个阶段[①]：第一，1978—1984 年农民收入快速增长。主要原因是普遍实行了农村家庭联产承包责任制，极大地调动了农民的生产积极性，农村经济发展迅速。第二，1985—1990 年农民收入缓慢波动增长。由于农业生产出现徘徊，农产品价格下降，农业生产资料等工业品价格大幅度上涨，农业增产不增收。农民收入增速产生波动。第三，1991—1996 年农民收入反弹回升。这一时期乡镇企业快速发展，农村劳动力流动性加强，农民收入来源扩大，并且国家连续提高农副产品收购价格。第四，1997—2000 年农民收入增速持续下降。主要原因是农产品收购价格有所下降，农业和农村经济进入新阶段，农民增收进入困难时期。第五，2001—2007 年农民收入增速回升。进入 21 世纪，农村居民增收面临许多新困难，中央采取了一系列强农惠农政策，农民收入增速回升。第六，2008—2011 年农民收入快速增长。政府高度重视三农问题，2006 年全面取消了农业税，惠农支农政策效应显现，农村居民收入增长明显提速。

根据国家统计局公布的《中国统计年鉴 2012》相关数据计算可得，扣除价格因素，2010 年我国农村居民家庭人均纯收入实际增速为 10.9%，城镇居民家庭人均可支配收入实际增速为 7.8%，是自 1997 年以来全国农村居民收入增速首次快于城镇。2011 年我国农村居民收入增长速度进一步加快，扣除价格因素的实际增长速度

---

① 国家统计局农村社会经济调查总队、中国社会科学院农村发展研究所：《2000—2001 年：中国农村经济形势分析与预测》，社会科学文献出版社 2001 年版，第 208—213 页。

为 11.4%，城镇居民收入实际增速为 8.4%，农村居民收入增长保持良好态势，增速高于城镇 3 个百分点，如图 1.2 所示。

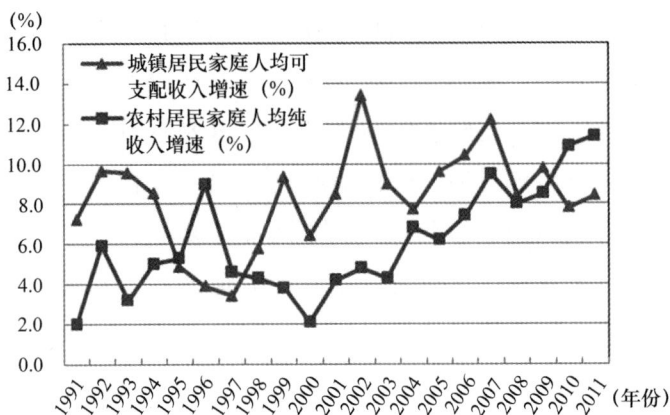

图 1.2　1991—2011 年我国城乡居民收入增速对比图

数据来源：根据《中国统计年鉴 2012》相关数据推算（按不变价计算）。

三　城乡居民收入差距过大

城乡收入比是衡量城乡收入差距的常用指标，一般采用城镇居民家庭人均可支配收入和农村居民家庭人均纯收入的比值。改革开放以来，我国城乡居民收入比经历了由迅速缩小到逐渐扩大，由逐渐扩大到逐渐缩小，再由逐渐缩小到加速扩大的发展过程。1978 年我国城镇居民家庭人均可支配收入和农村居民家庭人均纯收入比值为 2.57∶1，随着家庭联产承包责任制的逐步实施，农村经济迅速发展，农民收入快速增长，到 1985 年下降为历史最低值 1.86∶1，之后伴随着城市经济体制改革的进展，在 1994 年又逐步上升到 2.86∶1，由于政府提高了农产品收购价格，到 1997 年下降为 2.47∶1。2002 年我国城乡居民收入比扩大为 3.11∶1，首次突破 3∶1，之后继续波动上升。2007 年我国城乡收入比达到 3.33∶1，之后呈现缩小趋势，在 2009 年出现短暂扩大后，2010 年我国城乡居民收入比进一步缩小为 3.23∶1。虽然城乡居民收入比有所减小，但城乡居民收入差距绝对量仍在进一步扩大中，见图 1.3。

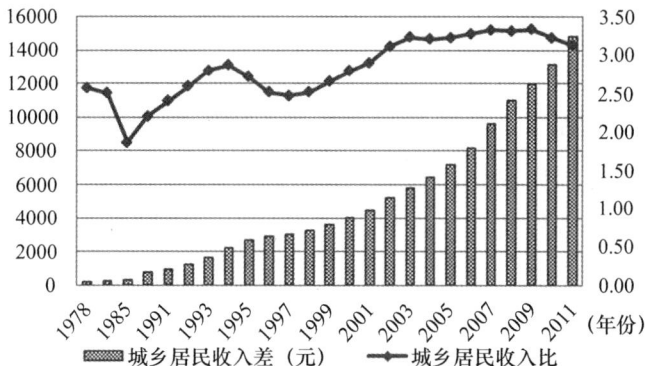

图 1.3　1978—2011 年我国城乡居民差距及收入比

数据来源：根据《中国统计年鉴 2012》推算。

　　根据世界银行的报告，世界上多数国家城乡收入比为 1.5∶1，超过 2 的国家很少，国际劳工组织发布的 1995 年 36 个国家的数据显示，中国是城乡收入比超过 2∶1 的仅有的三个国家之一。① 与城镇居民收入用途不同的是，农民的纯收入除要用于消费和储蓄以外，还有一部分是用于扩大再生产的支出。另外，如果将城镇居民享受的各种社会福利，如医疗、教育、养老金保障、失业保险、最低收入保障等隐性收入考虑进来的话，我国城乡居民实际收入差距应比统计上的收入差距要大很多。不断扩大的城乡收入差距不仅不利于我国内需的扩大，对我国经济可持续发展和社会稳定也提出挑战。

四　城乡收入来源结构变化较大

　　根据收入来源的不同，我国城乡居民收入可以分为工资性收入、经营性收入、财产性收入和转移性收入四个部分，我国城镇居

---

　　① 茶洪旺、和云：《中国经济发展中的隐忧：城乡居民收入差距扩大的效应分析》，《经济研究参考》2012 年第 10 期。

民收入和农村居民收入在构成上存在很大的不同。其中，城镇居民主要收入来源为工资性收入，其次是转移性收入，两部分之和可以占到城镇居民全部收入的90%左右，而经营性收入和财产性收入所占比重较小。我国农村主要收入来源为家庭经营性收入，其次是工资性收入，两者可占农村居民全部收入的90%左右，农村居民的转移性收入和财产性收入则相对较少。

近些年，虽然我国城乡居民四大收入在绝对量上均呈现全面增长态势，但在比重上却发生了一定的变化。由图1.4可以看出，城镇居民工资性收入占其总收入比重呈现下降趋势，由1995年的78.85%下降为2011年的64.27%，共减少14.58个百分点；转移性收入比重进一步增大，由1995年的17.14%增长为2011年的23.81%，增长了6.67个百分点。经营性收入增长最快，由1995年的1.81%增长为2011年的9.22%，增长了7.41个百分点，财产性收入则变化不大。究其原因：我国社会保障和救济制度不断完善，由于城镇居民转移性收入中，养老金比重较大，因此养老金水平的提高有效促进了其转移性收入的提高；同时，随着经济的不断发展，我国个体和私营经济发展迅速，使得城镇居民经营性收入有显著提高。

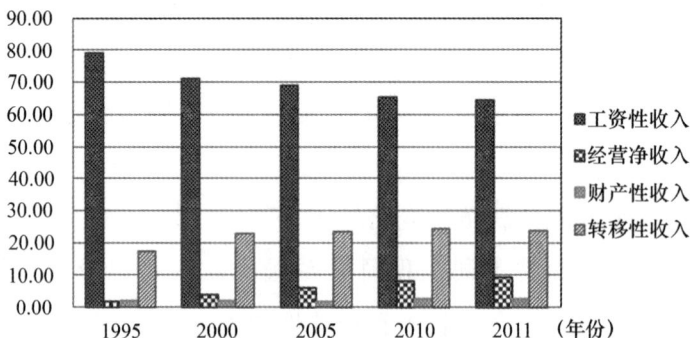

图1.4 我国城镇居民收入构成变化（单位:%）

数据来源:《中国统计年鉴2012》。

随着农村劳动力外出务工人数的增长及"民工荒"现象的日趋严重，我国农村居民的工资性收入增长较快，由 1995 年的 22.42% 增长为 2011 年的 42.47%，增长了接近一倍，成为推动农村居民收入增长的主要收入来源，如图 1.5 所示。过去农村居民经营性收入一直是我国农村居民收入的主要来源，1995 年农村居民经营性收入占其总收入的 71.35%，到 2011 年比重明显下降仅为 46.18%，共减少了 25.17 个百分点。另外，转移性收入略有上涨，财产性收入相对变化较小。

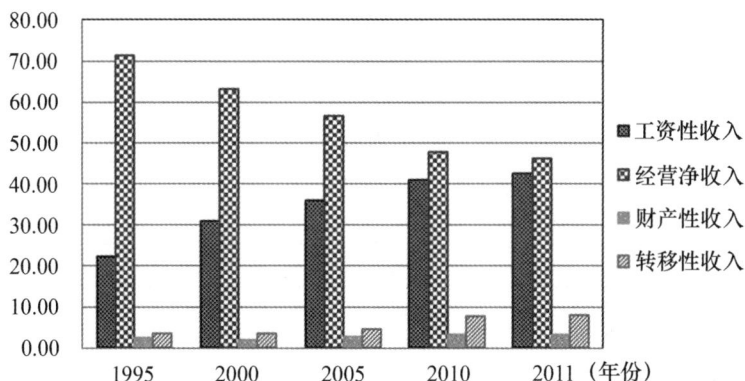

图 1.5　我国农村居民收入构成变化（单位:%）

数据来源：《中国统计年鉴 2012》。

五　劳动者报酬占 GDP 比重持续下降

近年来，我国劳动者报酬占 GDP 比重明显下降的趋势是一个不可否认的事实。国民收入的初次分配在政府、企业和居民三大收入主体结构中，不断向政府和企业倾斜，劳动者报酬占初次分配的比重、居民收入占国民收入的比重呈持续下降态势。

从表 1.2 数据来看，1997 年到 2010 年，我国居民部门的劳动者报酬占 GDP 的比重由 55.86% 下降至 47.32%，降幅 8.54 个百分点（其中 2007 年我国劳动者报酬占 GDP 比重甚至下降至 41.36%）。政府部门的生产税净额由 13.53% 增加至 13.70%，增幅为 0.17 个百分点，企业部门的固定资产折旧和营业盈余（即资本收益）由 30.60% 增至 38.98%，增加了 8.38 个百分点。而在一些经济发达国家，居民收入占 GDP 的比重普遍在 54%—65%，个别国家甚至达到 70% 以上，如美国就达到了 74% 左右，相比之下我国占比较低。[1] 收入分配的不合理、不均衡状况已经成为制约中国经济社会发展的瓶颈。居民收入占 GDP 比重下降严重影响了我国居民的消费能力，不利于启动扩大内需，特别是居民消费这个经济增长引擎。

表 1.2　　　　　　　**我国收入法 GDP 的构成比例**　　　　（单位：%）

年份	劳动者报酬	固定资产折旧	生产税净额	营业盈余
1997	55.86	13.62	13.53	16.99
2002	50.02	15.38	14.33	20.27
2007	41.36	14.00	14.48	30.15
2010	47.32	14.84	13.70	24.14

数据来源：从中国投入产出表数据计算得到。

六　行业收入差距较大

根据国家统计局公布的《中国统计年鉴 2012》显示，2011 年我国城镇单位就业人员平均工资为 41799 元，城镇私营就业人员平均工资为 24556 元，私营就业收入远低于单位就业收入，城镇单位平均工资为私营平均工资的 1.70 倍。具体来看，我国城镇单位就业人员金融业的平均工资最高为 81109 元，最低的为农、林、牧、渔业，平均收入只有 19469 元，两者之比为 4.17∶1。城镇私营单位中，信息传输、计算机服务和软件业平均工资最高，达到 35562 元，最低的公共管理和社会组织平均收入仅为 11738 元，两者之比

① 凤凰财经：《劳动报酬占 GDP 比重连降 22 年》（http：//finance.ifeng.com/money/roll/20100513/2181098.shtml）。

为 3.03 : 1，见图 1.6。

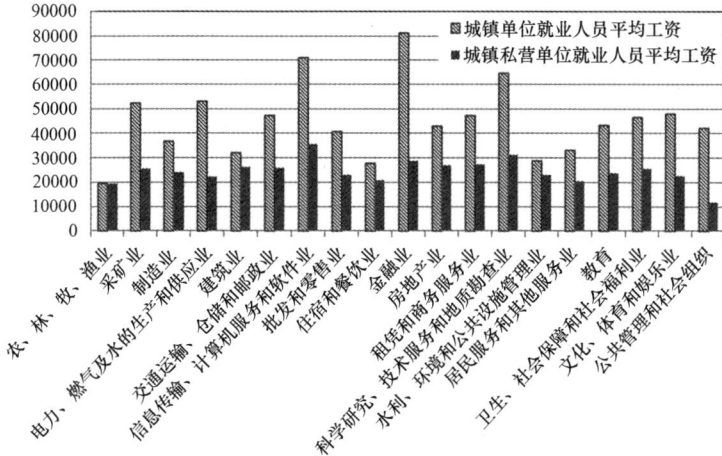

图 1.6 2011 年我国城镇单位及私营单位就业人员
平均工资（单位：元）

数据来源：《中国统计年鉴 2012》。

我国行业内部的收入差距也非常大，2011 年各行业的城镇单位平均工资均高于私营单位平均工资，其中差距最大的是公共管理和社会组织，城镇单位公共管理和社会组织平均工资为 42062 元，而私营单位为 11738 元，前者为后者的 3.58 倍，其次是金融业为 2.83 倍。城镇单位与私营单位平均工资差距最小的为农、林、牧、渔业，分别为 19469 元和 19223 元，两者相差无几。另外，如果将城镇单位平均工资最高的金融业与私营单位平均工资最低的公共管理与社会组织相比，两者之比接近 7 : 1。以上仅考虑了平均工资间的差距，事实上若考虑各行业的最高工资和最低工资间的差距，相差更为悬殊。

七 地区间收入差距较大

我国地域辽阔，区域经济发展速度极不平衡，因此各地区城乡居民收入也存在较大差异。根据《中国统计年鉴》相关数据汇总推算可知，按照东部、中部、西部和东北四个地区来看，2011年城镇居民家庭人均可支配收入由高到低排列是：东部、中部、东北、西部，分别为26406元、18323元、18301元和18160元，东部地区远高于其他三个地区，而其他三个地区相差并不明显。由图1.7可以看出，1995—2011年我国中部、西部和东北地区城镇居民家庭人均可支配收入都有较大幅度的提高，但仍然与最高的东部地区存在不小的差距。

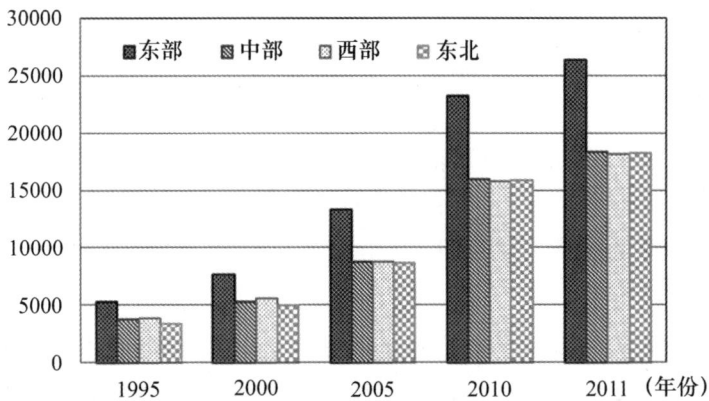

图1.7 我国城镇家庭人均可支配收入地区分布（单位：元）

数据来源：根据《中国统计年鉴2012》相关数据计算得到。

　　2011年我国农村居民家庭人均纯收入由高到低排列分别是：东部、东北、中部、西部，分别为9585元、7791元、6530元和5247元，四大地区差异明显。由图1.8可以看出，1995—2011年我国四大地区城镇居民家庭人均可支配收入排列顺序基本不变，1995—2011年年平均增速最快的为中部地区，其次是西部和东北地区，虽然中部、西部和东北地区在年均增长速度上高于东部地区，但由于基数小，所以与东部地区一直存在一定差距。

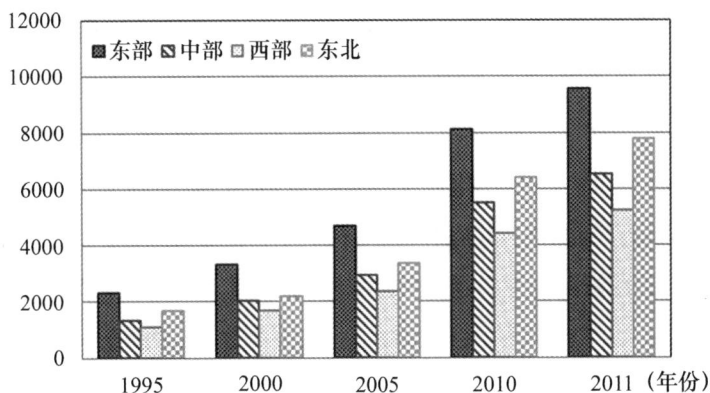

图 1.8 我国农村家庭人均纯收入地区分布（单位：元）

数据来源：根据中国统计年鉴相关数据计算得到。

第二节 居民收入问题研究现状

关于收入分配问题的研究已有众多学者进行了大量的讨论，研究结果主要集中于以下几个方面。

一 经济增长与收入分配问题研究

关于经济增长与收入分配关系的库兹涅茨假说吸引了许多学者的关注，即随着经济发展水平的提高，收入差距呈现先扩大后缩小的倒 U 形变动轨迹。李实（1993）和赵人伟等（1999）利用我国跨省城乡内部收入差距的截面数据检验倒 U 现象，结果并不支持假说，并且得出影响中国居民收入差距的三个因素：经济增长、经济体制变迁和政府政策。[①] 王小鲁和樊纲（2005）利用 1996—2002 年我国 30 个省、自治区、直辖市城乡内部收入差距面板数据检验倒

---

① 周云波：《城市化、城乡差距以及全国居民总体收入差距的变动——收入差距倒 U 形假说的实证检验》，《经济学（季刊）》2009 年第 4 期。

U 形假说，结论显示，城乡居民收入基尼系数的变动趋势在数学上具有库兹尼茨曲线的特征，并且显示收入差距在今后长时期内还将持续上升，距离下降阶段还较远并且不能确证。[①] 王亚芬、肖晓飞和高铁梅（2007）的研究表明，我国发达地区的经济发展和收入分配差距已呈现倒 U 规律，总体上城镇内部收入差距还在继续扩大。[②] 陈宗胜（2000）指出目前我国整体经济发展水平正处于中下收入阶段，各地区城乡收入差距无一例外呈现不断拉大趋势，并不具备出现倒 U 曲线的数据基础，因此现有研究不能支持倒 U 假说是正常的。[③]

其他关于经济增长与收入分配问题的研究有：周文兴（2002）基于 1978—1995 年数据，分析了城镇居民收入分配与经济增长间的关系，发现两者间存在协整现象，即城镇居民收入分配和经济增长间存在同方向的长期均衡关系。[④] 林毅夫、刘兴明（2003）以 1978—1999 年 28 个省份的数据为基础，分析了影响经济增长的主要因素，又以 1978—1997 年 28 个省份的数据，分析了城乡间人均收入差距扩大的原因，认为发展战略是解释中国经济增长和收入分配的关键。[⑤] 陆铭、陈钊、万广华（2005）研究了收入差距、投资、人力资本和经济增长多变量间的相互关系，认为收入差距对经济增长有间接影响，而经济增长有助于减小收入差距。[⑥] 钞小静等（2009）基于 1978—2005 年面板数据，实证发现无论长短期，收入

---

① 王小鲁、樊纲：《中国收入差距的走势和影响因素分析》，《经济研究》2005 年第 10 期。

② 王亚芬、肖晓飞、高铁梅：《我国城镇居民收入分配差距的实证研究》，《财经问题研究》2007 年第 6 期。

③ 陈宗胜：《中国居民收入分配差别的深入研究》，《经济研究》2000 年第 7 期。

④ 周文兴：《中国城镇居民收入分配与经济增长关系实证研究》，《经济科学》2002 年第 1 期。

⑤ 林毅夫、刘兴明：《中国的经济增长收敛与收入分配》，《世界经济》2003 年第 8 期。

⑥ 陆铭、陈钊、万广华：《因患寡，而患不均——中国的收入差距、投资、教育和增长的相互影响》，《经济研究》2005 年第 12 期。

分配不平等通过需求传导都会阻碍经济增长。[1]

二 收入差距问题研究

收入差距问题一直是收入分配问题研究的热点之一。国内，对城乡居民收入差距的研究是从定性的角度开始的，由于数据资料和方法的欠缺，到 20 世纪 80 年代末 90 年代初，城乡收入差距的定量数据分析方法才开始多样化。[2] 李实、赵人伟、张平（1998）利用中国社会科学院经济研究所收入分配课题组 1988 年和 1995 年的居民收入调查数据，采用统计分析方法对中国收入分配状况及变化进行了多个侧面的实证研究，研究显示基于 Theil 指数分解表明城乡收入差距在总体收入差距中的贡献下降，但城乡收入差距比仍在上升。[3]

从二元经济结构角度来看。陈宗胜（1991）从城乡二元结构、城乡人口比、农村非农产业比重以及工农业产品价格剪刀差等影响因素来考虑城乡差距，认为二元经济结构是影响城乡收入差距的重要因素。[4] 李佐军（2000）的研究也表明城乡收入差距主要是由城乡分割的二元经济结构决定的。[5] 岳希明、李实（2003）认为，二元经济结构是发展中国家都有的，但我国计划经济时代将二元经济强化了，改革开放后又把计划经济留下来的二元经济强化了，所以造成了现在巨大的城乡收入差距。[6] 国家统计局农调总队课题组

---

① 钞小静、任保平、惠康：《收入分配不平等、有效需求与经济增长——一个基于中国经济转型期的实证研究》，《当代经济科学》2009 年第 3 期。

② 蔡军、李瑞：《我国城乡收入差距实证研究综述》，《商业经济研究》2012 年第 24 期。

③ 李实、赵人伟、张平：《中国经济改革中的收入分配变动》，《管理世界》1998 年第 1 期。

④ 陈宗胜：《经济发展中的收入分配》，上海人民出版社、上海三联书店 1991 年版，第 167—205 页。

⑤ 李佐军：《中国的根本问题：九亿农民何处去》，中国发展出版社 2000 年版。

⑥ 岳希明、李实：《中国农村扶贫项目的目标瞄准分析》，《中国社会科学评论》2003 年第 3 期。

（1994）对中国 1978—1993 年的城乡差别和影响因素进行分析，结果表明中国城乡差距主要是由城乡分割的二元经济结构决定的。[1]

城市化与收入差距关系的研究。陆铭、陈钊（2004）利用 1987—2001 年省级面板数据分析，发现城市化对缩小城乡收入差距有显著作用，但户籍"准入政策"使城市化缩小城乡居民收入差距的作用受到了限制。[2] 曹裕、陈晓红（2010）利用 1987—2006 年省级面板数据检验了城乡收入差距与城市化的相关关系，得出城市化对于缩小城乡收入差距具有显著作用，各区域间城乡收入差距对于经济增长的抑制作用不同。[3] 周云波（2009）利用两部门模型，从理论和实证上分析了城市化、城乡差距与全国居民总体收入差距的关系，研究表明城市化是导致我国收入差距倒 U 形现象的主要原因。[4]

从社会体制和经济政策角度来看。蔡昉、杨涛（2000）、林毅夫（2002）认为我国城乡收入差距的恶化主要是源于国家发展重工业的赶超战略而实施的差别性社会政策所致，对于发展中国家，如果能推行基于劳动力比较优势的发展战略，并坚持实行关注收入分配的社会政策，就可以避免倒 U 形结果。[5] 赵人伟、李实（1997）从农产品低价收购、农业税、个人所得税、城市居民福利转化为个人财产等经济政策角度来考察城乡差距。[6] 赵满华（1997）认为农村经济发展相对滞后是造成城乡收入差距扩大的根本原因。[7] 李实

---

① 国家统计局农调总队课题组：《城乡居民收入差距研究》，《经济研究》1994 年第 12 期。

② 陆铭、陈钊：《城市化、城市倾向的经济政策与城乡收入差距》，《经济研究》2004 年第 6 期。

③ 曹裕、陈晓红：《城市化、城乡收入差距与经济增长——基于我国省级面板数据的实证研究》，《统计研究》2010 年第 3 期。

④ 周云波：《城市化、城乡差距以及全国居民总体收入差距的变动——收入差距倒 U 形假说的实证检验》，《经济学（季刊）》2009 年第 4 期。

⑤ 蔡昉、杨涛：《城乡收入差距的政治经济学》，《中国社会科学》2000 年第 4 期。林毅夫：《中国的城市化发展与农村现代化》，《北京大学学报》（哲学社会科学）2002 年第 7 期。

⑥ 赵人伟、李实：《中国居民收入差距的扩大及其原因》，《经济研究》1997 年第 9 期。

⑦ 赵满华：《中国城乡收入差距研究》，经济管理出版社 1997 年版。

（2003）认为城乡劳动力市场分割和城市劳动力的封闭、社会福利和社会保障歧视等因素会影响城乡收入差距。[①]

三 居民收入占 GDP 比重问题研究

居民收入占 GDP 比重下降严重影响了我国居民的消费能力，不仅不利于启动扩大内需，也是导致收入差距扩大的一个重要原因。国务院发展研究中心金三林认为国民收入分配向政府和企业集中，城乡居民收入比重下降是消费倾向下降的主要原因。[②] 世界银行的奎吉斯（Kuijs）（2006）认为，中国消费低迷不是通常认为的居民储蓄增加的结果，主要原因是我国劳动收入份额及居民收入占比的降低。[③] 汪同三（2004）也持类似的观点，认为扩大国内消费需求，除了必要的消费政策调整之外，最重要的就是要努力增加居民收入。[④] 英国的《经济学家》杂志完全赞同奎吉斯的观点，并强调中国的产业结构应向劳动密集型转移。[⑤] 蔡昉（2005，2006）指出 1998—2003 年资本收入份额逐年上升，势必导致收入分配不均，呼吁通过扩大就业来扭转这一趋势。[⑥] 李实等（2007）也指出，过去十年来中国劳动收入占比下降，是我国个人收入差距扩大的主要原因。另外，有研究指出居民收入占比下降还可能影响我国社会稳定，应当引起高度重视。[⑦]

[①] 李实：《中国个人收入分配研究回顾与展望》，《经济学》2003 年第 2 期。

[②] 凤凰财经：《国研中心：国民收入分配过于向政府企业集中，改革将由公转私》（http://finance.ifeng.com/news/20091209/1557900.shtml）。

[③] Kuijs Louis, "How Will China's Saving—investment Balance Evolve?" *World Bank China Office Research Working Paper*, Vol. 3958, No. 5, 2006.

[④] 汪同三：《收入分配与经济结构调整》，《中国社会科学院研究生院学报》2004 年第 2 期。

[⑤] 白重恩、钱震杰：《国民收入的要素分配：统计数据背后的故事》，《经济研究》2009 年第 3 期。

[⑥] 蔡昉：《探索适应经济发展的公平分配机制》，《人民论坛》2005 年 10 月 17 日。蔡昉：《实现最大化就业是社会和谐的经济基础》，《文汇报》2006 年 10 月 24 日。

[⑦] 李实、罗楚亮：《中国城乡居民收入差距的重新估计》，《北京大学学报》（哲学社会科学版）2007 年第 2 期。

我国居民收入占 GDP 比重不断下降的成因是多方面的。李扬、殷剑锋（2007）以中国 1992—2003 年资金流量表为标准，从收入分配角度对政府、居民和企业三部门的储蓄率做了比较，认为居民劳动报酬相对减少，主要是由于企业所支付的劳动报酬明显下降。[①] 徐现祥等（2008）分析了中国初次分配中两极分化的现象和成因，认为劳动贡献在农业与非农业间的产业差异是造成我国收入分配两极化的原因。[②] 李稻葵等（2009）利用劳动报酬份额变化的数理模型进行实证分析，认为劳动报酬占比变化在经济增长过程中呈现 U 型规律。[③] 白重恩等（2009）将劳动报酬、资本收入和政府收入细分到各产业内部，指出自 1978 年以来，农业部门向非农业部门转型及工业部门的劳动收入份额变化是左右我国总体劳动收入份额的主要力量。[④] 周天勇认为，资本密集型、技术密集型的大企业发展太快，中小企业发展滞后；产业结构变动，服务业占比过低；国民经济税费负担过重等均是劳动力收入分配所占比重低的重要原因。[⑤]

综上所述，已有许多学者从不同视角对居民收入分配问题进行了研究，但是仍然存在一些局限性。第一，目前的研究大多是利用时间序列数据或面板数据以我国城乡居民平均收入为对象进行统计描述或计量分析，缺乏产业层面的研究。实际上分产业部门来看，不同的国民经济部门之间的居民收入存在很大差异，例如：金融、房地产等部门的居民收入普遍高于农业、纺织服装业等部门。另

---

① 李扬、殷剑峰：《中国高储蓄率问题探究——1992—2003 年中国资金流量表的分析》，《经济研究》2007 年第 6 期。

② 徐现祥、王海港：《我国初次分配中的两极分化及成因》，《经济研究》2008 年第 2 期。

③ 李稻葵、刘霖林、王红领：《GDP 中劳动份额演变的 U 型规律》，《经济研究》2009 年第 1 期。

④ 白重恩、钱震杰：《谁在挤占居民的收入——中国国民收入分配格局分析》，《中国社会科学》2009 年第 5 期。

⑤ 周天勇：《三大原因导致居民收入分配比重下降》，2011 年 3 月，新浪财经（http://finance.sina.com.cn/review/hgds/20110309/02409494929.shtml）。

外，从城镇和农村居民的收入来源看，农村居民主要的收入支撑部门为农业、制造业、建筑业等，而城镇居民收入较高的则为金融业、房地产业、信息传输、计算机服务和软件业等一些部门。因此，分产业部门来研究城乡居民收入问题会使得研究结果更为深入，是很有意义的研究问题。然而，当前对于分产业部门的我国城乡居民收入的研究还较少。第二，从研究方法上看，当前对于我国居民收入问题的研究主要是采用统计学、计量经济学等一些常用定量分析模型，这些模型对样本数据要求较高，纳入模型的变量个数一般较少，且不能将国民经济各个产业部门的居民收入全部考虑进去。另一方面，居民通过投入劳动从国民经济各部门获得收入，然后使用获得的收入对各部门产品进行消费，从而带动各部门生产，进一步会促进国民经济各部门的居民收入，通过该"收入—消费"关系，国民经济各部门之间的居民收入存在错综复杂的关联关系。然而，目前的研究很难详细刻画各个产业部门居民收入与经济的相互影响机制以及国民经济各部门间收入分配复杂的关联关系。因此，构建一个可以纳入国民经济各个部门居民收入，并测算其与国民经济结构相关联的数量模型对我国城乡居民收入问题进行研究是一个值得研究的问题。

投入产出技术作为研究经济系统各部门之间相互依存关系的数量经济分析方法，在经济结构分析和产业间关联关系分析方面具有其他模型方法不可比拟的优势，正是解决以上问题的有力工具。投入产出分析方法由诺贝尔经济学奖获得者列昂惕夫（Leontief，1936）提出，经过几十年的发展，投入产出分析方法已经成为经济学研究中使用最为广泛的数量分析工具之一。[1] 投入产出技术所研究的领域已从经济延伸到了社会各个方面，例如：能源投入产出模型、人口和教育投入产出模型、农业投入产出占用模型、反映就

---

① Baumol W. , "Leontief's Great Leap Forward", *Economic Systems Research*, Vol. 12, 2000.

业、资源占用情况的投入占用产出模型等，但目前我国尚未有研究城乡居民收入分配问题的投入产出模型。鉴于此，我们考虑将投入产出技术与城乡居民收入分配问题结合起来，建立城乡居民收入分配投入占用产出模型，从城镇和农村分行业层面，对居民收入与经济的相互影响机制以及国民经济各部门间收入分配复杂的关联关系进行研究。一是克服现有对于我国居民收入问题的研究多数集中在整体，而对于分产业部门居民收入讨论不足的问题；二是有利于对各个产业部门居民收入与经济的相互影响机制以及国民经济各部门间收入分配复杂的关联关系进行系统研究。利用投入产出技术研究中国居民收入问题存在广阔的空间，希望通过本书的研究可以更加系统完善地对此问题进行研究，取得更多有意义的成果，进一步丰富城乡居民收入分配问题的研究方法和结果，为扩大我国城乡居民收入，缩小城乡居民收入差距提供相关政策建议，这具有重要的理论意义和应用价值。

第三节　主要内容及创新点

一直以来，收入分配改革问题不仅是社会各界关注的焦点问题，也是我国政府工作的重点问题之一。十六大以来，我国城乡居民收入已经实现了连续十多年的快速增长，成为历史上增长最快的时期。我国政府在《国民经济和社会发展第十二个五年规划纲要》中，提出要加快城乡居民收入增长，努力实现居民收入增长与经济发展同步、劳动报酬增长和劳动生产率提高同步，明显增加低收入者收入，持续扩大中等收入群体，努力扭转城乡、区域、行业和社会成员之间收入差距扩大趋势。① 十八大报告中明确提出，到 2020 年实现国内生产总值和城乡居民人均收入比 2010 年翻一番，这是

---

① 新华社：《国民经济和社会发展第十二个五年规划纲要（全文）》（http：//www.gov.cn/2011lh/content_ 1825838. htm）。

我国第一次明确提出居民收入倍增计划，也是报告中唯一的量化指标，这意味着我们正经历从追求"国富"到更加重视"民富"的理念转变。两个"翻一番"目标的同时提出，说明我们不是一味追求经济总量的快速增长，而是下决心更加重视居民收入的提高，体现了民生优先、惠民富民的政策取向。[①] 本书所研究的问题从实际中来，试图利用投入产出技术等系统科学研究方法，对我国城乡居民收入增长及收入差距问题进行分析，为国家制定相关策略提供科学依据。本书在数学模型建立和实证分析等方面均有所创新，具有一定的理论意义和实践价值。

一 主要内容

本书其他章节的主要内容如下：

第二章"城乡居民收入分配投入占用产出模型及其编制"。编制城乡居民收入分配投入占用产出表，是利用投入占用产出技术研究城乡居民收入问题的重要基础。该章在一般投入产出模型的基础上进行扩展，将城乡居民收入结构与经济结构结合在一起，提出了城乡居民收入分配投入占用产出模型。首先，介绍了一般投入产出模型、非竞争型投入产出模型、投入产出局部闭模型、农业投入占用产出模型等的基本情况，在此基础上提出了城乡居民收入投入占用产出模型的基本框架和城乡居民收入系数等概念。其次，提出了城乡居民收入分配投入占用产出模型城乡居民收入矩阵的编制方法。最后，进行了简单地实证分析。

第三章"实现 2020 年我国人均收入比 2010 年翻番的 GDP 增速测算"。十八大报告中我国第一次明确提出居民收入倍增计划，即 2020 年实现国内生产总值和城乡居民人均收入比 2010 年翻一番。实现收入倍增目标最大的挑战是经济下行压力，我国经济增

---

① 光明日报：《收入翻番，如何实现？》（http：//www.xinhuanet.com//politics/2012–11/17/c_123965004.htm）。

长率在"十二五"末期潜在放缓的可能性,未来几年我国 GDP 究竟该保持怎样的增速才能保证收入翻番目标的顺利实现呢?该章利用投入产出技术的相关方法,对这一问题进行定量分析。首先,结合人口投入产出模型的预测结果,对实现 2020 年我国人均收入翻番的我国居民收入总量进行测算。其次,综合考虑人口增长、GDP 结构变化、居民收入占 GDP 比重变化等因素的变动影响,对实现 2020 年我国人均收入翻番的 GDP 增速问题进行测算。

第四章"基于 SDA 结构分解的劳动报酬占 GDP 比重下降因素分析"。我国劳动者报酬占 GDP 比重明显下降的趋势是一个不可否认的事实。部分学者认为我国劳动者报酬占 GDP 比重下降的现象是由统计口径调整造成的,该章首先对此问题进行讨论,说明我国劳动者报酬占比下降并不是由统计原因造成的。然后,利用第二章编制的城乡居民收入分配投入占用产出表的相关数据,计算各年份劳动报酬占比结构向量,找寻比重变化较大的产业部门。最后,利用投入产出结构分解分析方法对我国劳动报酬占 GDP 比重下降问题进行分析,意在找寻造成 2002—2010 年我国劳动报酬占 GDP 比重下降的关键因素。

第五章"基于投入产出方法的我国城乡居民收入差距分析"。城乡居民收入差距过大一直是社会各界关注的焦点问题之一。该章主要利用投入产出技术对我国城乡居民收入差距问题进行分析,主要包括以下两部分内容:第一,通过构建投入产出结构分解乘法模型,对比考察 2002—2007 年我国城乡收入比盘旋扩大以及 2007—2010 年我国城乡收入比有所缩小的内在原因。第二,在宫泽乘数模型的基础上进行扩展,进一步考虑城乡人口因素的影响,计算城镇与农村人均收入之间的相互拉动作用及对城乡收入比的影响作用。试图从有利于缩小城乡居民收入差距的角度,为科学调整城镇和农村居民收入提供参考依据。

第六章"最终需求结构变动对我国城乡居民收入的影响分析"。扩大内需,优化投资结构,将扩大内需与扩大外需结合起来,是今后推动我国经济发展的重要方向。居民收入增长与扩大内需之间存在怎样的关联关系呢?以此为出发点该章模拟分析了调整拉动经济增长的三驾马车——消费、投资和出口在最终需求中比重的变动对我国城乡居民收入增长以及城乡收入差距的影响。扩大居民收入的重点在于扩大农村居民收入,提高主要农产品价格和农村农业从业人员收入是促进农村居民收入增长的有效途径之一。因此,该章第二部分模拟分析了提高农村农业从业人员收入和农产品价格对我国农村居民收入的实际影响。

第七章"基于结构分解分析模型的我国居民收入增长因素分析"。通过第五章的分析我们知道,我国城乡居民收入比呈现出不同的阶段变化趋势,2002—2007 年我国城乡收入比盘旋扩大,而 2007—2010 年我国城乡收入比有所缩小,是什么因素对前后两个阶段的城乡居民收入增长产生了差异性影响?该章利用 2002年、2007 年、2010 年城乡居民收入分配投入占用产出表,对2002—2007 年与 2007—2010 年两个阶段的居民收入增长进行结构分解分析,建立了测算居民收入与最终需求的关联关系影响模型,试图对比找出两个阶段造成我国城镇和农村居民收入上涨的关键因素。

第八章"结论与展望"。该章主要对前面几章的研究内容进行总结,并对未来的研究工作进行展望。

围绕以上主要内容,本书的具体研究框架见图 1.9。

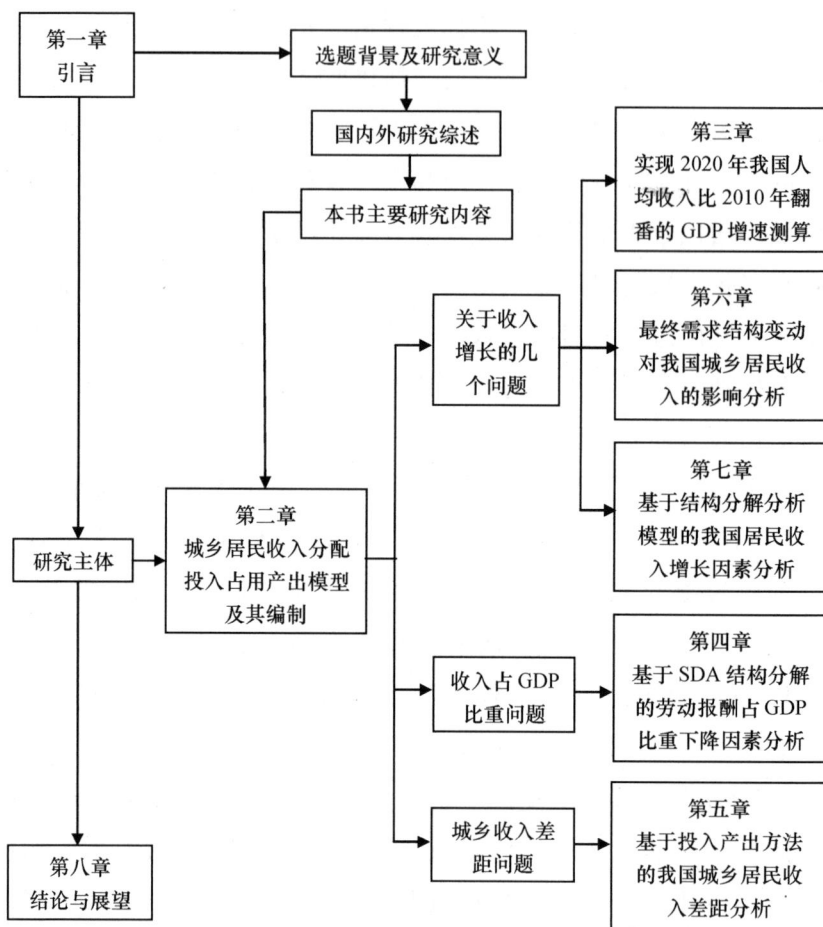

图 1.9 内容框架图

二 主要创新点

本书的创新点主要有以下几个方面。

（一）提出了城乡居民收入分配投入占用产出模型

提出城乡居民收入分配投入占用产出模型的概念，将投入产出技术与城乡居民收入结构结合在一起，是研究城乡居民收入分配结构、产业收入分配关联关系的有效工具之一。在投入占用产出技术的基础上，通过对农业投入占用产出模型中城乡居民收入分配矩阵的构建，可以在一个棋盘式结构的表中清楚地将居民收入分配结构和经济结构反映出来，可以分析国民经济各部门，尤其是细化的农业部门与非农业部门的城乡居民收入分配结构、城乡居民收入分配与经济结构等的关联关系。城乡居民收入分配投入占用产出模型克服了现有的对于我国城乡居民收入问题的讨论多数集中在总量，而对于行业以及行业间收入分配关联关系的讨论较少的不足。

（二）解决了城乡居民收入矩阵的编制难题

现阶段对于城乡居民收入的研究多数将城镇和农村居民收入作为整体来进行研究，很少将国民经济各部门城乡居民收入的具体结构情况考虑进来，主要原因是对于各部门城乡居民收入数据的匮乏。通过对我国城乡居民收入的不同部门特点进行仔细研究，本书运用系统科学的相关方法对现有数据进行拆分处理，从而在投入产出框架下得到了国民经济各部门的城乡居民收入矩阵，使得我国城乡居民收入问题的研究具有了更详细的数据基础。同时，编制完成2002年、2007年与2010年中国城乡居民收入分配投入占用产出表本身是一次重要的实践创新过程，为后续进行城乡居民收入研究及城乡收入差距分析提供了有力支持，解决了我国城乡居民收入部门结构数据不够翔实的难题。

（三）提出人均收入乘数概念

本书在宫泽乘数模型的基础上进行扩展，将人口因素考虑进来，把国民经济各部门对城乡居民人口的占用矩阵引入模型，建立了一个能够反映城乡居民人均收入之间相互关联关系的模型。此模型的主要优势为：第一，克服了一般收入差距模型将各收入群体区分开来研究的缺陷。第二，研究人均收入间的相互拉动关系，相对于总收入的研究更具有实际意义。人均收入乘数模型既是投入占用产出技术的一次理论创新，也是研究城乡居民收入问题的一次重要实证创新。

（四）构建了 SDA 框架下较完备的测算城乡居民收入增长及收入差距模型

结构分解分析是国内外投入产出技术实证研究的重要工具，本书充分利用结构分解技术的优势，根据不同的研究目的分别建立了结构分解分析加法和乘法模型，对我国城乡居民收入及收入差距问题进行了较为完备的测算。与之前的一些研究相比，其优势是将国民经济各部门城乡居民收入的具体结构情况考虑进来，将增加值、GDP、消费、固定资本形成等因素的总量及结构与城乡居民收入联系在一起，从国民经济各部门最终需求与增加值等因素变动的角度进行研究。现阶段这方面的研究还比较欠缺，因此是对城乡居民收入问题的重要实证创新之一。

（五）对实现 2020 年我国人均收入翻番的 GDP 增速问题进行科学测算

收入倍增计划一经提出，关于我国该保持怎样的 GDP 增速来支撑这一问题，已有许多专家学者发表看法。本书运用计量、投入产出技术等系统科学方法，在综合考虑人口增长、GDP 结构、居民收入占 GDP 比重、各部门增加值占总产出比重等影响因素变动的基础上，对实现 2020 年我国人均收入翻番的 GDP 增速、居民收入总量增长等问题进行了定量分析。

第 二 章

城乡居民收入分配投入占用产出模型及其编制

第一节　投入产出技术基本介绍

投入产出技术（Input-Output Technique）是由美国经济学家列昂惕夫（W. Leontief）于 20 世纪 30 年代提出的，其基本思想体现在 "Quantitative Input and Output Relations in the Economic System of the United States"（1936）一文，刊登在 *Reviews of Economics and Statistics* 杂志上。此文提出了经济体系中的投入产出数量关系，是投入产出技术的雏形。其后在 *Structure of the American Economy*（1941）、*Studies in the Structure of the American Economy：Theoretical and Empirical Explorations in Input-Output Analysis*（1953）两本书中进一步阐述了投入产出模型的理论及实证分析。由于在投入产出技术方面的突出贡献，列昂惕夫于 1973 年获得了诺贝尔经济学奖。经过几十年的发展，投入产出技术已经成为经济学研究中使用最为广泛的工具之一。①

投入产出模型是由一组反映国民经济核算平衡的方程组成，是利用数学方法和计算机研究经济活动投入与产出之间的数量关系，可以反映经济系统中各个产业部门间的相互关联关系。投入产出技

---

① 王会娟：《分等级就业投入占用产出模型及其应用》，博士学位论文，中国科学院，2012年，第 23 页。

术中的投入是指一个系统进行某项活动过程中的消耗，例如，生产系统的投入是指进行生产活动时对各种实物产品和劳务等的消耗；产出是指一个系统进行某项活动过程的结果，如生产活动的结果为该系统中各部门生产的产品。投入产出技术不仅可以应用于经济系统，还可以用于其他系统，如军事系统、生态系统等。[1]

国际投入产出协会（International Input-Output Association, IIOA）2000 年年度报告宣称，目前世界上有 80 多个国家经常编制投入产出表，一些主要国家如美国、日本、荷兰、加拿大、澳大利亚、中国等都每隔 4—5 年定期编制投入产出表。投入产出技术在全世界范围内得到了广泛的认可和应用。[2]

一 投入产出技术基本框架

投入产出表是投入产出技术的数据基础，也是推导投入产出模型的基础。投入产出表是以棋盘式的结构反映国民经济各个部门产品生产的投入和分配情况。按照不同的分类方法，投入产出表可以分为不同的种类，其中静态价值型投入产出表的应用最为广泛。一般的静态价值型投入产出表的形式如表 2.1 所示。

表 2.1 静态价值型投入产出表结构

投入 \ 产出		中间需求	最终需求			总产出
		$1,2,\cdots,n$	消费	资本形成	净出口	
中间投入	1 2 ⋮ n	z_{ij}	f_i			x_i

① 陈锡康、杨翠红：《投入产出技术》，科学出版社 2011 年版，第 3 页。
② 王会娟：《分等级就业投入占用产出模型及其应用》，博士学位论文，中国科学院，2012 年，第 23 页。

续表

投入＼产出		中间需求	最终需求			总产出
		$1,2,\cdots,n$	消费	资本形成	净出口	
最初投入	固定资产折旧					
	劳动者报酬					
	生产税净额					
	营业盈余					
总投入		x_j				

　　投入产出表从水平方向上分为中间需求和最终需求两部分，从垂直方向上分为中间投入和最初投入两部分，水平和垂直两个方向交叉形成反映部门间不同投入产出关系的四个象限。其中，第一象限由中间投入和中间需求的交叉部分组成。该象限是投入产出表的核心象限，反映了国民经济各个部门之间的投入产出关系，也称为中间流量矩阵。第二象限由中间投入和中间需求两个部分交叉组合而成，是第一象限在水平方向上的延伸，也称为最终需求矩阵。它反映了各部门产品用做最终需求（消费、资本形成和净出口等）的情况，从支出法的角度对国内生产总值进行了刻画。最初投入和中间需求两部分交叉形成第三象限——增加值矩阵，它是第一象限在垂直方向上的延伸。由国民经济 n 个部门和固定资产折旧、生产税净额、从业人员报酬、营业盈余组成的行交叉构成。它反映了各部门最初投入部分的部门构成和数额，是从收入法的角度对国内生产总值的刻画。最初投入和最终需求构成第四象限，也称为再分配矩阵。它反映了各部门在第三象限提供的最初投入通过资金运作转变为第二象限最终需求的转换过程，以描述国民收入再分配的情况。此象限机理较为复杂，因此编表时一般不予考虑。[①]

　　投入产出表从水平方向来看反映了各部门产品在国民经济体系

---

　　①　陈锡康、杨翠红：《投入产出技术》，科学出版社 2011 年版，第 24—25 页。

中的分配和使用情况。对于每一个部门，其产品的产出量都应该等于该部门产品的中间需求和最终需求的合计，按照此平衡关系，应用表 2.1 中的符号，可以得到第 i 部门的行向平衡关系如下：

$$\sum_{j=1}^{n} z_{ij} + f_i = x_i \quad (i = 1, 2, \cdots, n) \tag{2.1}$$

定义直接消耗系数 a_{ij} 如下：

$$a_{ij} = \frac{z_{ij}}{x_j} \quad (i, j = 1, 2, \cdots, n) \tag{2.2}$$

直接消耗系数是投入产出模型中最重要的基本概念，a_{ij} 表示第 j 部门生产单位产品对第 i 部门产品的直接消耗量。

将直接消耗系数代入上式，并写为矩阵形式，可得：

$$X = (I - A)^{-1} F \tag{2.3}$$

其中 X 为各部门总产出列向量，F 为各部门最终需求合计列向量，I 为单位矩阵，A 为直接消耗系数矩阵。

式 (2.3) 称为列昂惕夫 (Leontief) 模型，是投入产出技术中最核心、最重要的公式，它反映了最终需求和总产出之间的关系。$(I - A)^{-1}$ 称为列昂惕夫逆矩阵 (Leontief Inverse Matrix)，该矩阵全面的揭示了国民经济各部门之间错综复杂的经济关联关系，将其记为[1]：

$$\tilde{B} = (I - A)^{-1} \tag{2.4}$$

二　扩展的投入产出技术

(一) 非竞争型投入产出模型

非竞争型投入产出模型是在静态价值型投入产出模型的基础上将国内品和进口品进行区分，进而反映一国的国际贸易活动带来的影响。该模型的优势是体现了生产过程和最终需求过程对进口品的消耗，即在表中的中间投入部分区分出国内品中间投入和进口品中

---

① 陈锡康、杨翠红：《投入产出技术》，科学出版社 2011 年版，第 29 页。

间投入，认为国内品和进口品之间不能相互替代，两者之间不存在竞争，这种区分国内品和进口品的投入产出表通常称为非竞争型投入产出表，具体表式见表2.2。[①]

表2.2　　　　　　　　　　非竞争型投入产出模型表式结构

投入＼产出		中间需求	最终需求				总产出及总输入
		系统内生产部门 1，2，…，n	消费	资本形成	输出	合计	
系统内中间投入	1 2 ⋮ n	Z_{ij}^c				F_i^c	X_i
系统外输入	1 2 ⋮ n	M_{ij}^c				M_{if}^c	M_i^c
最初投入	折旧						
	工资等						
	利税						
	小计	V_j					
总投入		X_j					

　　非竞争型投入产出模型水平方向包含国内品和进口品两组平衡方程：

$$A^D X + F^D = X \qquad (2.5)$$

$$A^M X + F^M = M \qquad (2.6)$$

　　其中 X 为各部门总产出列向量，M 为各部门进口列向量，A^D、A^M 分别表示国内品直接消耗系数矩阵和进口品直接消耗系数矩阵，F^D、F^M 分别表示国内品最终需求列向量和进口品最终需求列向量。

---

① 陈锡康、杨翠红：《投入产出技术》，科学出版社 2011 年版，第 62—63 页。

（二）投入产出局部闭模型

投入产出局部闭模型是由列昂惕夫提出的。投入产出经济模型按照与外部环境的关系可以分为开模型、闭模型和局部闭模型三种。投入产出静态开模型中认为最终需求的各个组成部分如居民消费、政府消费、资本形成及净出口等数值是给定的，均为外生变量。投入产出静态闭模型是将开模型中的所有外生变量都内生化，看作生产部门，与开模型中的所有生产部门一并列入第一象限。此模型中所有变量均为内生变量，这种完全封闭的模型与实际不符，因此该模型没有太多的实际意义。投入产出静态开模型将最终需求中的居民消费作为外生变量，忽略了居民消费的重要间接影响，但实际上居民消费与各生产部门及居民收入之间存在重要的关联性。例如：居民部门收入的增加将刺激居民部门对各生产部门消费的增加，从而拉动各部门产出的增加，而产出的增加通过收入分配关系又会进一步增加居民部门的收入，从而产生乘数效应。[①]

表 2.3　　　　　　　　　　投入产出局部闭模型

投入＼产出		中间使用	最终使用			总产出
		1，2，…，n	消费	资本形成	净出口	
中间投入	1					
	2					
	⋮					
	n					
增加值	居民收入					
	固定资产折旧					
	生产税净额					
	其他					
总投入						

[①]　陈锡康、杨翠红：《投入产出技术》，科学出版社 2011 年版，第 44—46 页。

投入产出局部闭模型是介于投入产出开模型和投入产出闭模型之间，将部分最终需求内生化后的投入产出模型。常见的投入产出局部闭模型是将居民消费内生化一列以及最初投入中的从业人员报酬一行封闭到中间流量矩阵中。因此，将居民部门内生化的投入产出静态局部闭模型可以更好地反映居民部门与生产部门建立在"收入—消费"这一关系上的联系，如表2.3所示。

投入产出局部闭模型具体形式可以表示如下：将居民部门内生化列入第一象限，即在投入产出表的第一象限增加居民收入行向量和居民消费列向量。假设居民部门被划分为 m 个居民收入群体，居民部门的 m 个行是各部门支付给居民收入群的劳动报酬以及通过利润分配给各收入群体的收入，即居民从各部门得到的总收入；居民部门的 m 个列是各收入群体对各种消费品和劳务的消费额。由此得到新的包含居民部门的直接消耗系数矩阵 A^*：

$$A^* = \begin{bmatrix} A & H^c \\ H^r & 0 \end{bmatrix} \qquad (2.7)$$

由此得出：

$$\begin{bmatrix} A & H^c \\ H^r & 0 \end{bmatrix} \begin{bmatrix} X \\ W \end{bmatrix} + \begin{bmatrix} Z \\ 0 \end{bmatrix} = \begin{bmatrix} X \\ W \end{bmatrix} \qquad (2.8)$$

其中，A 为投入产出静态开模型直接消耗系数矩阵；X 为开模型各部门总产出列向量；W 为局部闭模型中各居民群体的总收入列向量；Z 为除居民消费之外的最终需求向量；H^r 为居民收入系数矩阵，其元素 h^r_{ij} 表示第 i 个居民群体从第 j 个部门中获得的总收入占第 j 个部门总产出的比例；H^c 为居民消费系数矩阵，其元素 h^c_{ij} 表示第 j 个群体的居民用于购买第 i 个部门产品的消费支出占其总收入的比例。

（三）投入占用产出模型

投入占用产出技术是由陈锡康研究员于1989年在国际上首先

提出来的。20 世纪 80 年代初，陈锡康研究员为进行全国粮食产量预测编制了中国农业投入产出表，发现耕地和水资源在粮食生产中起重要作用，但这些自然资源在传统的投入产出表中完全没有得到反映。进而发现，不仅自然资源，生产中其他长期使用的占用品，如固定资产、人力资本、科学技术等在投入产出分析中也基本上没有得到反映。由此产生了把"占用"这一概念引入传统投入产出技术的思想。这种方法的特点是不仅研究部门间产品的投入与产出关系，而且研究占用（自然资源、劳动力、固定资产、存货、金融资产等）与产出、占用与投入之间的数量关系。[①] 一般的投入占用产出表的形式见表 2.4。

表 2.4　　　　　　　　　　　　投入占用产出表

产出 / 投入			中间需求与中间占用				最终需求与最终占用				总产出 与 总占用
			部门 1	部门 2	⋮	部门 n	消费	固定资本形成 1, 2, …, n	存货增加 1, 2, …, n	出口	进口	
投入部分	中间投入	部门 1 部门 2 … 部门 n	z_{ij}				f_i					x_i
	最初投入	从业人员报酬 固定资产折旧 生产税净额 营业盈余										
	总投入		x_j									

---

① 陈锡康、杨翠红：《投入产出技术》，科学出版社 2011 年版，第 185 页。

续表

投入＼产出			中间需求与中间占用				最终需求与最终占用					总产出与总占用
			部门1	部门2	⋮	部门n	消费	固定资本形成 1, 2, …, n	存货增加 1, 2, …, n	出口	进口	
占用部分	固定资产	部门1										
		部门2										
		…										
		部门n										
	存货	部门1										
		部门2	r_{ij}				f_{is}^{R}					r_i
		…										
		部门n										
	金融资产	通货										
		存款										
		证券										
		股票										
		其他										
	劳动力	未上学者										
		小学										
		中学										
		大学以上										
	自然资源	土地										
		水资源										
		矿产										
		森林等										
	其他	商标										
		专利										
		其他										

其中 r_{ij} 表示第 j 部门对第 i 类占用品的占用，f_{is}^{R} 表示第 s 类最终

需求对第 i 类占用品的占用，r_i 表示第 i 类占用品的数量。

投入占用产出技术自被陈锡康研究员提出以后，在许多问题的研究中得到了广泛应用。例如：全国粮食产量预测、城乡经济、水利、能源、教育、对外贸易等。在投入占用产出技术的理论研究上，众多学者提出了在物质资本、人力资本、科技成果等方面考虑时滞的动态投入占用产出模型，以及考虑占用品损耗补偿的动态投入占用模型和考虑多年时滞的教育经济动态投入占用产出模型。

第二节　城乡居民收入分配投入占用产出模型

在投入占用产出技术的基础上，通过对农业投入占用产出模型中居民收入分配行向量或城乡居民收入分配矩阵的构建，可以分析国民经济各部门，尤其是细化的农业部门与非农部门的城乡居民收入分配结构、城乡居民收入分配与经济以及其他的关联关系等，可以在一个棋盘式结构的表中清楚地将居民收入分配结构和经济结构反映出来，加入城乡居民收入分配部分的农业投入占用产出表是研究城乡居民收入分配结构、产业收入分配关联关系的有效工具之一。

我们构建的一般城乡居民收入分配投入占用产出模型是在农业投入占用产出模型的基础上加入了城乡居民收入分配矩阵，该模型的优势是可以清晰地反映出细化的农业部门与各个非农业部门的城乡居民收入分配结构以及各个产业部门间的收入分配关联关系。本小节首先介绍农业投入占用产出模型，进而介绍一般城乡居民收入分配投入占用产出模型。

一　农业投入占用产出模型

1983 年，中国科学院系统科学研究所陈锡康领导的研究小组受到原国务院农村发展研究中心和原中共中央农村政策研究室的委托，编制了我国第一张农业投入产出表——1982 年中国价值型和实物型农业投入产出表。后来，又陆续编制了 1987 年、1997 年、2002 年中国农业投入占用产出表，用以研究农村经济以及农村经济与城市经济的关联关系，并在此基础上进行了全国粮食产量预测等一系列研究工作。[①]

表 2.5　　　　　　　　　　农业投入占用产出表

投入/占用＼产出				中间需求		最终需求				总产出
				农业	非农业	消费	资本形成	净出口	合计	
				$1, \cdots, k$	$k+1, \cdots, n$					
投入	中间投入	农业	1	z_{ij}^{11}	z_{ij}^{12}				f_i^1	x_i^1
			$\vdots$							
			k	z_{ij}^{*11}	z_{ij}^{*12}				f_i^*	z_i
		非农业	$k+1$	z_{ij}^{21}	z_{ij}^{22}				f_i^2	x_i^2
			$\vdots$							
			n							
	最初投入	从业人员报酬								
		生产税净额								
		固定资产折旧								
		营业盈余								
		合计		v_j^1	v_j^2					
	总投入			x_j^1	x_j^2					
占用	播种面积			r_{ij}^1	r_{ij}^2					
	就业人数									
	固定资产									
	流动资金									

注：其中带 * 的数据表示实物量数据。

农业投入占用产出表是一般投入产出表的扩展，将农业部门进一步细分为几个独立的部门。农业投入占用产出表将一般投入产出

---

① 陈锡康、杨翠红：《投入产出技术》，科学出版社 2011 年版，第 288—289 页。

表的中间流量矩阵划分为四部分，其中农业部门放在表格的左上端。假设国民经济中共有 n 个部门，其中 k 个为农业部门，$n-k$ 个为非农业部门。相应的中间投入、最初投入、中间需求、最终需求等也划分为农业部门和非农业部门两部分。其次，为了更加贴合实际情况，农业投入占用产出表采用了实物价值表，即实物量与价值量并存。最后，在表的左下方加入占用部分，构成投入占用产出表。具体结构见表 2.5。

根据投入产出技术基本理论，定义农业投入占用产出模型的直接消耗系数矩阵：

$$A = \begin{bmatrix} A^{11} & A^{12} \\ A^{21} & A^{22} \end{bmatrix} \tag{2.9}$$

其中 $A^{11} = (a_{ij}^{11}) = (z_{ij}^{11}/x_j^1)$，$A^{12} = (a_{ij}^{12}) = (z_{ij}^{12}/x_j^2)$，$A^{21} = (a_{ij}^{21}) = (z_{ij}^{21}/x_j^1)$，$A^{22} = (a_{ij}^{22}) = (z_{ij}^{22}/x_j^2)$，$a_{ij}^{11}$ 表示第 j 个农业部门单位产出对第 i 个农业部门的直接消耗，其他直接消耗系数经济解释类推。

令 $X = \begin{bmatrix} X^1 \\ X^2 \end{bmatrix}$，$F = \begin{bmatrix} F^1 \\ F^2 \end{bmatrix}$ 分别表示农业部门、非农业部门的总产出和最终需求合计，进而可以将列昂惕夫模型 $X = (I-A)^{-1}F$ 写成如下矩阵形式：

$$\begin{bmatrix} X^1 \\ X^2 \end{bmatrix} = \begin{bmatrix} I-A^{11} & -A^{12} \\ -A^{21} & I-A^{22} \end{bmatrix}^{-1} \begin{bmatrix} F^1 \\ F^2 \end{bmatrix} = \begin{bmatrix} \tilde{B}^{11} & \tilde{B}^{12} \\ \tilde{B}^{21} & \tilde{B}^{22} \end{bmatrix} \begin{bmatrix} F^1 \\ F^2 \end{bmatrix} \tag{2.10}$$

即

$$X^1 = \tilde{B}^{11}F^1 + \tilde{B}^{12}F^2 , X^2 = \tilde{B}^{21}F^1 + \tilde{B}^{22}F^2 \tag{2.11}$$

其中，

$$\tilde{B} = \begin{bmatrix} \tilde{B}^{11} & \tilde{B}^{12} \\ \tilde{B}^{21} & \tilde{B}^{22} \end{bmatrix} = \begin{bmatrix} I-A^{11} & -A^{12} \\ -A^{21} & I-A^{22} \end{bmatrix}^{-1}$$

为农业占用产出模型的列昂惕夫逆矩阵。

二　一般城乡居民收入分配投入占用产出模型

一般城乡居民收入分配投入占用产出模型是在农业投入占用产出模型的基础上扩展出城乡居民收入分配矩阵。一般城乡居民收入分配投入占用产出表的基本框架和农业投入占用产出表类似，不同的是在增加值部分将构建的收入分配矩阵单独列出，其基本表式结构见表2.6。

表 2.6　　　　　　　　　城乡居民收入分配投入占用产出表

			中间需求		最终需求									总产出
			农业	非农业	居民消费		政府消费	资本形成	存货增加	出口	进口	其他	合计	
					农村	城镇								
投入	中间投入	农业												
		非农业												
	最初投入	居民收入	农村居民收入											
			城镇居民收入											
		固定资产折旧												
		其他												
		增加值合计												
	总投入													
占用	播种面积													
	灌溉面积													
	劳动力													
	固定资产总值													
	农业机械总动力													
	大中型拖拉机													
	小型拖拉机													

根据所研究问题的不同可以对城乡居民收入分配矩阵进行不同的划分。最一般的情况是构建国民经济各部门的城镇和农村居民收入行向量，还可以根据所研究问题的不同以及数据的可获得性对城乡居民收入做进一步的划分。例如：可以按照收入等级将城乡居民收入分别划分为高收入、中等收入、低收入等收入组；按照学历将城乡居民收入分别划分为研究生及以上、大学本科、大专、高中、初中级以下等学历组；还可以按照企业类型、专业技术职称等对城乡居民收入群体进行划分，从而根据需要构建出不同的城乡居民收入分配矩阵。

（一）城乡居民直接收入分配系数

根据投入产出模型的基本理论，可以定义城镇居民直接收入系数 a_{wj}^{u} 和农村居民直接收入系数 a_{wj}^{r} 如下：

$$a_{wj}^{u} = w_{j}^{u}/x_{j} \qquad (2.12)$$

$$a_{wj}^{r} = w_{j}^{r}/x_{j} \qquad (2.13)$$

其中，w_{j}^{u} 表示第 j 部门的城镇居民收入，w_{j}^{r} 表示第 j 部门的农村居民收入；a_{wj}^{u} 表示从第 j 个部门得到的城镇居民收入占第 j 个部门总产出的比例，a_{wj}^{r} 表示从第 j 个部门得到的农村居民收入占第 j 个部门总产出的比例。写成矩阵形式：

$$A^{W} = W\hat{X}^{-1} \qquad (2.14)$$

其中，W 为城乡居民收入分配矩阵，X 为各部门的总产出列向量。

（二）城乡居民完全收入系数

城乡居民完全收入系数是直接城乡居民收入分配系数和间接城乡居民收入分配系数加总。其中，上部分定义的城镇居民系数表示直接系数，间接城乡居民收入分配系数是指该部门生产单位产品通过消耗各部门产品所拉动的居民收入。

图2.1左侧是钢生产过程中对各部门产品的消耗，右侧表示对居民收入产生的拉动作用。钢的生产中消耗了生铁、焦炭、煤等，

同时也产生了一定的居民收入，这时对收入的拉动是直接拉动。钢的生产过程中直接消耗的生铁、焦炭、煤等的生产过程中又进一步拉动了居民收入，这是钢对居民收入的第一轮间接拉动。同样，在生铁生产中消耗铁矿石（设备，石灰石、焦炭等），在铁矿石生产过程中又产生了居民收入，那么对应钢生产过程而言，此处对收入的拉动为第二次间接拉动，即钢通过第一次间接消耗的产品的生产对居民收入的拉动。此过程可以无限地进行下去。

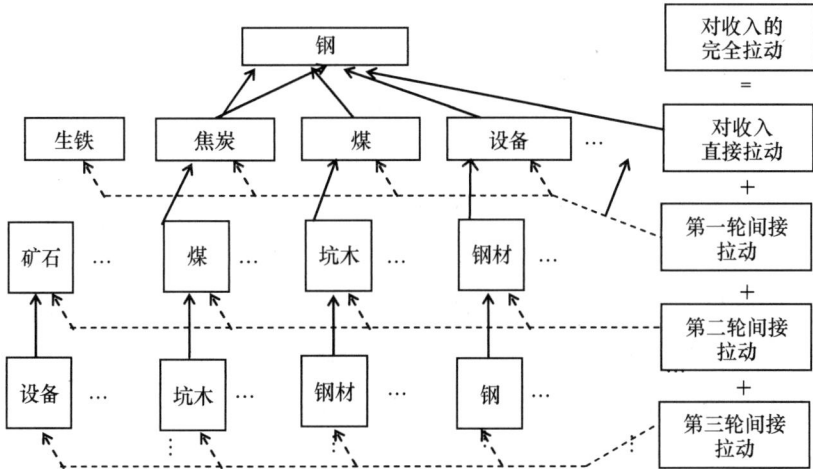

图 2.1　钢对居民收入的拉动情况

综上，定义城乡居民完全收入系数如下：

$$b_{ij}^W = a_{ij}^W + \sum_{k=1}^{n} a_{ik}^W a_{kj} + \sum_{k=1}^{n} \sum_{s=1}^{n} a_{is}^W a_{sk} a_{kj} + \sum_{k=1}^{n} \sum_{s=1}^{n} \sum_{t=1}^{n} a_{it}^W a_{ts} a_{sk} a_{kj} + \cdots$$

$$(2.15)$$

其中，b_{ij}^W 表示第 j 部门生产单位产品对第 i 类居民收入的完全拉动，第一项 a_{ij}^W 表示第 j 部门对第 i 类居民收入的直接拉动，第二项 $\sum_{k=1}^{n} a_{ik}^W a_{kj}$ 表示第 j 部门对第 i 类居民收入的第一次间接拉动，依此类推。矩阵形式为：

$$B^W = A^W + A^W A + A^W A^2 + A^W A^3 + \cdots$$

$$= A^W (I - A)^{-1}$$

(2. 16)

第三节　中国城乡居民收入分配投入占用
产出表的编制

为了编制 2007 年中国城乡居民收入分配投入占用产出表，本书首先编制了 2007 年中国农业投入占用产出表，并在此基础上构建城乡居民收入分配矩阵编制完成 2007 年中国城乡居民收入分配投入占用产出表。本小节将具体介绍两张表格的编制情况。

一　农业投入占用产出表的编制

（一）部门分类

农业投入占用产出表将国民经济各部门划分为农业部门和非农业部门两大类，其中农业分为种植业、林业、畜牧业、渔业以及农林牧渔服务业。种植业可以细分为如下部门[①]：

粮食作物：包括稻谷、小麦、薯类、玉米、高粱、谷子、其他杂粮和大豆。

经济作物：包括棉花、油料作物、麻类、糖类作物、烟叶、药材及其他经济作物。

其他：包括蔬菜瓜类、饲料绿肥、差桑果、其他农作物等。

根据研究重点的不同和数据的可获得性，可以对部门进行适当的归并。

根据国家统计局国民经济核算司编制的中国 2007 年 135 部门和 42 部门全国投入产出表等资料，运用投入产出分析中的多种编表技术和方法，本书编制了中国 2007 年 52 部门农业投入产出表，

---

① 陈锡康、杨翠红：《投入产出技术》，科学出版社 2011 年版，第 290 页。

该表把 2007 年 42 部门投入产出表中农业部门细分为稻谷、小麦、玉米、大豆、其他粮食、油料作物、棉花（原棉）、蔬菜、其他种植业、林业、畜牧业、渔业和农林牧渔服务业 13 个部门。部门编号及部门分类名称见表 2.7。

表 2.7 中国 2007 年农业投入占用产出表部门编号及部门分类名称

部门编号	部门名称	部门编号	部门名称
1	稻谷	27	金属制品业
2	小麦	28	通用、专用设备制造业
3	玉米	29	交通运输设备制造业
4	大豆	30	电气机械及器材制造业
5	其他粮食	31	通信设备、计算机及其他电子设备制造业
6	油料作物	32	仪器仪表及文化办公用机械制造业
7	棉花（原棉）	33	工艺品及其他制造业（废品废料）
8	蔬菜	34	电力、热力的生产和供应业
9	其他种植业	35	燃气生产和供应业
10	林业	36	水的生产和供应业
11	畜牧业	37	建筑业
12	渔业	38	交通运输及仓储业
13	农林牧渔服务业	39	邮政业
14	煤炭开采和洗选业	40	信息传输、计算机服务和软件业
15	石油和天然气开采业	41	批发和零售业
16	金属矿采选业	42	住宿和餐饮业
17	非金属矿及其他矿采选业	43	金融业
18	食品制造及烟草加工业	44	房地产业
19	纺织业	45	租赁和商务服务业
20	纺织服装鞋帽皮革羽绒及其制品业	46	研究与试验发展业
21	木材加工及家具制造业	47	综合技术服务业
22	造纸印刷及文教体育用品制造业	48	居民服务和其他服务业

部门编号	部门名称	部门编号	部门名称
23	石油加工、炼焦及核燃料加工业	49	教育
24	化学工业	50	卫生、社会保障和社会福利业
25	非金属矿物制品业	51	文化、体育和娱乐业
26	金属冶炼及压延加工业	52	公共管理和社会组织

（二）数据来源

本书编制的中国 2007 年农业投入占用产出表是基于中国 2007 年投入产出表编制而成的。主要工作是细划了农业部门、增加了占用部分，融合了实物表和价值表从而成为一个综合表。数据资料主要来源于以下几个方面。

第一，国家统计局国民经济核算司编制的中国 2007 年 135 部门和 42 部门投入产出表、中国 2007 年投入产出表编制方法等。其中，表格中保留的原有的 5 个农业部门和 41 个非农业部门数据均来自于 2007 年 135 部门和 42 部门全国投入产出表，细化后的农业部门数据总量与全国投入产出表中农业部门保持一致；农业部门数据处理参考了《中国 2007 年投入产出表编制方法》一书的编制思路和方法。

第二，国家发展改革委员会价格司编写的《全国主要农副产品生产成本收益资料汇编—2008》，表中细化的农业部门的中间投入以及最初投入数据主要由《全国主要农副产品生产成本收益资料汇编—2008》中的数据推算得来。

第三，中国农业年鉴编辑委员会编写的《中国农业统计年鉴—2008》、国家统计局农村社会经济调查总队编写的《中国农村统计年鉴—2008》和国家统计局相关年份的中国统计年鉴。从这些年鉴中可以找到表格编制过程中所需要的农产品产量、产值、播种面积、灌溉面积和农产品的最终使用资料等数据。

第四，陈锡康研究员等主编的《中国城乡经济投入占用产出分析》、1997 年中国农业投入占用产出表和邓志国编制的 2002 年农业投入占用产出表。在推算其他农业部门对非农业部门的中间使用和最终使用时，本书主要参考了以上数据及编表经验方法。

第五，2007 年分等级就业投入占用产出表、《中国劳动统计年鉴—2008》《中国统计年鉴—2008》《中国城乡经济投入占用产出分析》（陈锡康主编）、《2002 年中国农业投入占用产出表》等。占用部分中的劳动力人数相关数据主要参考了王会娟编制的 2007 年分等级就业投入占用产出表以及《中国劳动统计年鉴—2008》中的相关数据。其余占用部分主要依据《中国统计年鉴—2008》《中国城乡经济投入占用产出分析》《2002 年中国农业投入占用产出表》等推算得到的。

（三）农业投入占用产出表编制方法

由于农业投入占用产出表是在原有投入产出表的基础上将农业部门细化后得到的，表格中保留的原有的 5 个农业部门和 41 个非农业部门数据均与 2007 年 135 部门和 42 部门全国投入产出表保持一致，其主要编表困难在于细化后的农业部门各部分的数据扩充及编制。主要包括：各农业部门的总产出、中间投入合计、劳动者报酬、生产税净额、固定资产折旧、营业盈余、农业部门对农业部门及非农业部门的中间投入矩阵、农业部门对非农业部门的中间需求矩阵、最终需求矩阵、种植业各部门的播种面积、灌溉面积、各农业部门的劳动力人数、固定资产总值、农机总动力、大中型以及小型拖拉机的占用情况。以下我们将详细介绍各部分的编制情况：

注明：为了叙述得更清晰明白，本书将 135 部门投入产出表中的农业部门更名为种植业，而本书所指的农业部门为包含农、林、牧、渔及其服务业的大农业部门。

1. 种植业各部门总产值，即总产出或总投入的计算

从《全国主要农副产品生产成本收益资料汇编—2008》中可以

找到 2007 年我国稻谷、小麦、玉米等种植作物的主副产品亩产值数据，乘上各作物的播种面积，可以得到各种植作物的产值，进一步可以计算出各种植作物之间的产值比例。将我国 2007 年 135 部门投入产出表的中间投入部分合并为 42 部门得到 42×135 部门投入产出表，进而得到种植业部门对其他 42 部门的总产值控制总量。按照上述比例将种植业对其他 42 部门的总投入进行拆分，从而得到稻谷、小麦、玉米等种植作物的总投入。

2. 种植业各部门中间投入合计、固定资产折旧、劳动者报酬、生产税净额及营业盈余的计算

以上几个部分的编制方法类似，首先从《全国主要农副产品生产成本收益资料汇编—2008》中查找到 2007 年我国稻谷、小麦、玉米等种植作物的每亩物质费用、固定资产折旧费用、用工作价与劳动日工价等数据。将物质费用（减去折旧部分）乘以各种植作物的播种面积得到各种植作物的总物质费用（固定资产折旧、用工费用可按相同方法处理），按照此比例将 42×135 部门投入产出表中种植业对其他 42 部门的中间投入合计进行拆分，得到细化的 9 个种植业部门的中间投入合计。

其中比较特殊的为生产税净额和营业盈余的处理。根据《中国 2007 年投入产出表编制方法》可知，自 2006 年起我国全面取消农业税和除烟叶外的农业特产税，因此，种植业生产税净额只有烟叶税。[①] 由于烟草种植属于其他种植作物范畴，故将原 42×135 部门投入产出表中农业对其他 42 部门的生产税净额数据放入其他种植作物生产税净额中，其余种植业部门取 0。细化后的农业部门的营业盈余利用增加值扣减劳动者报酬、生产税净额和固定资产折旧计算得到。

---

① 国家统计局国民经济核算司：《中国 2007 年投入产出表编制方法》，中国统计出版社 2009 年版，第 40 页。

3. 种植业各部门中间投入矩阵的推算

种植业部门对种植业部门的中间投入矩阵的计算：以稻谷为例，稻谷部门用于自身主要包括以下三个部分：种籽费、秸秆肥田、秸秆喂养役畜作为畜力。因此，将 135 部门投入产出表中种植业对种植业的中间投入合计减去所有种植作物的种籽费作为控制总量，按照稻谷、小麦、玉米等使用的农家肥及畜力费占所有种植作物使用数量的比例进行拆分，再加上不同品种的种籽费，得到种植业各部门的中间投入矩阵。

种植业部门对非农业部门的中间投入矩阵计算：首先，根据《全国主要农副产品生产成本收益资料汇编—2008》可以找到 2007 年我国稻谷、小麦、玉米等各种植作物消耗的农家肥、畜力费、物质费用、材料费用、管理费、销售费、机械作用费、排灌费、燃料动力费等数据，进而计算各种植作物占上述各费用的内部比重。然后，由 42×135 部门投入产出表可以得到 41 个非农部门对种植业的中间消耗合计，根据不同部门的特点，同时结合 1997 年及 2002 年农业投入占用产出表的相关比例，采用相应的数据比例将总量进行拆分得到初始的中间投入矩阵。最后，利用固定重点系数的改进的 RAS 方法对上述矩阵进行调平，最终得到种植业部门对非农业部门的中间投入矩阵。[①]

4. 种植业部门对非农业部门的中间需求矩阵、最终需求矩阵的计算

以 42×135 部门投入产出表中农业部门对其他部门的中间投入及最终需求数据作为控制量。根据《中国农村统计年鉴—2008》中 2007 年我国农产品进出口情况对稻谷、小麦、玉米等种植作物的进出口额进行了推算。由于缺少分部门的详细数据，其他部分主要根据 1997 年及 2002 年农业投入占用产出表的相关比例进行推算

---

① 邓志国：《投入占用产出技术在中国农业发展和农民收入分配研究中的应用》，博士学位论文，中国科学院，2009 年，第 25—30 页。

调整。

5. 占用部分的计算

占用部分中的稻谷、小麦、玉米等各种植业部门的总播种面积可以直接从《中国农业统计年鉴—2008》查找到。劳动力人数相关数据主要参考了王会娟编制的 2007 年分等级就业投入占用产出表以及《中国劳动统计年鉴—2008》中的相关数据，然后按照《全国主要农副产品生产成本收益资料汇编—2008》中稻谷、小麦、玉米等作物的用工数量对种植业的劳动力人数做了进一步细化。[①] 各部门的固定资产总值是根据各部门的折旧系数对固定资产折旧进行计算得到的。针对各种植作物的灌溉面积、农业机械总动力、大中型及小型拖拉机等的占用并没有的具体数值，但可以按照如下方法推算：以灌溉面积为例，虽然没有详细作物的数据，但可以从《中国农业统计年鉴—2008》中得到我国各地区的有效灌溉面积，利用我国各地区稻谷、小麦、玉米等种植作物的播种面积进行加权，可近似得到我国稻谷、小麦、玉米的有效灌溉面积。农业机械总动力、大中型及小型拖拉机的占用数量可采用类似方法计算。

二　城乡居民收入分配投入占用产出表的编制

现有的对于我国城乡居民收入问题的讨论多数集中在总量，对于行业以及行业间收入分配关联关系的讨论很少。城乡居民收入分配投入占用产出模型是研究各部门居民收入分配关联关系的有效工具。城乡居民收入分配投入占用产出模型是在农业投入占用产出模型的基础上结合城乡收入分配结构的模型，模型的构建思路本身并不复杂，主要问题在于数据。因此，如何编制城乡居民收入分配投入占用产出表是使用模型进行问题分析的重要基础。为了研究的需要，本书主要编制了中国 2002 年、2007 年、2010 年城乡居民收入

---

① 王会娟：《分等级就业投入占用产出模型及其应用》，博士学位论文，中国科学院，2012年，第37—44页。

分配投入占用产出表，本小节将详细介绍表格的编制情况。

（一）相关基本概念

目前我国与城乡居民收入分配相关的统计指标主要包括：初次分配总收入、可支配总收入、劳动者报酬、城镇家庭总收入、城镇家庭可支配收入、农村住户、农村居民总收入（工资性收入、家庭经营性收入、财产性收入、转移性收入）、农村居民纯收入等。根据《中国统计年鉴—2011》相关部分的指标解释，各指标的具体含义如下[①]：

初次分配总收入　　初次分配是生产活动形成的净成果在参与生产活动的生产要素的所有者及政府之间的分配。生产活动的净成果是增加值。生产要素包括劳动力、土地、资本。劳动力所有者因提供劳动而获得劳动报酬；土地所有者因出租土地而获得地租；资本的所有者因资本的形态不同而获得不同形式的收入：借贷资本所有者获得利息收入；股权所有者获得红利或未分配利润；政府因直接或间接介入生产过程而获得生产税或支付补贴。初次分配的结果形成各个机构部门的初次分配总收入。各部门的初次分配总收入之和就等于国民总收入，亦即国民生产总值。

可支配总收入　　在初次分配总收入的基础上，通过经常转移的形式对初次分配总收入进行再次分配。再分配的结果形成各个机构部门的可支配总收入。各部门的可支配总收入之和称为国民可支配总收入。

劳动者报酬　　指劳动者因从事生产活动所获得的全部报酬。包括劳动者获得的各种形式的工资、奖金和津贴，既包括货币形式的，也包括实物形式的，还包括劳动者所享受的公费医疗和医药卫生费、上下班交通补贴、单位支付的社会保险费、住房公积金等。

城镇家庭总收入　　指家庭成员得到的工资性收入、经营净收

---

① 中华人民共和国国家统计局：《中国统计年鉴—2011》，中国统计出版社 2011 年版，第147 页。

入、财产性收入、转移性收入之和，不包括出售财物收入和借贷收入。

城镇家庭可支配收入 指家庭成员得到可用于最终消费支出和其他非义务性支出以及储蓄的总和，即居民家庭可以用来自由支配的收入。它是家庭总收入扣除交纳的个人所得税、个人交纳的社会保障支出以及记账补贴后的收入。计算公式为：

可支配收入 = 家庭总收入 − 交纳个人所得税 − 个人交纳的社会保障支出 − 记账补贴

农村住户 指农村常住户。农村常住户指长期（一年以上）居住在乡镇（不包括城关镇）行政管理区域内的住户，以及长期居住在城关镇所辖行政村范围内的农村住户。户口不在本地而在本地居住一年及以上的住户也包括在本地农村常住户范围内；有本地户口，但举家外出谋生一年以上的住户，无论是否保留承包耕地都不包括在本地农村住户范围内。

农村居民总收入 指调查期内农村住户和住户成员从各种来源渠道得到的收入总和。按收入的性质划分为工资性收入、家庭经营收入、财产性收入和转移性收入。其中：

工资性收入指农村住户成员受雇于单位或个人，靠出卖劳动而获得的收入。

家庭经营性收入指农村住户以家庭为生产经营单位进行生产筹划和管理而获得的收入。农村住户家庭经营活动按行业划分为农业、林业、牧业、渔业、工业、建筑业、交通运输邮电业、批发和零售贸易餐饮业、社会服务业、文教卫生业和其他家庭经营。

财产性收入指金融资产或有形非生产性资产的所有者向其他机构单位提供资金或将有形非生产性资产供其支配，作为回报而从中获得的收入。

转移性收入指农村住户和住户成员无须付出任何对应物而获得的货物、服务、资金或资产所有权等，不包括无偿提供的用于固定资本形成的资金。一般情况下，是指农村住户在二次分配中的所有收入。

农村居民纯收入　　指农村住户当年从各个来源得到的总收入相应地扣除所发生的费用后的收入总和。纯收入主要用于再生产投入和当年生活消费支出，也可用于储蓄和各种非义务性支出。"农民人均纯收入"是按人口平均的纯收入水平，反映的是一个地区农村居民的平均收入水平。纯收入计算方法：

纯收入 = 总收入 – 家庭经营费用支出 – 税费支出 – 生产性固定资产折旧 – 赠送农村内部亲友

（二）数据来源及处理

本部分以 2007 年城乡居民收入分配投入占用产出表的编制为例，介绍城乡居民收入分配矩阵的数据来源及编制方法。其他年份的表格编制方法与之类似，在此不再赘述。

主要使用的数据来源有：中国国家统计局国民经济核算司编制的《中国统计年鉴》、中国农业年鉴编辑委员会编写的《中国农业统计年鉴—2008》、国家统计局农村社会经济调查总队编写的《中国农村统计年鉴—2008》、中国农业部编写的《中国乡镇企业及农产品加工工业年鉴—2008》及国家统计局农村社会经济调查司编写的《中国农村住户调查年鉴—2008》等。

首先对初次分配总收入和可支配总收入概念的区别做如下说明：

可支配总收入是在初次分配总收入的基础上，通过经常转移的形式对初次分配总收入进行再次分配。基于投入产出技术的理论框架，本书主要讨论的是初次分配总收入，不考虑再次分配的情况。

可支配总收入 = 初次分配总收入 + 转移进的收入 – 转移出的收入（税、保险等）

初次分配总收入 = 净劳动者报酬 + 净财产收入 + 增加值 – 生产税净额

1. 控制总量的确定

编制城乡居民收入分配投入产出表最先要确定的是控制总量，即我国城乡居民的初次分配总收入，根据《中国统计年鉴—2010》我国 2007 年资金流量表，可以得到 2007 年我国住户部门的初次分配总收入为 155654.14 亿元。进一步的需要将我国住户部门的初次分配总收入划分为城镇和农村居民两部分的初次分配总收入，但是根据现有年鉴及数据库等相关资料，均没有这两部分的具体数据，因此，需要根据现有的与城镇、农村居民初次分配总收入相关数据进行推算。由于农村居民收入的来源及构成相对于城镇居民更加单一简单，因此在编制表格的过程中，我们均先编制和拆分农村居民部分，相应地利用收入总量减去农村居民收入进而得到城镇居民收入。

农村居民的初次分配总收入并不能直接查找到相关数据，需要根据一定的方法进行推算。事实上，根据初次分配收入的定义，农村居民初次分配总收入主要可以从农村居民的工资性收入、家庭经营性收入、财产性收入三部分进行计算。根据《中国农业统计年鉴—2008》可以查找到 2007 年我国农村居民人均总收入及工资性收入、家庭经营性收入、财产性收入和转移性收入的各项数据。将农村居民人均工资性收入及家庭经营性收入乘以 2007 年农村居民人口数量得到我国农村居民总的工资性及家庭经营性收入。根据《中国统计年鉴—2008》中的资金流量表可以得到住户部门的净财产收入数据。将此数据按照我国农村及城镇居民的财产性收入比例进行拆分，得到我国农村和城镇居民总的财产性收入。将两部分汇总近似作为我国农村居民的初次分配总收入的控制总量。城镇居民初次分配总收入由我国住户部门初次分配总收入（155654.14 亿元）减去农村部分得到。

2. 城乡居民收入分配矩阵的拆分

本部分我们仍然从农村居民收入行向量的构建入手。农村居民的收入构成中最重要的为工资性收入和家庭经营性收入两部分，占总收入的 91.50%，因此我们主要根据这两部分进行计算。由于细分行业的农村居民收入数据非常匮乏，只能利用已有的一部分划分较粗糙的行业居民收入数据作为控制数进行估算。

农村居民工资性收入主要依据全国乡镇企业主要经济指标中的劳动报酬比例进行计算。根据《中国农业统计年鉴—2008》可以查找到全国乡镇企业主要经济指标中的劳动报酬相关数据，包含农林牧渔服务业、采矿业、制造业、电力燃气及水的生产和供应业、建筑业、交通运输仓储业、批发零售业、住宿及餐饮业、居民服务其他服务业和娱乐业、其他企业十大行业。将此比例作为控制数把我国农村居民初次分配总收入中的工资性收入总量进行拆分，再按照我们编制的 2007 年农业投入占用产出表中 52 个部门的劳动报酬比例做进一步的计算，从而估算出细分为 52 个部门的我国农村居民工资性收入行向量。

农村居民家庭经营性收入是根据《中国农业统计年鉴—2008》中我国 2007 年农村居民人均纯收入构成中的各项比例进行计算。从中我们可以得到如下 11 个行业的家庭经营性收入数据：农业、林业、牧业、渔业、工业、建筑业、交通运输邮电业、批发贸易饮食业、社会服务业、文教卫生业、其他行业。同样的方法，将此比例作为控制数把我国农村居民初次分配总收入中的家庭经营性收入总量进行推算，进一步按照我们编制的 2007 年农业投入占用产出表中 52 个部门的劳动报酬比例拆分，得到 52 个部门的我国农村居民家庭经营性收入行向量。

对于财产性收入，由于缺乏细分部门的相关数据，只能暂时不单独进行拆分。综上，将细分为 52 个部门的我国农村居民工资性及家庭经营性收入加和，并且按照我国农村居民的初次分配总收入总量进行调整，即得到了我国农村居民收入分配行向量。

最后，城镇居民收入分配行向量则是利用我国居民收入分配行向量减去农村居民收入分配行向量得到的。其中，我国居民收入分配行向量是以我国居民初次分配总收入为控制量，将 2007 年农业投入占用产出表中 52 个部门的营业盈余行向量的一部分加到劳动报酬行向量上估算得到的。

综上，结合之前编制的中国 2007 年农业投入占用产出表，就得到了我国 2007 年城乡居民收入分配投入占用产出表。利用类似方法，结合 2002 年投入产出表 2010 年投入产出延长表，我们也编制了 2002 年、2010 年的城乡居民收入分配投入占用产出表。可以根据不同年份投入产出表的不同部门分类进行调整，从而进行比较分析。

第四节　中国城乡居民收入分配投入占用产出模型乘数分析

本小节主要利用我们编制的 2010 年中国城乡居民收入分配投入占用产出表进行乘数分析。主要包括农业部门的投入产出乘数和城乡居民收入分配乘数分析，常用的投入产出乘数有总产出乘数、生产诱发度、影响力系数（后向系数）与感应度系数（前向系数）等，城乡居民收入分配乘数有城乡居民直接收入系数、城乡居民完全收入系数。

一　农业部门投入产出乘数分析

（一）总产出乘数、生产诱发度

总产出乘数 O_j 反映单位最终需求变动对总产出指标的完全影响数值，第 j 部门的总产出乘数计算公式如下：

$$O_j = \sum_{i=1}^{n} \tilde{b}_{ij} \qquad (2.17)$$

其中，$\tilde{b}_{ij}$ 是完全需求系数矩阵 $(I - A)^{-1}$ 的元素。

生产诱发度 C_{ik} 表示第 k 类最终需求变动一个单位所诱发的第 i 部门生产变化，计算公式如下：

$$C_{ik} = \frac{\sum_{j=1}^{n} \tilde{b}_{ij} F_{jk}}{\sum_{j=1}^{n} F_{jk}} \quad i = 1,2,\cdots,n \quad k = 1,2,\cdots \quad (2.18)$$

其中，F_{jk} 表示第 j 类产品用于第 k 类最终需求的量，$C_k = \sum_{i=1}^{n} C_{ik}$ 反映了第 k 类最终需求变动一个单位对国民经济各部门的拉动作用之和。生产诱发度越大，该类最终需求的生产波及效果越大。

根据计算可知，农业中总产出乘数较大的为小麦 2.60、农林牧渔服务业 2.47、畜牧业 2.37，棉花、蔬菜的总产出乘数较小，分别为 1.70、1.87。反映出小麦、农林牧渔服务业及畜牧业单位最终需求的增加对其总产出的拉动作用相对较大，而棉花和蔬菜对其总产出的拉动作用相对较小。

从生产诱发度的角度来看，畜牧业的生产诱发度最大，其中畜牧业的消费诱发度为 0.07，积累诱发度为 0.09，出口诱发度为 0.03，均为农业部门中的最大值，即对畜牧业产品消费、积累及出口的增加均会诱发其较大幅度的增加生产。其次是蔬菜，其消费诱发度为 0.04，积累诱发度为 0.02，出口诱发度为 0.02。生产诱发度最小的部门为其他粮食，其中其他粮食部门的消费诱发度为 0.003，积累诱发度为 0.001、出口诱发度为 0.0008，即其他粮食消费、积累及出口的增加对其生产的诱发作用均较小。消费诱发度次小的是棉花为 0.004，但其积累诱发度和出口诱发度均不是第二小，分别为 0.007 和 0.01。积累诱发度次小的是小麦为 0.006，出口诱发度次小的是大豆为 0.003。

（二）影响力系数（后向系数）与感应度系数（前向系数）

后向联系是指生产部门与供给其原材料、动力、劳务、设备的生产部门之间的依存关系，定义如下：

$$F_j = \frac{\frac{1}{n}\sum_{i=1}^{n} \tilde{b}_{ij}}{\frac{1}{n^2}\sum_{j=1}^{n}\sum_{i=1}^{n} \tilde{b}_{ij}} \quad j = 1,2,\cdots,n \qquad (2.19)$$

其中，$\tilde{b}_{ij}$ 是完全需求系数矩阵 $(I-A)^{-1}$ 的元素。F_j 反映了第 j 部门增加一个单位最终需求对国民经济各部门的需求波及程度。当 $F_j = 1$ 时，表示第 j 部门对社会的拉动作用达到了各部门的平均水平，当 $F_j < 1$ 时，表示第 j 部门对社会的拉动作用低于各部门的平均水平，当 $F_j > 1$ 时，表示第 j 部门对社会的拉动作用高于各部门的平均水平，拉动作用较强。

前向联系是指生产部门与使用或消耗其产品的生产部门之间的联系。表达式如下：

$$E_i = \frac{\frac{1}{n}\sum_{j=1}^{n} \tilde{w}_{ij}}{\frac{1}{n^2}\sum_{i=1}^{n}\sum_{j=1}^{n} \tilde{w}_{ij}} \quad i = 1,2,\cdots,n \qquad (2.20)$$

其中，$\tilde{w}_{ij}$ 是完全分配系数矩阵 $(I-H)^{-1}$ 的元素，E_i 反映了第 i 部门增加单位增加值对各部门产出的推动程度。

根据计算，2010 年我国农业各部门的影响力系数均小于 1，即没有达到国民经济各部门的平均水平，对国民经济的拉动作用相对较弱。种植业中，小麦的影响力系数最大为 0.92，棉花的最小为 0.60，这说明小麦的生产对国民经济各部门的拉动作用较强，而棉花的拉动作用则相对较弱。

从感应度系数来看，2010 年我国感应度系数超过 1 的部门有：大豆、林业、棉花、其他种植业、油料作物、玉米，这些部门对国民经济的推动作用相对较大，超过国民经济各部门的平均水平。其中，大豆的感应度系数最高为 2.00，其他粮食的感应度系数最小为 0.51。

二　城乡居民收入分配乘数分析

（一）城乡居民收入分析

从我们编制的我国 2010 年城乡居民收入分配投入占用产出表可知，2010 年我国居民初次分配总收入为 223790.33 亿元，其中农村居民初次分配总收入为 52299.77 亿元，占全国初次分配总收入的 23.37%。2010 年我国农村人口为 67113 万人，占全国总人口的 50.50%。从人均来看，全国居民初次分配收入平均水平为 16689 元，而我国农村居民人均初次分配收入仅为 7793 元，不到全国平均水平的一半。城镇居民初次分配总收入为 171490.57 亿元，占全国初次分配总收入的 76.63%。2010 年我国城镇人口为 66978 万人，约占全国总人口的 49.95%。从人均来看，我国城镇居民人均初次分配收入 25604 元，为全国平均水平的 1.53 倍，是农村居民人均初次分配收入的 3.29 倍，城乡收入差距较为明显。

具体从部门来看，农业部门是农村居民收入的主要来源，2010 年我国农业部门的农村居民初次分配总收入为 37822.46 亿元，占全部农村居民初次分配总收入的 72.32%。其中，畜牧业的农村居民收入最多，占总量的 19.72%，其次为蔬菜 12.61%、渔业 6.90%。农业中收入相对较少的部门为大豆、农林牧渔服务业、其他粮食，分别占农村居民初次分配总收入的 1.16%、2.15%、2.36%。第二产业的农村居民初次分配收入为 10817.57 亿元，占全部农村居民初次分配总收入的 20.68%。其中，占比重最大的是建筑业，占农村居民收入总量的 2.59%；其次为化学工业 1.97%，纺织服装鞋帽皮革羽绒及其制品业 1.94%。占比重较小的部门有：燃气生产和供应业、水的生产和供应业，均低于农村居民收入总量的 0.10%。绝大多数制造业的农村居民收入占农村居民初次分配总收入的比重在 1%—2% 之间。第三产业的农村居民初次分配收入为 3659.73 亿元，占全部农村居民初次分配总收入的 7.00%。除批发和零售业、交通运输及仓储业、住宿餐饮业等部门外，其他第三产业部门占农村居民总收入的比重都相对很小。

城镇居民来源于农业部门的收入很少，为792.53亿元，仅占城镇居民初次分配总收入的0.50%，除畜牧业占比0.13%，超过0.10%之外，其他农业各部门的城镇居民收入均低于0.10%。第二产业的城镇居民初次分配收入为83483.37亿元，占全部城镇居民初次分配总收入的48.68%。可见，第二产业各部门为城镇居民初次分配收入的重要来源。其中，建筑业所占比重最大，为城镇居民收入总量的9.20%，其次为化学工业4.19%，通用、专用设备制造业3.64%，金属冶炼及压延加工业3.50%，其余部门所占比重均小于3%。占比重较小的部门有：燃气生产和供应业0.15%、水的生产和供应业0.20%、非金属矿及其他矿采选业0.44%。制造业的城镇居民收入占城镇居民初次分配总收入的比重大多在1%—3%之间。第三产业的城镇居民初次分配收入为87214.67亿元，占全部城镇居民初次分配总收入的50.86%。说明我国城镇居民收入与农村居民收入的来源构成有着极大的不同，第三产业在城镇的发展明显优于农村，是城镇居民收入的主要来源。其中，收入占比超过5%的行业有：公共管理和社会组织8.02%、教育6.13%、批发和零售业6.47%、金融业6.00%、交通运输及仓储业5.21%。第三产业中城镇居民收入比重较小的行业有：邮政业，研究与试验发展业，文化、体育和娱乐业0.19%、0.48%、0.91%。

根据我国2010年城乡居民收入分配投入占用产出表的计算，总体来看，我国城镇居民的初次分配总收入为农村居民初次分配总收入的3.28倍。

表中全部52个部门中，农村居民收入超过城镇居民收入的部门只有农业部门，其余部门均为城镇居民收入不同程度的高于农村居民收入。其中，第三产业多数部门的城镇居民收入均显著高于农村居民收入，例如：公共管理和社会组织、文化、体育和娱乐业、金融业、房地产业和信息传输、计算服务和软件业、租赁与商务服务业、社会保障和社会福利业、综合技术服务业、研究与实验发展业、教育、居民服务和其他服务业等部门的收入差距均超过50倍。城乡居民收入差距最大的前三个行业为：公共管理和社会组织，文化、体育和娱乐业，社会保障和社会福利业。这也反映出，相比于城镇我国农村的经济发展水平相对缓慢，上述行业的发展太过滞后。

城乡收入差距相对较小的部门多数集中在第一、第二产业，例如：纺织服装鞋帽皮革羽绒及其制品业、金属制品业、工艺品及其他制造业、木材加工及家具制造业、纺织业等一些制造业的收入差距均介于2—6倍之间。除农业部门外，城乡收入差距相对较小的前三个部门有：纺织服装鞋帽皮革羽绒及其制品业、金属制品业、工艺品及其他制造业，其城乡居民总收入之比分别为1.96∶1、3.06∶1、4.11∶1。这说明与农业生产相关的部门仍然是我国农村居民收入的主要来源，除此之外，我国农村居民收入多数来自制造业等劳动密集型产业部门。

（二）城乡居民直接收入系数分析

城乡居民直接收入系数是城乡居民收入分配投入占用产出模型的基本系数，根据相应公式可以计算得到各部门单位产值所产生的城乡居民收入情况。

1. 农村居民直接收入系数分析

总体来看，我国国民经济各部门的农村居民直接收入系数平均值较低，仅为0.04，即每万元总产值所产生的农村居民收入仅为0.04万元，反映出我国农村居民收入占总产出比重较小的事实。分部门来看，农业部门的农村居民直接收入系数最高，为0.55，种植业的农村居民直接收入系数均超过0.55，农林牧渔服务业、畜牧业的农村居民直接收入系数稍低，为0.40多些。说明农业部门中，种植业作物单位产值所产生的农村居民收入较高，而农林牧渔服务业、畜牧业单位产值所产生的农村居民收入较低。

第二、第三产业的农村居民收入系数普遍不高，说明第二、第三产业单位产值所产生的农村居民收入很少。第二产业中农村居民直接收入系数平均值为 0.012，系数较高的部门有：纺织服装鞋帽皮革羽绒及其制品业 0.042，通信设备、工艺品及其他制造业（废品废料）0.034，金属制品业 0.024；第二产业中农村居民直接收入系数较低的部门为：电力、热力的生产和供应业 0.002，石油加工、炼焦及核燃料加工业 0.003，燃气生产和供应业 0.005。第三产业中农村居民直接收入系数平均值为 0.012，收入系数较高的部门有：邮政业 0.034，住宿和餐饮业 0.031，批发和零售业 0.029；第三产业中农村居民直接收入系数较低的部门为：房地产业 0.002，信息传输、计算机服务和软件业 0.003，文化、体育和娱乐业 0.003。

综上可以看出，除农业部门外，我国农村居民的直接收入系数普遍较低，即农村居民收入占总产值的比重不高，农业依然是农村居民收入的主要支撑。第二产业农村居民直接收入系数整体不高，其中一些制造业的农村居民直接收入系数稍高，这是由于我国农村劳动力文化水平普遍不高，多从事劳动密集型产业的原因造成的。第三产业中，农村居民直接收入系数较高的几个部门多数是与农村居民生活息息相关的行业，相对于城镇发展较快的房地产、金融业等农村居民收入系数则很小。因此，应当加快农村第二、第三产业的发展，优化农村居民收入部门结构，努力提高第二、第三产业农村居民收入占总产值的比重，有利于增加农村居民收入，缩小城乡收入差距。

2. 城镇居民直接收入系数分析

我国国民经济各部门的城镇居民直接收入系数平均值为 0.14，即单位产值所产生的城镇居民收入为 0.14 元，明显高于农村居民直接收入系数平均值 0.04。农业部门的城镇居民直接收入系数较低，仅为 0.011，即农业部门的城镇居民收入占总产值的比重很小，显然农业部门不是城镇居民收入的主要来源。

第二产业的城镇居民直接收入系数平均值为 0.095，即第二产业单位产值所产生的城镇居民收入为 0.095 元。其中，城镇居民直接收入系数较高的部门依次为煤炭开采和洗选业 0.220、水的生产和供应业 0.198、石油和天然气开采业 0.197。由于废品废料部门主要是对金属、非金属废料和碎屑的加工处理，在投入产出表中起到的是平衡作用，因此以下的讨论中我们均不考虑废品废料业。其余部门的城镇居民直接收入系数均低于 0.15，大部分制造业的城镇居民直接收入系数集中在 0.1 左右。第二产业中，城镇居民直接收入系数较小的部门依次为：石油加工、炼焦及核燃料加工业 0.041，电气机械及器材制造业 0.072，金属制品业 0.072。可见，第二产业中对收入拉动最大的部门多数集中在资源性产品生产部门，与农村居民直接收入系数不同的是，制造业的城镇居民直接收入系数相对较低，这也反映出我国城乡居民收入构成的不同。第三产业的城镇居民直接收入系数是三大产业中最高的，为 0.285（全国平均直接收入系数为 0.190）。其中，城镇居民直接收入系数较高的部门依次为：教育 0.648、公共管理和社会组织 0.547、金融业 0.319。城镇居民直接收入系数较低的部门依次为：房地产业 0.144、交通运输及仓储业 0.186、租赁和商务服务业 0.195。

综上可以看出，与农村居民收入来源构成不同，第三产业是我国城镇居民收入的重要来源，单位产值所产生的城镇居民收入较多。因此大力发展第三产业，对于增加我国城镇居民收入有显著的促进作用。同时，适当提高一些直接收入系数较小的行业收入，有利于缩小行业间的收入差距。

三　城乡居民完全收入系数分析

城乡居民完全收入系数是考虑生产关联关系的各部门单位产值所产生的居民收入情况，城乡居民完全收入系数表示生产单位总产值所完全产生的城乡居民收入，也可以解释为单位最终需求变动对城乡居民收入的完全拉动作用。

（一）农村居民完全收入系数分析

根据计算，农业各部门的农村居民完全收入系数为 0.668，依然是所有部门中最高的，即农业部门的单位最终需求增加一个单位对农村居民收入的拉动作用最大。农业各部门具体来看，农村居民完全收入系数较高的前三个部门依次为：棉花、油料作物、大豆。棉花最终需求增加 1 万元可以产生 0.806 万元的农村居民收入，油料作物、大豆部门增加 1 万元最终需求分别可以拉动农村居民收入 0.776 万元、0.749 万元。农业部门中，农村居民完全收入系数较低的三个部门依次为：农林牧渔服务业、小麦、蔬菜，增加 1 万元最终需求分别可以拉动农村居民收入 0.595 万元、0.598 万元、0.669 万元。农村居民完全收入系数与直接收入系数相比增加最大的部门有：畜牧业、农林牧渔服务业、渔业，分别提高了 0.241 万元、0.148 万元、0.121 万元。可以看出，由于农村居民完全收入系数进一步考虑了第二、第三产业与农业的生产关联关系，农村居民完全收入系数和直接收入系数产生了一定的变化。其中，排名产生明显变化的是畜牧业，其农村居民直接收入系数排名倒数第二，而农村居民完全收入系数有明显提高，其他部门排名变化不是很大。

第二产业的农村居民完全收入系数平均值为 0.066，比其农村居民直接收入系数提高 0.054 个单位。其中，农村居民完全收入系数较高的前三个部门依次是：食品制造及烟草加工业、纺织业、纺织服装鞋帽皮革羽绒及其制品业，各部门最终需求增加 1 万元可以拉动农村居民收入增长 0.386 万元、0.267 万元、0.239 万元，分别比直接收入系数增加了 0.376 万元、0.244 万元和 0.197 万元。第二产业农村居民完全收入系数较小的三个部门依次为：石油加工、炼焦及核燃料加工业，电力、热力的生产和供应业，燃气生产和供应业，分别为 0.042、0.045 和 0.048。农村居民完全收入系数较直接收入系数增长最多的部门为：食品制造及烟草加工业、纺织业、纺织服装鞋帽皮革羽绒及其制品业。第二产业中农村居民直接收入系数较高的部门有：纺织服装鞋帽皮革羽绒及其制品业、通信设备、工艺品及其他制造业（废品废料）、金属制品业，可以看出食品制造及烟草加工业、纺织业受产业间关联关系拉动收入增长较多。

第三产业农村居民完全收入系数平均值为 0.134，比农村居民直接收入系数提高 0.122 个单位。其中，农村居民完全收入系数较高的前三个部门依次是：住宿和餐饮业、研究与试验发展业、邮政业，各部门最终需求增加 1 万元可以拉动农村居民收入增长 0.258 万元、0.098 万元、0.081 万元。第三产业农村居民完全收入系数较小的三个部门依次为：房地产业、金融业、教育，完全收入系数分别为 0.023、0.034 和 0.036。第三产业中农村居民完全收入系数较直接收入系数增长最多的部门为：住宿和餐饮业，研究与试验发展业，文化、体育和娱乐业，与直接收入系数相比，各部门最终需求增加 1 万元分别可以多增加农村居民收入 0.226 万元、0.093 万元、0.075 万元。

综上，从农村居民完全收入系数的角度来看，农业部门依然是拉动农村居民收入增长的主要力量，即农业部门的农村居民收入占总产值的比重较高，其次是第二产业，最后是第三产业。对比农村居民直接收入系数和完全收入系数可以发现，农业和第二产业的完全收入系数较直接收入系数上涨较大，均为 0.122，即增加最终需求 1 万元所带动的农村居民完全收入增长比直接收入增长要高 0.122 万元。其中，第二产业的农村居民直接收入系数仅为 0.012，完全收入系数为 0.134，增长幅度较大。农村居民第三产业带动收入增长较低，大力发展第三产业是拉动农村居民收入的重要增长点。

(二) 城镇居民完全收入系数分析

根据计算，农业各部门的城镇居民完全收入系数为 0.152，较其直接收入系数 0.011 增长 0.140 个单位，为直接收入系数的 13.25 倍，即增加农业部门最终需求一个单位带动的城镇居民完全收入增长比直接收入增长提高 0.140 个单位，但相比农村居民的完全收入系数 0.668 仍然较低。

第二产业城镇居民完全收入系数平均值为 0.409，比城镇居民直接收入系数提高 0.314 个单位。其中，城镇居民完全收入系数较高的前三个部门依次是：建筑业、煤炭开采和洗选业、通信设备、计算机及其他电子设备制造业，各部门最终需求增加一万元可以拉动农村居民收入增长 0.451 万元、0.446 万元、0.442 万元，与直接收入系数相比增加了 0.296 万元、0.226 万元和 0.360 万元。第二产业中城镇居民完全收入系数较小的三个部门依次为：食品制造及烟草加工业、工艺品及其他制造业 (废品废料)、纺织业，分别为 0.246、0.325 和 0.337。城镇居民完全收入系数较直接收入系数增长最多的部门为：通信设备、计算机及其他电子设备制造业、电气机械及器材制造业、仪器仪表及文化办公用机械制造业，各部门最终需求增加一万元分别可以多增加城镇居民收入 0.360 万元、0.340 万元、0.329 万元。

第三产业增加单位万元最终需求可以完全拉动城镇居民收入增长 0.479 万元，三大产业中第三产业的城镇居民完全收入系数与直接收入系数均是最高的，对收入的完全拉动作用比直接拉动作用增加 0.194 万元。其中，城镇居民完全收入系数较高的前三个部门依次是：教育、公共管理和社会组织、居民服务和其他服务业，各部门最终需求增加 1 万元可以完全拉动城镇居民收入增长 0.754 万元、0.694 万元和 0.556 万元，与直接收入系数相比，分别增加了 0.106 万元、0.147 万元和 0.189 万元。第三产业城镇居民完全收入系数较小的三个部门依次为：房地产业、批发和零售业、住宿和餐饮业，完全收入系数分别为 0.246、0.377 和 0.380。第三产业中城镇居民完全收入系数较直接收入系数增长最多的部门为：租赁和商务服务业、邮政业、研究与试验发展业，与直接收入系数相比，各部门最终需求增加 1 万元分别可以多增加农村居民收入 0.258 万元、0.253 万元、0.247 万元。

综上可以看出，三大产业中，第三产业的城镇居民完全收入系数是最高的；其次是第二产业；最后是农业部门。其中，第二产业的城镇居民完全收入系数较直接收入系数增加最多，受产业间关联关系影响较大。从城镇和农村完全收入系数角度来看，第二、第三产业的农村居民完全收入系数均明显低于城镇，尤其是第三产业。因此，加快发展第三产业，优化第三产业内部结构，不仅有利于促进我国国民经济的发展，还是推动我国城乡居民收入快速增长的重要引擎。

第五节　小结

本章首先介绍了投入产出模型以及相应的扩展模型，结合城乡居民收入问题的研究，我们在国家统计局国民经济核算司编制的全国投入产出表的基础上，融合不同数据来源，借鉴多种投入产出表编制方法，编制完成了 2002 年、2007 年以及 2010 年中国城乡居民收入分配投入占用产出表。

中国城乡居民收入分配投入占用产出模型的主要优势有以下几个方面。

一是在传统的农业投入占用产出模型的基础上，将农村居民收入问题进一步细化到对其影响较大的 13 个具体的小农业部门，从而为分析我国农村居民收入问题提供更为详细的部门信息。

二是分别编制 52 个部门的城镇和农村居民收入行向量，为城乡居民收入问题的分析提供了更为具体的部门结构数据，使得收入问题的分析不再仅仅局限于总量；编制完成 2002 年、2007 年、2010 年中国城乡居民收入分配投入占用产出表本身也是一个实践创新的过程，为后续进行城乡居民收入研究及城乡收入差距分析提供了有力支持。

本章最后利用 2010 年城乡居民收入分配投入占用产出表的相关数据与基本的乘数公式对我国城乡居民收入问题进行了一系列实证分析。主要结论如下。

第一，农业部门是我国农村居民收入的重要支撑，农业部门的农村居民直接收入乘数与完全收入乘数均较高。第二产业农村居民直接收入系数整体不高，其中一些制造业的农村居民直接收入系数稍高，这是由于我国农村劳动力文化水平普遍不高，多从事劳动密集型产业的原因造成的。受产业关联关系影响，第二产业的完全收入系数较直接收入系数上涨较大。第三产业中，农村居民直接收入系数与完全收入系数均不高，其中系数较大的几个部门多数是与农村居民生活息息相关的行业，相对于城镇发展较快的房地产、金融业等农村居民收入系数则很小。因此，应当加快农村第二、第三产业的发展，优化农村居民收入部门结构，努力提高第二、第三产业农村居民收入占总产值的比重，有利于增加农村居民收入，缩小城乡收入差距。

第二，城镇居民收入系数与农村居民收入系数的部门构成呈现完全不同的特征，第二、第三产业的城镇居民直接收入系数和完全收入系数均明显高于农村居民。第二产业的城镇居民完全收入系数较直接收入系数增加最多，受产业间关联关系影响较大。三大产业中，第三产业的城镇居民收入系数是最高的，即单位产值所拉动的城镇居民收入较多，是我国城镇居民收入的重要来源。大力发展第三产业，对于增加我国城镇居民收入有显著的促进作用。同时，适当提高一些直接收入系数较小的行业收入，有利于缩小行业间的收入差距。

第 三 章

实现 2020 年我国人均收入比 2010 年
翻番的 GDP 增速测算

第一节 研究背景

　　十八大题为《坚定不移沿着中国特色社会主义道路前进，为全面建成小康社会而奋斗》的报告中明确提出，根据我国经济社会发展实际，要在十六大、十七大确立的全面建设小康社会目标的基础上努力实现新的要求：经济持续健康发展，转变经济发展方式取得重大进展，在发展平衡性、协调性、可持续性明显增强的基础上，2020 年实现国内生产总值和城乡居民人均收入比 2010 年翻一番。十八大报告中，我国第一次明确提出居民收入倍增计划，成为报告中唯一的量化指标。从最初的"国内生产总值"，到十七大的"人均国内生产总值"，再到这次大会提出的"国内生产总值和城乡居民人均收入"，随着历史条件的变化，全面小康社会的量化表述越来越具体，质量要求越来越高。既有国家的总量目标——到 2020 年国内生产总值将突破 80 万亿元（按 2010 年价格计算），又有让全体人民共享发展成果的新指标——城乡居民人均收入翻一番。这两个"翻一番"目标的同时提出，说明我们不是一味追求经济总量的快速增长，而是下决心更加重视居民收入的提高，体现了民生优先、惠民富民的政策取向。[①]

"2020 年实现城乡居民人均收入比 2010 年翻一番"的目标一经提出，就引发了社会各界的广泛关注和讨论。众多媒体纷纷表示："十年内 GDP 翻番并不是激进的数字，城乡居民人均收入十年翻番，同样不是个激进的数字。"[②] 有媒体称，根据国家统计局 2011 年 12 月公布的《中国全面建设小康社会进程统计监测报告 (2011)》，2010 年人均 GDP 达到 29992 元（当年价），按可比价格计算，是 2000 年的 2.56 倍；当年居民人均可支配收入，估计为 10046 元（2000 年不变价），是 2000 年的 2.73 倍。如果以 2010 年居民人均可支配收入计，2020 年居民人均可支配收入达到 20092 元，很多地区在"十二五"规划中，提出五年居民收入翻番，因此，十年收入翻番并不是个太高的数据。[③] 前世界银行高级副行长兼首席经济学家林毅夫表示中国经济至少还可以保持 20 年 8% 左右的增长，"收入翻番"目标完全可以达到。[④] 根据从各地统计局获得的数字，全国 31 个省（区、市）公布了 2012 年前三季度城镇居民人均可支配收入。其中，28 个地区的增速跑赢了当地的 GDP 增速。当前绝大多数省份城镇居民人均可支配收入增速超过 GDP 增速，释放出收入增长的积极信号。国家统计局局长马建堂表示，2020 年实现收入翻番有物质基础。从 1979 年到 2011 年，城乡居民收入年平均增长 7.4%，超过了十年收入翻番所需要的 7.2%—7.3% 的速度。2010 年的居民人均可支配收入是 2000 年的 2.73 倍。尤其是近两年城乡居民收入的较快增长已经为实现十年收入倍增计

---

① 光明日报：《收入翻番，如何实现？》，2012 年 11 月（http://www.xinhuanet.com//politics/2012 - 11/17/c_ 123965004. htm）。

② 网易财经：《十年翻番目标并不激进，收入倍增有坚实物质基础》，2012 年 11 月（http://money. 163. com/12/1115/09/8GBG43D100253B0H. html）。

③ 叶檀：《两个翻一番意味着质与量并重的时代到来》，2012 年 11 月，网易财经（http://money. 163. com/12/1109/01/8FR538BU00253B0H. html）。

④ 林毅夫：《中国经济保持 20 年 8% 增长不是放卫星》，2012 年 6 月，凤凰财经（http://finance. ifeng. com/news/macro/20120625/6647849. shtml）。

划开了一个好头。但同时马建堂也谈到，实现这样一个目标也不是轻而易举的："在未来的八年、十年要保持这个速度，需要付出艰苦的努力也需要克服不少的困难。"[①]

经济的增长是拉动收入提高的关键因素之一，实现收入倍增目标最大的挑战是经济下行压力，我国经济增长率在"十二五"末期潜在放缓的可能性，据新华社报道，此前公布的"十二五"期间中国经济增速预期目标是 7%。那么，这一增速是否能保证收入翻番的目标顺利实现？我国 GDP 究竟该保持怎样的增速才能为实现这一目标提供有力的支撑呢？本章试图从定量分析的角度，对这一问题进行回答。

第二节　实现 2020 年我国人均收入翻番 GDP 增速综述

2010 年我国经济总量是 401513 亿元，翻一番也就是 2020 年的时候中国经济总量要达到 803026 亿元（按 2010 年价格计算）；2010 年我国城镇居民人均可支配收入和农村居民人均纯收入分别为 19109 元和 5919 元，翻一番就意味 2020 年的时候我国城镇人均收入要达到 38218 元，农村人均纯收入要达到 11838 元。需要说明的是，这里所指的人均收入翻番是扣除价格因素的，是实现居民实际购买力的翻番。考虑到通胀因素，到 2020 年我国居民的实际收入肯定会超过上述简单的"乘以二"的数字。同时，报告中提出城乡居民人均收入翻番，是指所有人——全体人民人均收入"翻一番"的总体概念，并不意味每个人都在目前水平上翻一番，可能低收入者增加的要多，高收入者增加的要少。

目前，关于"实现 2020 年人均收入翻番我国 GDP 该保持怎样

---

① 统计局长马建堂：《实现收入倍增有条件有基础》，2012 年 11 月，新浪财经（http：//finance. sina. com. cn/china/hgjj/20121115/012113677873. shtml）。

的增速?"这一问题,已有许多专家学者发表看法:国家发改委经济学家常修泽表示,十八大报告中提出的到 2020 年再次实现收入倍增不是遥不可及的,年均增速保持在 7%—7.5% 之间即可达到。[1] 规划专家、清华大学教授胡鞍钢测算,只要今后人均收入年均增长 7.2% 左右就可以实现到 2020 年人均收入"翻一番"的目标。[2] 北京市社科院科社所所长杨奎认为,按照我国经济发展状况来说,GDP 增长率保持在 7%,实现 2020 年居民收入翻一番的目标难度并不大,是非常理性客观地把握了经济的发展状况。[3] 中国社会科学院副院长李扬表示,在接下来的几年中,只要 GDP 年均增速达到 6.9% 左右就可实现 GDP 翻一番目标,考虑到人口增长因素,要实现人均收入翻一番的目标,对经济发展要求会更高一些,粗略测算 GDP 年均增速达到 7.1% 左右就可保障。[4] 北京大学金融证券研究中心主任曹凤岐也表示,至 2020 年居民收入翻番是一个宏伟目标,从宏观经济增长速度来看,必须达到 7% 以上的增长速度才能实现等。[5] 那么,未来几年我国 GDP 究竟该保持怎样的增速才能保证收入翻番的目标顺利实现呢?

本节利用投入产出技术的相关方法,力求从定量的角度,综合考虑人口增长、GDP 结构变化、居民收入占 GDP 比重变化等因素的影响,对实现 2020 年我国人均收入翻番的 GDP 增速、居民收入总量增长等问题进行测算。

---

① 新华网:《中共首次明确提出居民收入倍增目标》,2012 年 11 月(http://news.xinhuanet.com/18cpcnc/2012-11/08/c_113641388.htm)。

② 新华网:《"人均收入 10 年翻番"怎样翻?》,2012 年 11 月(http://www.xinhuanet.com/politics/2012-11/10/c_113655352.htm)。

③ 新华社:《专家:经济增速保持在 7% 收入翻番难度不大》,2012 年 11 月(http://finance.ifeng.com/news/special/zhonggong18da/20121109/7277356.shtml)。

④ 光明日报:《收入翻番,如何实现?》,2012 年 11 月(http://news.xinhuanet.com/politics/2012-11/17/c_123965004.htm)。

⑤ 新浪财经:《专家热议 2020 年收入翻番,需释放经济发展潜力》,2012 年 11 月(http://finance.sina.com.cn/china/20121116/155413701873.shtml)。

第三节　实现 2020 年我国人均收入翻番 GDP 增速基本模型

本小节的数据基础是第二章编制的 2002 年、2007 年及 2010 年城乡居民收入分配投入占用产出序列表，通过投入产出技术构建居民收入增长与 GDP 增长的关联模型，以此来讨论收入翻番与 GDP 增速之间的关系。根据研究目的的需要，本章均按照不变价格来计算，我们假定 2010 年为价格基期，下标记为 0；2020 年为报告期，下标记为 1。

根据投入产出模型的基本理论，可知静态价值型投入产出 Ghosh 模型为：

$$X^T = V^T (I - H)^{-1} = V^T \tilde{G} \tag{3.1}$$

上式反映了增加值和总产出通过分配系数建立的关联关系，其中，$\tilde{G}$ 为完全分配系数矩阵，其元素 $\tilde{g}_{ij}$ 表示第 i 部门增加一个单位增加值所引起的第 j 部门总产出的增加量。

定义居民直接收入系数 A_w 如下：

$$A_w = (a_{wj}) = (w_j / x_j) \tag{3.2}$$

其中，w_j 表示第 j 部门的居民收入，a_{wj} 表示从第 j 个部门得到的居民收入占第 j 个部门总产出的比例，x_j 表示第 j 部门总产出。

从而居民收入可以表示如下：

$$W = \hat{A}_w X = \hat{A}_w (\tilde{G})^T V \tag{3.3}$$

其中 $\hat{A}_w = diag(A_w)$。

令

$$V = V^s V^* \tag{3.4}$$

其中，V^s 表示增加值的部门结构系数列向量，其元素 v_j^s 表示第 j 部门增加值占增加值总额的比重；V^* 表示增加值总额，即 GDP 总额。

因此我国居民收入总量可以写为：

$$W = A_w^T X = A_w^T (\tilde{G})^T V = A_w^T (\tilde{G})^T V^s V^* \quad (3.5)$$

令 P_0 表示 2010 年我国人口数，P_1 表示 2020 年人口数，W_0 表示 2010 年我国居民收入总量，W_1 表示 2020 年我国居民收入总量，则 2010 年我国居民人均收入可表示为：

$$W_{P0} = \frac{W_0}{P_0} = \frac{A_{w0}^T X_0}{P_0} = \frac{A_{w0}^T (\tilde{G}_0)^T V_0}{P_0} = \frac{A_{w0}^T (\tilde{G}_0)^T V_0^s V_0^*}{P_0} \quad (3.6)$$

2020 年我国居民人均收入可表示为：

$$W_{P1} = \frac{W_1}{P_1} = \frac{A_{w1}^T X_1}{P_1} = \frac{A_{w1}^T (\tilde{G}_1)^T V_1}{P_1} = \frac{A_{w1}^T (\tilde{G}_1)^T V_1^s V_1^*}{P_1} \quad (3.7)$$

因而，2020 年与 2010 年我国人均收入的比例关系为：

$$\frac{W_{P1}}{W_{P0}} = \frac{W_1/P_1}{W_0/P_0} = \frac{A_{w1}^T X_1/P_1}{A_{w0}^T X_0/P_0} = \frac{A_{w1}^T (\tilde{G}_1)^T V_1/P_1}{A_{w0}^T (\tilde{G}_0)^T V_0/P_0} = \frac{A_{w1}^T (\tilde{G}_1)^T V_1^s V_1^*/P_1}{A_{w0}^T (\tilde{G}_0)^T V_0^s V_0^*/P_0}$$

$$(3.8)$$

为进一步考虑各部门居民收入占增加值比重的变动影响，我们定义居民收入占增加值的比重 V_w 如下：

$$V_w = (v_{wj}) = (w_j/v_j) \quad (3.9)$$

其中，v_j 表示第 j 部门的增加值，w_j 表示第 j 部门的居民收入，因而有：

$$A_w = \hat{V}_w A_v \quad (3.10)$$

其中，$A_v = (a_{vj}) = (v_j/x_j)$ 表示增加值系数行向量，其元素 a_{vj} 表示第 j 部门增加值占第 j 部门总产出的比重。

同理可得，2020 年与 2010 年我国人均收入的比例关系为：

$$\frac{W_{P1}}{W_{P0}} = \frac{V_{w1}^T \hat{A}_{v1} (\tilde{G}_1)^T V_1^s V_1^*/P_1}{V_{w0}^T \hat{A}_{v0} (\tilde{G}_0)^T V_0^s V_0^*/P_0} \quad (3.11)$$

要实现 2020 年人均收入比 2010 年翻一番，即 $W_{P1} = 2W_{P0}$，从而可得：

2020 年与 2010 年我国居民收入总量比例关系应为：

$$\frac{W_1}{W_0} = \frac{2P_1}{P_0} \tag{3.12}$$

2020 年与 2010 年我国 GDP 总量比例关系为：

$$\frac{GDP_{2020}}{GDP_{2010}} = \frac{V_1{}^*}{V_0{}^*} = \frac{A_{w0}^T (\tilde{G}_0)^T V_0^s}{A_{w1}^T (\tilde{G}_1)^T V_1^s} \times \frac{2P_1}{P_0} \tag{3.13}$$

$$= \frac{V_{w0}^T \hat{A}_{v0} (\tilde{G}_0)^T V_0^s}{V_{w1}^T \hat{A}_{v1} (\tilde{G}_1)^T V_1^s} \times \frac{2P_1}{P_0}$$

进而可得 2010—2020 年我国 GDP 年均增长速度计算公式为：

$$\left(\sqrt[10]{\frac{GDP_{2020}}{GDP_{2010}}} - 1 \right) \times 100\% = \left(\sqrt[10]{\frac{A_{w0}^T (\tilde{G}_0)^T V_0^s}{A_{w1}^T (\tilde{G}_1)^T V_1^s} \times \frac{2P_1}{P_0}} - 1 \right) \times 100\%$$

$$= \left(\sqrt[10]{\frac{V_{w0}^T \hat{A}_{v0} (\tilde{G}_0)^T V_0^s}{V_{w1}^T \hat{A}_{v1} (\tilde{G}_1)^T V_1^s} \times \frac{2P_1}{P_0}} - 1 \right) \times 100\% \tag{3.14}$$

第四节　实证分析

一　实现 2020 年我国人均收入翻番对我国居民收入总量的测算

"实现 2020 年人均收入比 2010 年翻一番"，此处的收入增长强调的是人均的增长，而非总量的增长，考虑到 2020 年我国人口总量依然会上升，为实现这个目标，我国居民收入总量将如何变化呢？

不难发现，"收入总量"与"人均收入"概念的差别主要体现在人口数量上，因此对 2020 年我国人口数量预测的准确性将直接影响到收入总量估计的精确性。根据国家统计局第六次人口普查数据显示，2010 年我国人口总量为 133973 万人，同 2000 年第五次全国人口普查时的 126583 万人相比，十年共增加 7390 万人，即 2000

年至 2010 年平均每年人口增加 739 万人。另外，根据国家统计局发布的《2011 年我国人口总量及结构变化情况》相关数据显示，2011 年年末我国总人口为 134735 万人，比上年末增加 644 万人。通过国家统计局发布的年度《国民经济和社会发展统计公报》数据，可以观察到近十年每年净增人口数量情况，如表 3.1 所示。

表3.1　　　　　　　　　2001—2011 年我国净增人口数　　　　（单位：万人）

年份	2001	2002	2003	2004	2005	2006	2007	2008	2009	2010	2011
净增人口	884	826	774	761	768	692	681	673	672	626	644

数据来源：《国民经济和社会发展统计公报》数据。

事实上，随着经济的高速发展、育龄妇女人数的减少、生育年龄的整体推后、人们生育观念的转变以及不孕不育率的提高等各方面原因，共同导致了我国生育率的不断下降。因此，尽管由于人口惯性问题我国人口总量仍然处于不断上涨阶段，但我国净增人口呈整体下降趋势。

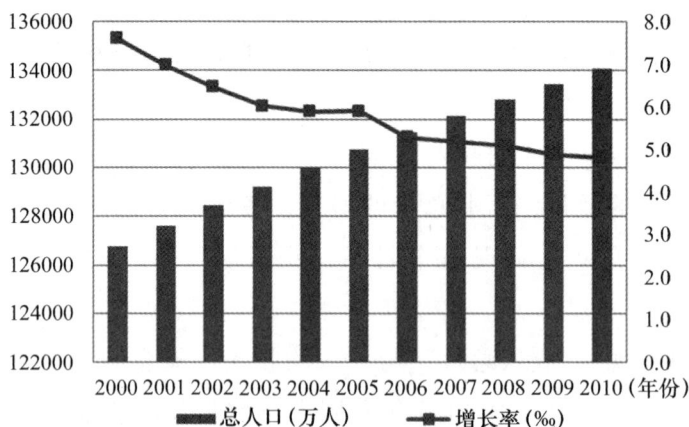

图3.1　人口及其自然增长率变化趋势

数据来源：《中国统计年鉴 2012》。

现阶段对于我国未来人口总量的预测有很多。其中，中国社会科学院人口专家蔡昉认为大概到 2030 年中国的人口总数达到顶峰，略微超过 14 亿，绝对不会超过 15 亿[①]；中国社会科学院人口与劳动经济研究所研究员张翼在《北京日报（理论周刊）》上撰文分析指出，中国未来的人口峰值大约在 21 世纪 20 年代中后期出现，人口总量在 14.3 亿到 14.5 亿之间[②]；北京大学人口学专家曾毅（2006）在《试论二孩晚育政策软着陆的必要性与可行性》一文中指出现行政策不变的情况下我国人口峰值在 2025 年为 14.05 亿等。我国第六次人口普查的人口总数为 13.4 亿，2010 年比 2009 年我国人口总数净增 626 万人，且我国净增人口呈整体下降趋势，据此可以推算出 2030 年我国人口总量大约在 14.5 亿以下。[③]

我们利用人口投入产出模型对未来 20 年我国人口总量及结构进行了测算，结果显示，我国人口总规模将在 2026 年达到一个增长的峰值，峰值人口数目为 140533.9 万人，部分结果见表 3.2。对比 2011 年的预测数值可以发现，此模型的预测精度较高，且每年的净增人口数符合我国的人口发展规律。[④] 根据我们的预测，2020 年我国人口总量为 139603 万人，即 2010—2020 年十年间我国人口将增加 5630 万人左右，即人口总量增加 4.2%，代入公式（3.12）计算可得，要保证 2020 年人均收入比 2010 年翻一番的话，收入总量的增长要大于 1 倍，为 1.082 倍左右。已知 2010 年我国城镇居民人均可支配收入和农村居民人均纯收入分别为 19109 元和 5919 元，城镇居民和农村居民人口数分别为 66978 万人和 67113 万人，计算

①　蔡昉：《中国人口红利两年后消失》，2011 年 4 月，南方都市报（ http://gcontent. oeeee. com/3/10/310ce61c90f3a46e/Blog/564/73ca9a. html）。

②　中国新闻网：《中国人口出现 5 大新特征，专家称峰值不会增至 16 亿》，2011 年 12 月（http://www. china. com. cn/chinese/renkou/969070. htm）。

③　曾毅：《试论二孩晚育政策软着陆的必要性与可行性》，《中国社会科学》2006 年第 2 期。

④　李晖、陈锡康：《基于人口投入产出模型的中国人口结构预测及分析》，《管理评论》2013 年第 2 期。

得到 2010 年我国居民收入总量为 167712 亿元，2020 年我国居民收入总量比 2010 年增加 1.08 倍，即 2020 年我国居民收入总量将达到 349521 亿元（按 2010 年价格计算）。

表 3.2　　　　　　　2011—2020 年我国人口总量预测结果　　　（单位：万人）

年份	总人口数	年份	总人口数
2011	134733	2016	137850
2012	135414	2017	138361
2013	136087	2018	138827
2014	136715	2019	139242
2015	137297	2020	139603

二　实现 2020 年我国人均收入比 2010 年翻番 GDP 增速基本测算

观察公式（3.14）可以发现，要计算实现 2010—2020 年收入翻番所需要保持的 GDP 增速，主要涉及以下几个参数的估计：各部门居民收入占总投入的比重 A_w、增加值的部门结构系数列向量 V^s、各部门居民收入占增加值的比重 V_w、各部门增加值占总投入的比重 A_v、人口数量 P 及完全分配系数矩阵 G 等。

首先，我们考虑比较简单的情形，假定十年间各部门的居民直接收入系数、完全分配系数矩阵、增加值的部门结构系数列向量等参数均保持不变，即单纯的考虑人口增长因素造成的影响。假设 2020 年我国人口总量为 139603 万人，即 2010—2020 年十年间我国人口增加 5630 万人，在其他条件保持不变的情况下，计算可得，要实现 2020 年居民收入翻一番目标，我国 GDP 应当保持平均每年 7.6% 的增长速度，可见，这一数值明显高于多数媒体所报道的 7% 左右的 GDP 增速。

在其他参数保持不变的情况下，人口数量的增长是关乎我国

GDP 增速的关键性因素，为了更全面的考虑人口增长对 GDP 增速的影响，我们假定以下几种情景分别进行计算：2010—2020 年我国人口分别增加 4000 万人、4500 万人、5000 万人、5500 万人、6000 万人，结果见表 3.3。

表 3.3　　我国 2020 年净增人口数不同假定下 2011—2020 年 GDP 对应的增速测算结果

净增人口数（万人）	4000	4500	5000	5500	6000
GDP 增速（%）	7.49	7.53	7.57	7.61	7.65

可以看出，随着净增人口数的加大，要实现人均收入翻一番目标需要保持的 GDP 增速也在不断加大，即便对于我国人口增长做最保守的估计，即到 2020 年我国净增人口数为 4000 万人，要实现这一目标，我国 GDP 的增速也应达到 7.49%。而据我们测算，到 2020 年我国净增人口数将不止增加 4000 万人，大概在 5630 万人。综上，在其他条件保持不变的情况下，要保证 2020 年我国居民人均收入翻一番的目标顺利完成，我国 GDP 增速应至少保持在 7.5%—7.6%。

另外，2010 年我国居民收入总量为 167712 亿元，GDP 总量为 397983 亿元，居民收入占 GDP 的比重为 42.14%。如果 GDP 按照"十二五"计划预期的 7% 的速度增长的话，根据我们测算，要实现城乡居民人均收入比 2010 年翻一番的目标，应该使得居民收入占 GDP 的比重提高 1.69 个百分点以上，即居民收入占 GDP 的比重应上涨为 43.83%。

三　考虑各部门系数变动的 GDP 增速测算

前一部分我们只简单地考虑了人口因素的变动，而假定其他参数保持不变。为了更加符合实际情况，使我们的研究更能真实反映我国的经济发展状况，为今后制定经济发展目标提供科学判断，下面我们将逐个分析 2020 年各参数的变动情况，主要包括：增加值的部门结构系数列向量 V^s、各部门居民收入占增加值比重的变动 V_w、各部门增加值占总投入比重的变动 A_v。由于完全分配系数矩阵 $\bar{G}$ 涉及的参数较多，我们缺乏足够的数据对其变动做出科学的判断，因此我们假定 2020 年的完全分配系数矩阵 $\bar{G}$ 与 2010 年相比保持不变。

（一）2020 年各部门增加值占 GDP 比重 V^s 的估计

本部分我们主要从三大产业增加值占 GDP 比重变动的角度来讨论 2020 年我国 GDP 的构成情况。改革开放以来，我国三大产业增加值占 GDP 的比重发生了较大的变化，总的来看，第一产业所占比重明显下降，第二产业所占比重基本稳定，第三产业所占比重保持较快增长，三大产业增加值在 GDP 中的比重由 1978 年的 28.18%、47.87%、23.94%，变化为 2011 年的 10.04%、46.61%、43.35%，与 1978 年相比，2011 年我国第一产业比重下降 18.14 个百分点，第二产业比重下降 1.26 个百分点，第三产业比重大幅上升 19.41 个百分点（见图 3.2）。虽然我国产业结构处于不断优化升级中，但与发达国家相比仍然存在很大差距，2008 年三大产业占 GDP 比重的世界平均水平分别为 3%、28%、69%，可见，我国第一、第二产业所占比重仍然较高，特别是第二产业比重过高，第三产业所占比重则过低，不仅低于世界平均水平，甚至明显低于低收入国家的平均水平。

大量实证研究表明，产业结构变动遵循一定的规律。一般情况下，随着经济的发展和人均收入水平的提高，劳动力在三次产业间的分布首先从第一产业向第二产业转移，当人均收入水平进一步提高时，劳动力又向第三产业转移。社会资本分布的重心也逐步从第一产业向第二、第三产业转移。与劳动力和资本在三次产业间的转移相适应，三次产业增加值的相对比值也发生相应的变化，第一产业比重不断下降，第二产业比重由快速上升逐步转为下降，第三产业则经历上升、徘徊、再上升的发展过程，成为国民经济中的最大产业。①

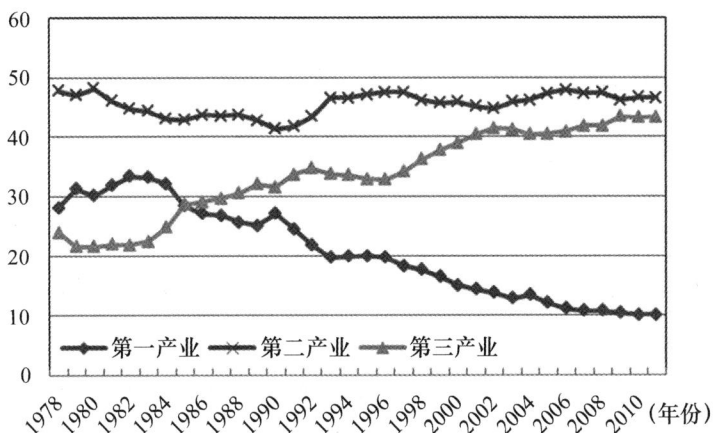

图 3.2　我国 1978—2011 年国内生产总值构成

（按当年价格计算）（单位:%）

数据来源:《中国统计年鉴 2012》。

因此，根据世界发达国家产业结构发展规律，随着我国工业化和城镇化的不断加深，在未来相当长的时期内，第一产业增加值占 GDP 比重仍然会不断下降，随后基本稳定在一个比较低的水平，有预测 2020 年我国农业产值可能仅占 GDP 的 5%。我国三大产业结构中目前最大的是第二产业，现在确实存在第二产业比重偏大现象，但随着第二产业发展到一定程度以及城市化进程逐渐加快，第二产业的增速将下降，特别是第二产业占比的下降应该是一个趋势。改革开放以来，第三产业保持较快增长，增长速度远远高于第一、第二产业，在国民经济中的地位不断提升。从国

①　彭志龙:《我国第三产业比重是否应该逐年上升?》，2009 年 11 月（http://www.stats.gov.cn/ztjc/tjzdgg/hsyjh1/yjhxsjlh/hsfx/200911/t20091130_69164.html）。

内生产总值构成来看，在国民经济的份额不断扩大，经济地位不断提升，第三产业增加值占 GDP 比重由 1978 年的 23.94% 上升到 2011 年的 43.35%。随着国民经济发展、产业结构升级，第三产业对国民经济的主导作用仍将继续上升。我国三大产业结构排序将实现由"二三一"到"三二一"的转变，拉动经济增长的主导产业将由第二产业变为第三产业。

以下我们主要从定量和定性两个角度对 2020 年三大产业占 GDP 的比重进行估计。首先我们利用 1990—2011 年各产业占 GDP 的比重数据，通过多项式方程拟合进行预测。

第一产业占 GDP 比重的预测：如图 3.3 所示，使用二次多项式和三次多项式的拟合 R^2 值虽然差距不大，但预测 2020 年第一产业所占比重的效果差别较大，二次多项式预测 2020 年我国农业占 GDP 比重为 10.06%，三次多项式预测结果为 5.69%。

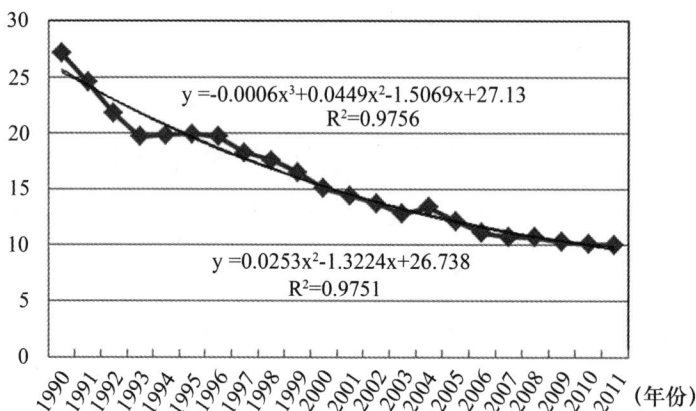

图 3.3　1990—2011 年农业占 GDP 比重及拟合方程（单位:%）

第三产业占 GDP 比重预测：如图 3.4 所示，使用 2 次多项式预测 2020 年第三产业所占比重为 47.69%。

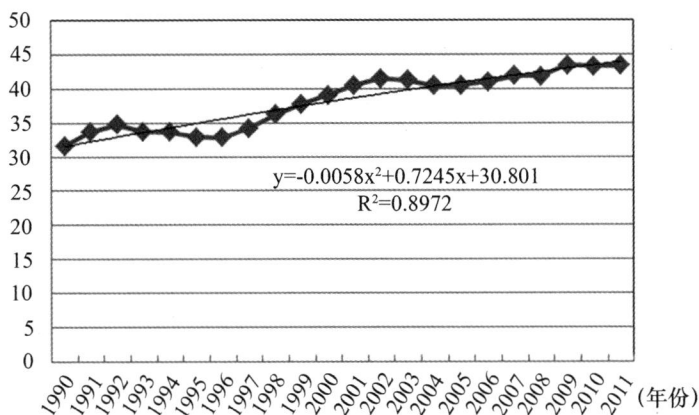

$$y=-0.0058x^2+0.7245x+30.801$$
$$R^2=0.8972$$

图 3.4 1990—2011 年第三产业占 GDP 比重（单位：%）

由于第二产业占 GDP 的比重为波动变化，拟合效果不好，因此我们利用 100% 减去第一、第三产业占 GDP 比重计算得到，如图 3.5 所示。

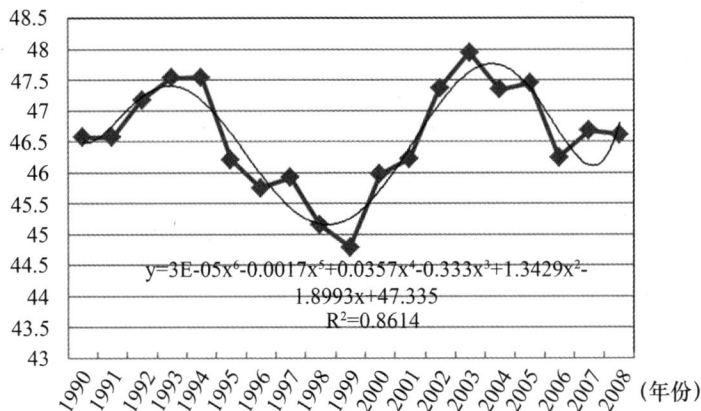

$$y=3E-05x^6-0.0017x^5+0.0357x^4-0.333x^3+1.3429x^2-1.8993x+47.335$$
$$R^2=0.8614$$

图 3.5 1990—2011 年第二产业占 GDP 比重（单位：%）

表3.4　　　　　　国内生产总值构成（按当年价格计算）　　　（单位:%）

年份	第一产业	第二产业	第三产业
2000	15.06	45.92	39.02
2001	14.39	45.15	40.46
2002	13.74	44.79	41.47
2003	12.80	45.97	41.23
2004	13.39	46.23	40.38
2005	12.12	47.37	40.51
2006	11.11	47.95	40.94
2007	10.77	47.34	41.89
2008	10.73	47.45	41.82
2009	10.33	46.24	43.43
2010	10.10	46.67	43.24
2011	10.04	46.61	43.35

数据来源：《中国统计年鉴2012》。

　　综合以上，通过二次多项式和三次多项式拟合计算得到三大产业占GDP的比重分别为10.06%、42.26%、47.69%或者5.69%、46.62%、47.69%。观察近几年的数据可以发现，2000—2010十年间，我国第一产业比重下降了4.96个百分点，第二产业比重上升了0.75个百分点，第三产业比重上升了4.22个百分点。因此，结合拟合区间结果、最近十年变化情况以及三大产业占GDP比重变化的趋势规律，我们将结果调整如下：虽然长远来看未来我国第二产业占GDP的比重会有所下降，但到2020年第二产业仍然是拉动我国经济发展和就业的重要力量，可能性最大的是第二产业继续稳定发展，因此将其调整为近十年的平均值46%，第三产业所占比重会进一步提高，我们采用拟合结果48%，第一产业所占比重会逐渐下降，我们利用100%减去第一、第三产业比重为6%，即到2020年我国三大产业占GDP的比重分别为：6%、46%、48%。

　　（二）各部门居民收入占增加值比重的变动 V_w

　　目前中国的国民收入分配中，劳动报酬所占比重持续下降的趋势是一个不可否认的事实。无论是提高劳动者报酬，还是提高居民收入比重，都是近年来社会各界广泛关注的热点问题。总的来看，我国国民收入向政府和企业部门倾斜，劳动者报酬在国民收入初次分配中的比重一直呈现下降趋势，如表 3.5 所示，1997—2010 年我国劳动报酬总额占 GDP 的比重从 55.86% 下降到 47.32%，总共下降了 8.54 个百分点，其中 2007 我国劳动者报酬占 GDP 的比重仅为 41.36%，同期的营业盈余所占比重则保持了较快的增长，由 1997 年的 16.99% 上涨为 2010 年的 24.14%，提高了 7.15 个百分点，固定资产折旧上升了 1.22 个百分点。通过表 3.5 可以发现一个明显的规律：1997—2007 年我国劳动者报酬占 GDP 比重呈现逐年下降态势，而生产税净额和营业盈余比重不断提高，2007—2010 年阶段，营业盈余所占比重明显下降，劳动者报酬比重有所上升。

表 3.5　　　　　　　　　我国收入法 GDP 的构成比例　　　　　　　（单位：%）

年份	劳动者报酬	固定资产折旧	生产税净额	营业盈余
1997	55.86	13.62	13.53	16.99
2002	50.02	15.38	14.33	20.27
2007	41.36	14.00	14.48	30.15
2010	47.32	14.84	13.70	24.14

数据来源：中国投入产出表数据计算得到。

劳动者报酬占比下降的原因有很多，除了企业高利润侵蚀劳动者报酬（尤其是垄断性行业利润过高）、政府税收收入增长过快等，主要原因有以下两个方面：其一，产业结构的变动，随着城镇化、现代化的发展，大量农村劳动力进城，由农业转移到制造业和服务业等第二、第三产业，农业占 GDP 的比重逐渐下降，第二、第三产业的比重逐渐上升。而在三次产业中，农业的劳动报酬占其增加值的比重最高，第三产业次之，第二产业最低。随着产业结构的升级，农业部门将会进一步减小，工业和服务业部门进一步扩大，由此所带来的劳动报酬占比下降是不可避免的。其二，我国正处于二元经济发展阶段，农村劳动力大量向城市转移，使得长期以来的劳动力市场总的形势是供过于求，劳动力的无限供给压制了工资水平的上升，使劳动报酬增长缓慢，从而造成劳动报酬占 GDP 比重持续下降。

具体分三次产业来看，农业劳动者报酬占增加值比重最高，其中一个原因是：2004 年中国修改了税收规则，新统计规则把农民收入都算做劳动报酬，不再统计农民的营业利润，第二产业劳动者报酬占增加值比重最低，第三产业所占比重略高于第二产业。如表 3.6 所示，1997—2007 年我国三次产业劳动报酬占增加值比重不断下降，2007—2010 年所占比重均有所上升，其中第二、第三产业上涨幅度较大，分别提高了 5.21% 和 9.10%。事实上，早在 2008年中共十七大报告中就明确提出："逐步提高居民收入在国民收入分配中的比重，提高劳动报酬在初次分配中的比重。"近几年我国政府高度重视收入分配问题，为促进居民收入提高采取了一系列有力措施，并取得了一定成效。例如 2010 年我国有 30 个省区市上调了最低工资标准，2011 年又有 24 个省区市上调该标准，平均增幅为 22%。2012 年 2 月国务院发布的《促进就业规划（2011—2015年）》称，"十二五"期间我国最低工资标准年均增长 13% 以上。2011 年 7 月，全国人大常委会将个税起征点从 2000 元提高到 3500元，为低收入群体减轻负担等。[①]

表 3.6　　　　　　　我国三次产业劳动报酬占增加值比重　　　　　（单位:%）

年份	第一产业	第二产业	第三产业	全国
1997	93.10	44.43	51.34	55.86
2002	92.13	40.87	46.11	50.02
2007	94.84	34.20	35.84	41.36

---

① 中国网:《促进就业规划（2011—2015 年）》，2012 年 2 月（http://www.china.cn/policy/txt/2012 - 02/08/content_ 24584303. htm）。

续表

年份	第一产业	第二产业	第三产业	全国
2010	95.14	39.41	44.94	47.32

数据来源：中国投入产出表数据计算得到。

综上，我们预计未来受劳动力供给速度减缓以及最低工资提高等国家政策影响，各产业劳动报酬占增加值的比重会有所上升。由于自 1997 年以来，我国农业劳动报酬占比变化相对稳定，且农业劳动报酬占比已经较大，我们假定 2020 年我国农业劳动报酬所占增加值比重基本保持稳定为 95%，按照近几年的变化速度分别将第二产业和第三产业劳动报酬占增加值比重调高 3%、5%，即到 2020 年我国三次产业劳动报酬占增加值的比重分别为 95%、42%、50%。

（三）各部门增加值占总投入比重的变动 A_v

近几年，我国三次产业增加值占总产出的比重变化趋势比较明显，观察表 3.7 可以发现，1997—2010 年我国第一产业增加值占总产出的比重略有下降，但基本保持在 58%—59%，第二产业增加值占总产出的比重不断降低，由 1997 年的 29.84% 下降为 2010 年的 22.17%，降幅为 7.67%，第三产业增加值占比呈逐年上升趋势，由 1997 年的 50.31% 提高至 2010 年的 55.05%，增加了 4.74%。

表 3.7　　　　　　　　我国三次产业增加值占总产出比重　　　　（单位：%）

年份	第一产业	第二产业	第三产业	全国平均
1997	59.74	29.84	50.31	37.88
2002	58.19	28.92	53.16	38.88
2007	58.62	23.29	53.48	32.49
2010	58.47	22.17	55.05	32.22

数据来源：从中国投入产出表数据计算得到。

究其原因，我们认为主要有以下几个方面：一是农资价格上涨，近年来受石油、天然气等原材料涨价影响，化肥、柴油等主要生产资料价格普遍走高，种子价格也有一定上涨，农业中间投入增大，使得农业增加值占总产出的比重有所减小。二是产业结构升级，农村剩余劳动力从农业向制造业、服务业转移，尤其第三产业发展迅速，产品新创造价值不断提高。因此，我们假定 2020 年受农资价格影响我国农业增加值占总产出的比重将略有下降为 57%。随着我国产业不断升级，传统产业逐步向高新技术产业发展，产品附加值进一步提升，产业结构素质不断得到提高，所以我们假定第二、第三产业增加值占总产出的比重分别调整为 21%、56%。

综上所述，我们对于 2020 年各部门居民收入占增加值比重的变动 V_w、各部门增加值占总投入比重的变动 A_v、增加值的部门结构系数列向量 $\hat{V}$ 的变动全部讨论完毕。根据公式（3.14）计算可得，在各参数发生变化的情况下，要实现 2020 年居民收入翻一番的目标，我国 GDP 应当保持平均每年 7.4% 的增长速度。

过去十年，中国经济高速发展，GDP 年均增长率达 10% 以上，而同期全球 GDP 年均增长率仅为 3.9% 左右。[1] 2008 年全球金融危机爆发，为抵御危机，我国政府果断实施了一揽子刺激计划扩内需、保增长，使得经济增速重新回到二位数，2010 年我国 GDP 增速达 10.4%（见图 3.6）。2011 年下半年以来，受欧洲主权债务危机蔓延影响，我国经济增速出现回落，尤其今年以来，经济发展面临新的挑战，专家预计我国 2012 年 GDP 增速将放缓至 7.5%—8%，此前公布的"十二五"期间中国经济增速预期目标仅为 7%。[2]当前世界经济继续保持复苏态势，但中国经济发展面临的国

---

[1] 新浪财经：《十年来我国 GDP 增长近四倍，年均增长率 10.7%》，2012 年 6 月（http://finance.sina.com.cn/china/20120625/153412392756.shtml）。

[2] 两会财经：《我国 GDP 目标八年来首次低于 8%》，2012 年 3 月（http://www.360doc.com/content/12/0306/08/7406795_192121044.shtml）。

内外形势依然错综复杂，经济增长下行压力较大，形势不容乐观，因此，想要高质量地完成"2020 年我国居民人均收入翻番"这一任务并非轻而易举。同时需要注意的是，过去过度依靠投资和出口拉动经济增长的方式并不是最有利于居民收入提高的发展方式，根据我们测算，提高最终消费占 GDP 的比重比提高投资所占比重对拉动居民收入增长作用更大，因此转变经济发展方式进一步扩大内需，提高居民收入在国民收入分配当中的比例，形成居民收入增长与经济发展互相带动的良性循环关系，才是真正实现居民收入倍增的最有效手段。

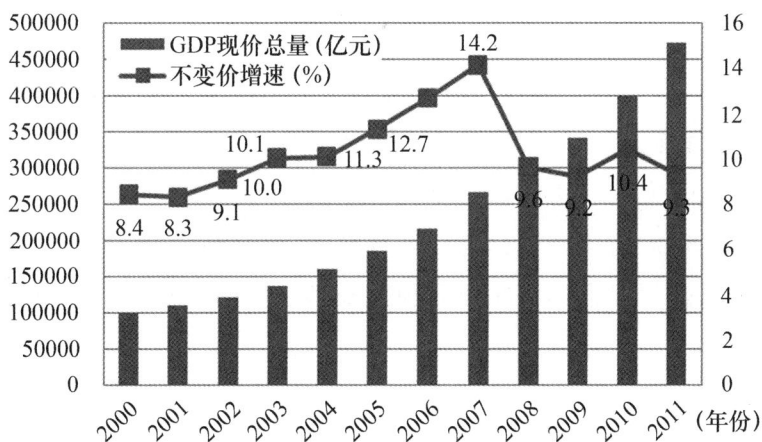

图 3.6　2000—2011 年我国 GDP 增长率（单位：%）

数据来源：《中国统计年鉴 2012》及推算得到。

四　现阶段实现 2020 年我国人均收入翻番的 GDP 增速测算

在上述几个部分的分析中，我们假定以 2010 年为基期，测算了在 2010 年的基础上，各种情况下要实现 2020 年我国人均收入翻番，2011—2020 年十年间我国的 GDP 平均增长速度。本小节我们主要探讨在已知 2011 年和 2012 年我国 GDP 增速的基础上，针对参数不变和变化两种情况，计算要实现收入倍增计划，我国在 2013—

2020 年接下来的八年间 GDP 应保持怎样的增长速度。

根据国家统计局公布的数据显示，2011 年我国 GDP 增长速度为 9.3%，即按照不变价格计算，2011 年我国 GDP 总量为 343860 亿元；2012 年我国的 GDP 增长速度为 7.8%，即 2012 年 GDP 总量为 370682 亿元。在现有水平下，2013—2020 年我国 GDP 应保持怎样的平均增长速度才能使得收入翻番目标顺利完成呢？主要思路如下：利用前面几部分我们已经计算出的：要实现 2020 年我国人均收入翻番的 GDP 平均增长速度，可以计算出不同情况下 2020 年我国的 GDP 总量（按 2010 年价格计算），结合我国 2012 年的 GDP 总量，可以分别计算在参数不变和变化的情况下 2013—2020 年我国 GDP 平均增长速度。

首先，我们假定其他参数保持不变的情况下，只考虑人口增长因素带来的影响。根据我们利用人口投入产出模型的测算结果：2020 年我国人口总量为 139603 万人，即 2010—2020 十年间我国人口将增加 5600 万人左右，可以计算得到，要保证 2020 年人均收入比 2010 年翻一番的话，2013—2020 年我国 GDP 的平均年增长速度应为 7.39%。若假定 2010—2020 年我国净增加人口数分别为 4000 万人、4500 万人、5000 万人、5500 万人、6000 万人几种不同情景，分别进行计算，结果见表 3.8。

表 3.8　　2020 年我国净增人口数不同假定下对应 2013—2020 年
GDP 增速测算结果

净增人口数（万人）	4000	4500	5000	5500	6000
GDP 增速（%）	7.23	7.30	7.32	7.38	7.42

综上可以看出，在其他参数保持不变的情况下，随着净增人口数的不断加大，要实现收入翻番目标所要保持的 GDP 增速也在不断加大。保守估计与 2010 年相比较如果到 2020 年我国净增人口数

为 4000 万人，要实现这一目标，2013—2020 年我国 GDP 的平均年增速应达到 7.23%；若相比于 2010 年，2020 年我国净增人口数为 6000 万人的话，这一增速将提高至 7.42%。综上，在其他条件保持不变的情况下，要保证 2020 年我国居民人均收入翻一番的目标顺利完成，2013—2020 年我国 GDP 年平均增速应至少保持在 7.2%—7.4%。

其次，我们假定 2020 年增加值的部门结构系数列向量 V^*、各部门居民收入占增加值的比重 V_w、各部门增加值占总投入的比重 A_v 等均发生相应变化，利用前一小节的分析结果，计算可得，要实现 2020 年收入倍增目标，2013—2020 年我国 GDP 平均年增长速度应为 7.1%。

可以看出，本小节的测算结果均低于前一节的结果，主要原因是 2011 年和 2012 年我国的 GDP 增长速度分别为 9.3%、7.8%，相对而言维持在了比较高的水平上，从而使得之后八年的计算结果有所下降。

第五节　小结

本章讨论了要实现 2020 年我国人均收入比 2010 年翻一番，未来几年我国的 GDP 增速问题。主要创新点及结论如下。

本章运用计量、投入产出技术等系统科学方法，在综合考虑人口增长、GDP 结构、居民收入占 GDP 比重、各部门增加值占总产出比重等影响因素变动的基础上，对实现 2020 年我国人均收入翻番的 GDP 增速、居民收入总量增长等问题进行了定量分析。

现阶段多数结果均集中在"实现 2020 年收入翻番，GDP 增长率要保持在 7% 左右"，本章通过定量计算，得出结论如下：以 2010 年为基期进行计算，按 2010 年价格计算，受人口增长影响，要完成 2020 年人均收入翻番的目标，我国居民收入总量应增长为 2010 年的 208%；在保持其他参数不变的情况下，只考虑人口增长因素，2010—2020 年十年间我国 GDP 年均增速应保持在 7.5%—7.6%；在 GDP 结构、居民收入占 GDP 比重等参数均发生变化的情况下，要实现收入倍增目标，2010—2020 年我国 GDP 年均增速应保持在 7.4%。

在已知 2011 年和 2012 年我国 GDP 增速分别为 9.3%、7.8% 的基础上，针对参数不变和变化两种情况，计算要实现收入倍增计划，我国在 2013—2020 年接下来八年间的 GDP 增长速度。结果显示：只考虑人口增长因素影响，要完成 2020 年人均收入翻番的目标，2013—2020 年我国 GDP 年均增速应保持在 7.2%—7.4%；在各个参数均发生变化的情况下，这一增速应保持在 7.1%。

可见，并不是简单地 GDP 翻番，居民收入也会跟着翻番，要顺利完成十年收入翻番目标，我国的经济增长压力依然不容小觑。

提高居民收入的初衷是让人民共享发展果实，逐步实现由"国富"到"民富"，因此收入倍增不仅是数量目标，更重要的是质量目标。十年收入翻番，不能单纯依靠经济发展，还有许多关键问题需要考虑：

一是收入增速能否"跑赢"CPI 涨幅？收入倍增并不意味着每个人都在目前水平上翻一番，如果到时大多数中国人收入没有倍增，物价却早已跟着翻倍，人民的生活压力将更大。因此，老百姓更加关注的是实实在在的增长，是扣除物价上涨以后，是否真的能让口袋丰满起来。

二是更加完善社会保障体系。要让老百姓找回幸福感，不仅是收入多少的问题，更重要的是如何减轻居民在住房、教育、医疗、养老等领域的负担，让民众切实实现病有所医、老有所养、住有所居，让百姓生活真正无后顾之忧。

三是防止收入差距进一步扩大。收入问题不仅是增长速度，更需要注意的是分配的均衡、公正。在收入翻番的同时，要努力做到"提低扩中"，遏制高收入群体收入过快增长，进一步缩小收入差距，真正提高更大多数人民的生活满意度。

第四章

基于 SDA 结构分解的劳动报酬
占 GDP 比重下降因素分析

第一节　研究背景

十八大报告提出："必须深化收入分配制度改革，努力实现居民收入增长和经济发展同步、劳动报酬增长和劳动生产率提高同步，提高居民收入在国民收入分配中的比重，提高劳动报酬在初次分配中的比重。"其中，"提高居民收入在国民收入分配中的比重，提高劳动报酬在初次分配中的比重"，抓住了中国收入分配的关键和问题所在。改变居民收入分配占 GDP 比重下降的趋势，是我国下一步收入分配改革的重点之一。

近年来，我国经济在快速发展的同时，国民收入的初次分配在政府、企业和居民三大收入主体结构中，不断向政府和企业倾斜，劳动者报酬占初次分配的比重、居民收入占国民收入的比重呈下降态势。收入分配的不合理、不均衡状况，已经成为制约中国经济社会发展的瓶颈。如何调整收入分配关系，使居民收入增长与宏观经济增长相匹配已成为各方关注的焦点。

我国劳动者报酬占 GDP 比重明显下降的趋势是一个不可否认的事实。从表 4.1 数据看，1997 年到 2010 年，我国居民部门的劳动者报酬占 GDP 的比重由 55.86% 下降至 47.32%，降幅 8.54 个百分点，政府部门的生产税净额由 13.53% 增加至 13.70%，增幅为 0.17 个百分点，企业部门的固定资产折旧和营业盈余（即资本收益）由 30.60% 增至 38.98%，增加 8.38 个百分点。而在一些经济发达国家，居民收入占 GDP 的比重普遍在 54%—65%，个别国家甚至达到 70% 以上，如美国就达到了 74% 左右，相比之下我国占比较低。提高居民收入比重，不仅是经济发展惠及广大人民的直接体现，也是经济协调和可持续发展的内在要求。

表 4.1　　　　　　　　我国收入法 GDP 的构成比例　　　　　　（单位:%）

年份	劳动者报酬	固定资产折旧	生产税净额	营业盈余
1997	55.86	13.62	13.53	16.99
2002	50.02	15.38	14.33	20.27
2007	41.36	14.00	14.48	30.15
2010	47.32	14.84	13.70	24.14

数据来源：根据相应年份的中国投入产出表数据计算得到。

居民收入占 GDP 比重下降严重影响了我国居民的消费能力，不利于启动扩大内需，特别是居民消费这个经济增长引擎。同时，国民收入分配向资本倾斜，居民收入增长较慢，也是导致收入差距扩大的一个基本原因。本章从投入产出技术的角度，在第二章编制的 2002 年、2010 年城乡居民收入分配投入占用产出表的基础上，对我国劳动报酬占 GDP 的比重进行结构分解分析，试图从各部门劳动报酬占增加值比重、各部门增加值系数、技术进步、GDP 与最终需求结构等因素变动的角度，寻找造成 2002—2010 年我国劳动报酬占 GDP 比重下降的关键因素。

第二节　关于统计口径调整的说明

2004 年之前，根据国家统计局出版的《中国国民经济核算体系 2002》的规定，"个体劳动者通过生产经营获得的纯收入，全部视为劳动者报酬，包括个人所得的劳动报酬和经营获得的利润"[①]。2004 年国家统计局结合当年全国经济普查资料，对统计口径作了重大调整。一是个体经济不再统计业主的收入，由原先全部算作劳动者报酬变为全部计入营业盈余；二是农民收入都算做劳动报酬，不再统计农民的营业利润。[②] 长期以来，如何统计个体经济的劳动报酬一直是个难题。为了达到少缴纳税款的目的，个体经营者常常将自己的工资定得很高，税务部门很难界定其工资水平。由于个体业主的劳动报酬和营业盈余难以区分，2004 年新的纳税规定将两部分全部计入营业盈余，个体经济的劳动报酬仅包括对雇员支付的工资。显然这一调整使得 2004 年及以后的劳动者报酬总量缺失了一块，减少了劳动报酬占 GDP 的比例。同样，农民的收入中，哪一块是自己的劳动报酬，哪一块属于营业盈余也不易区分，因此新统计规则将其全部算作劳动报酬，农业中的劳动报酬有所增加。一部分使得劳动报酬有所减少，一部分使得劳动报酬有所增加，这两项调整到底对我国劳动报酬占 GDP 的比重产生了怎样的影响呢？

有学者提出，劳动报酬的下降在很大程度上是统计口径变化造成的。北京大学中国经济研究中心徐滇庆教授（2011）认为中国劳动报酬占 GDP 比重逐年下降是统计误导的一个"错案"[③]。原因是：抽样调查得到的微观数据表明，居民收入和消费都在高速增加；宏观数据显示，劳动报酬占 GDP 的比重却在下降，二者存在矛盾。他认为导致劳动报酬比重下降有两大原因：统计规则的变化和产业结构的变化。由于农业产值比较低，农业投入的资本量较少，劳动

① 中国国民经济核算研究会：《中国国民经济核算体系 2002》，2010 年 10 月，国家统计局（http://www.stats.gov.cn/ztjc/tjzdgg/hsyjh1/yjhxsjlh/qt/201010/t20101013_ 69208.html）。

② 白重恩、钱振杰：《国民收入的要素分配：统计数据背后的故事》，《经济研究》2009 年第 3 期。

③ 新浪财经：《徐滇庆：中国贫富差距与当前出路》，2011 年 9 月（http://finance.si-na.com.cn/hy/20110909/145310461138.shtml）。

报酬所占比重很大，将农业资本投入计入劳动报酬，在数量上只不过略有增加。个体经济的总产值远远超过农业，个体经济从业者的收入远远高于农民。现行统计规则忽略了个体经济中的劳动报酬，即使把农业生产中资本投入补进来也无济于事，统计规则的改变导致劳动报酬数据严重失真。另外，华生教授认为，"按国际同比口径，我国劳动者报酬占比远超发展中国家，在金砖四国和中等发达国家中也位居前列，与自己纵比也不是下降，而是持续上升"。原因是：2004 年统计口径的国际化改革只走了半步，还保留了农户纯收入作为劳动者报酬，导致了我们今天整个社会对劳动者报酬在GDP 中的比重及趋势产生了严重的误判。由于家庭经营性纯收入中农林牧渔的收入自 20 世纪 90 年代初以来在 GDP 中的比重已经直线下跌了 10 个百分点，因此，如果采用国际惯例的统计口径，将农户此类收入从劳动者报酬中剔出计入混合收入，这样，固然中国纯粹的劳动者报酬及其占 GDP 的比重会大为降低，但是，中国与国际同口径可比的劳动者报酬在初次分配及占 GDP 的比重并未下降，反而一直在稳定攀升。真正一直在下降的是农村经济的纯收入包括其劳动要素对 GDP 的贡献，而不是全社会公司化和工薪制就业的劳动者报酬在 GDP 中的比重。[①] 因此，目前流行的关于我国劳动者报酬占 GDP 比重一直在下降的观点其实是受了错误统计口径的误导，因而并不正确。

　　以上论点虽有其合理性，但是否能证明劳动者报酬的比重实际上并没有下降呢？另外一些学者给出了不同意见。中国改革基金会国民经济研究所王小鲁研究员认为，1990 年到 2008 年全国人均GDP 增长到原来的 14.4 倍，而城镇居民的人均工薪收入仅为原来的 9.8 倍，农民的人均工资性收入与家庭经营纯收入之和仅为原来的 6.4 倍（三者均按名义值计算），后两者都显著低于人均 GDP 的

---

① 21 世纪经济报道：《经济学家称城乡财产差异为贫富差距重要成因》，2010 年 10 月（http：//news. sina. com. cn/sd/2010 – 10 – 19/140121306778. shtml）。

增长，这显然意味着劳动收入占 GDP 比重显著下降。[①] 同时，通过分别观察统计口径变化前后的两个可比的时间段，发现在这两段时间中，数据都分别显示了劳动者报酬的下降趋势。剔除 2004 年统计口径变化因素，资金流量表数据仍明确反映了劳动者报酬占 GDP 比重下降的趋势，前后两阶段累计共下降了 10.2 个百分点。另外，指出了把家庭经营纯收入中的农林牧渔业收入全部从劳动者报酬中剔除，使得劳动者报酬比重更低了，但占 GDP 比重从 1992 年以来不仅没有下降，反而上升了，这样的调整是不合理的。财政部专家贾康介绍，财科所通过对 1993 年至 2007 年劳动报酬占 GDP 比重进行核算分析，对劳动报酬占比问题进行了专门研究，指出受 2004 年统计核算方法变化的影响，大约使劳动报酬占比被低估了 6.29%；剔除统计口径变化因素的影响，居民部门的劳动报酬占比下降并没有数据显示的那么大。我国劳动报酬占 GDP 比重被低估，按照国际口径统计，我国劳动报酬占比高于"金砖四国"中其他三国；剔除统计因素，报酬占比仍呈降势。同时认为农业占 GDP 比重的不断下降使整个劳动报酬占比出现下降，这一结论比较客观。[②]

　　综上所述，我们同意后者观点，统计口径的改变主要影响的是劳动者报酬的数量和占 GDP 的比重，但并没有改变其变动趋势，前后数据均显示出我国劳动者报酬占 GDP 比重下降的趋势。因此，我们认为我国劳动者报酬占比下降并不是由统计原因造成的，而是不可否认的客观事实。相应的，本章的计算也对统计口径调整前后的数据进行了处理，主要是不再单独考虑农业部门的营业盈余，将 2002 年投入产出表中农业部门的营业盈余归入劳动报酬。

　　① 王小鲁：《劳动报酬比重真实下降，收入增长明显滞后》，2010 年 11 月，新浪财经（http://finance.sina.com.cn/review/observe/20101110/07178928138.shtml）。

　　② 财政部官员：《我国劳动报酬占比连续 22 年下降》，2010 年 5 月，人民网（http://www.people.com.cn/GB/186327/11625449.html）。

第三节　劳动报酬占 GDP 比重及结构
变化分析

总体来看，近几年我国劳动者报酬占 GDP 比重呈现明显的下降趋势。那么，从细化的产业部门角度来看，哪些部门的劳动报酬占比变化较大呢？我们利用各产业部门劳动报酬占本部门增加值的比重所组成的向量来衡量产业部门劳动报酬占 GDP 比重的结构变化情况。假设基期各部门劳动报酬占本部门增加值的比重为：v_1^{s0}，v_2^{s0}，$\cdots$，v_n^{s0}，则基期的劳动报酬占比结构向量为 $V^{s0} = [v_1^{s0}, v_2^{s0}, \cdots, v_n^{s0}]^T$，同理可将报告期的劳动报酬占比结构向量表示为 $V^{s1} = [v_1^{s1}, v_2^{s1}, \cdots, v_n^{s1}]^T$，因此，劳动报酬占比结构变化为：$\Delta V^s = V^{s1} - V^{s0}$。

利用我国 2002 年、2007 年、2010 年 42 部门投入产出表相关数据可以分别计算出各个年份的劳动报酬占比结构向量，通过观察可以找出其中比重变化较大的产业部门，表 4.2 主要列出了农业部门和劳动报酬占增加值比重变化超过 5% 的部门。

由表 4.2 可以看出，与 2002 年相比，2010 年农业占其增加值的比重略有上升，由原先的 92.13% 上升为 95.36%，上涨了 3.24 个百分点。第二产业和第三产业各部门劳动报酬占本部门增加值的比重有增有减。

第二产业中通信设备、计算机及其他电子设备制造业的比重增长幅度较大，增加了 18.97 个百分点；下降幅度较大的为煤炭开采和洗选业、非金属矿及其他矿采选业和非金属矿物制品业，分别减少了 19.30 个百分点、19.18 个百分点和 16.41 个百分点。除此以外，2010 年第二产业中劳动报酬占增加值比重较高的纺织服装鞋帽皮革羽绒及其制品业、建筑业，则分别增加了 10.19 个百分点和 9.59 个百分点；占比较低的工艺品及其他制造业、石油加工、炼焦及核燃料加工业则分别减少了 6.98 个百分点和 13.55 个百分点。

表 4.2　　　　　我国主要部门劳动报酬占 GDP 比重及变化量　　　（单位:%）

部门	2002 年	2007 年	2010 年	变化量
第一产业				
农业	92.13	94.84	95.36	3.24
第二产业				
煤炭开采和洗选业	62.27	47.98	42.96	-19.30
金属矿采选业	45.37	37.73	32.18	-13.19
非金属矿及其他矿采选业	56.24	40.83	37.06	-19.18
纺织服装鞋帽皮革羽绒及其制品业	48.21	47.02	58.39	10.19
石油加工、炼焦及核燃料加工业	29.84	29.20	16.28	-13.55
非金属矿物制品业	51.76	35.05	35.35	-16.41
金属冶炼及压延加工业	43.93	26.17	36.17	-7.76
通用、专用设备制造业	48.29	36.84	41.11	-7.18
通信设备、计算机及其他电子设备制造业	33.90	34.51	52.87	18.97
工艺品及其他制造业	21.71	14.51	14.74	-6.98
电力、热力的生产和供应业	21.57	23.81	30.60	9.03
燃气生产和供应业	40.50	41.93	50.09	9.59
第三产业				
批发和零售业	42.17	24.17	27.47	-14.70
住宿和餐饮业	34.87	27.63	60.55	25.68
房地产业	20.23	10.87	10.93	-9.30
租赁和商务服务业	34.80	34.61	53.11	18.31
综合技术服务业	44.89	51.41	54.17	9.29
教育	79.73	78.45	87.56	7.83
卫生、社会保障和社会福利业	71.26	66.98	83.10	11.83
公共管理和社会组织	79.03	86.73	84.44	5.41

第三产业大多数部门的劳动报酬占增加值比重都比 2002 年有所上升。其中，住宿和餐饮业、租赁和商务服务业的劳动报酬占本增加值比重上涨幅度较大，分别提高了 25.68 个百分点和 18.31 个

百分点；批发和零售业、房地产业的比重则分别下降了 14.70 个百分点和 9.30 个百分点。2010 年第三产业中劳动报酬占增加值比重较高的教育、公共管理和社会组织、卫生、社会保障和社会福利业，与 2002 年相比也均有所上升，分别提高了 7.83 个百分点、5.41 个百分点和 11.83 个百分点；另外，占比较低的信息传输、计算机服务和软件业则上升了 3.54 个百分点。

综上，我们从数据的角度，直观地分析了我国劳动报酬占 GDP 整体比重及其占比结构的变化情况。由前文分析可知，造成我国劳动报酬占 GDP 比重下降的原因有很多。例如，农业的劳动报酬占比远远高于第二产业和第三产业，因此，农业部门向非农业部门转移，我国农业占 GDP 比重的不断下降很可能是造成我国整体劳动报酬占 GDP 比重出现下降的重要原因之一。那么，农业占 GDP 比重的下降及我国 GDP 结构的变化对劳动报酬占比变化产生了多大影响？影响我国劳动报酬占比变化的主要原因分别有哪些？下面我们主要从投入产出技术的角度对这几个问题进行回答。

第四节　劳动报酬占 GDP 比重变动的因素分解模型

本节我们主要考察 2002—2010 年我国劳动报酬占比下降的变化原因，通过构建 SDA 结构分解模型，找寻影响劳动报酬占比下降的关键因素。主要分为以下两部分内容：一是劳动报酬占总产出比重变动的结构分解模型；二是劳动报酬占 GDP 比重变动的结构分解模型。假定 2002 年为基期，记为 0；2010 年为报告期，记为 1。在基期和报告期分别做一次分解，取两极分解结果的平均值作为最终分解值。

一　劳动报酬占总产出比重变动的结构分解模型

为考察总产出部门结构变动对我国劳动报酬占比下降的影响，

我们将总产出列向量 X 分解为总产出的部门结构系数列向量 X^s 与总产出总额 X^* 的乘积，其中 X^s 的元素 x_j^s 表示第 j 部门总产出占总产出总额的比重。

已知投入产出列昂惕夫模型为：

$$X = (I - A)^{-1}F \tag{4.1}$$

根据投入产出模型的基本理论，可以定义劳动报酬系数 A_w 如下：

$$A_w = (a_{wj}) = (w_j / x_j) \tag{4.2}$$

其中，w_j 表示第 j 部门的劳动报酬，a_{wj} 表示从第 j 部门得到的劳动报酬占第 j 部门总产出的比例，x_j 表示第 j 部门总产出。

劳动报酬总额可以表示如下：

$$W^* = A_w^T X = A_w^T X^s X^* \tag{4.3}$$

从而我国劳动报酬占总产出的比重 R 可表示为：

$$R = \frac{W^*}{X^*} = \frac{A_w^T X}{X^*} = \frac{A_w^T X^s X^*}{X^*} = A_w^T X^s \tag{4.4}$$

根据公式（4.4）我国劳动报酬占总产出比重对应的两极分解公式如下：

以基期为基准进行分解：

$$\begin{aligned}
\Delta R = R_1 - R_0 &= A_{w1}^T X_1^{\ s} - A_{w0}^T X_0^{\ s} \\
&= A_{w1}^T X_1^{\ s} - A_{w1}^T X_0^{\ s} + A_{w1}^T X_0^{\ s} - A_{w0}^T X_0^{\ s} \\
&= A_{w1}^T \Delta X^s + \Delta A_w^T X_0^{\ s}
\end{aligned} \tag{4.5}$$

以报告期为基准进行分解：

$$\begin{aligned}
\Delta R = R_1 - R_0 &= A_{w1}^T X_1^{\ s} - A_{w0}^T X_0^{\ s} \\
&= A_{w1}^T X_1^{\ s} - A_{w0}^T X_1^{\ s} + A_{w0}^T X_1^{\ s} - A_{w0}^T X_0^{\ s} \\
&= \Delta A_w^T X_1^{\ s} + A_{w0}^T \Delta X^s
\end{aligned} \tag{4.6}$$

结合公式（4.5）和公式（4.6）可以计算各因素变动对劳动报酬占总产出比重的作用，相应的 SDA 结构分解公式如下：

$$\Delta R = (\Delta A_w^T X_0^s + \Delta A_w^T X_1^s)/2 + (A_{w1}^T \Delta X^s + A_{w0}^T \Delta X^s)/2$$

$$(4.7)$$

其中,$(\Delta A_w^T X_0^s + \Delta A_w^T X_1^s)/2$ 表示劳动报酬系数的变动,即劳动报酬占单位产出比重的变动 ΔA_w 对劳动报酬占总产出比重的影响效应。

$(A_{w1}^T \Delta X^s + A_{w0}^T \Delta X^s)/2$ 表示总产出的部门结构系数的变动 ΔX^s 对劳动报酬占总产出比重的影响效应。

同理,从国民经济最终需求的角度,可以进一步考察最终需求的部门结构系数列向量 F^s 和最终需求总额 F^* 对我国劳动报酬占比下降的影响,即将最终需求列向量 F 分解为两者的乘积 $F = F^s F^*$,其中 F^s 的元素 f_j^s 表示第 j 部门最终需求占最终需求总额的比重。

因此,我国劳动报酬 W^* 可表示为:

$$W^* = A_w^T X = A_w^T (I - A)^{-1} F = A_w^T (I - A)^{-1} F^s F^* \quad (4.8)$$

我国劳动报酬占总产出的比重 R 可表示为:

$$R = \frac{W^*}{X^*} = \frac{A_w^T X}{X^*} = \frac{A_w^T (I-A)^{-1} F}{X^*} = \frac{A_w^T (I-A)^{-1} F^s F^*}{X^*}$$

$$= A_w^T B F^s F_x^* \quad (4.9)$$

其中,$F_x^* = \frac{F^*}{X^*}$ 表示 GDP 总额占总产出总额的比重。

相应的 SDA 结构分解公式如下:

$$\Delta R = (\Delta A_w^T B_0 F_0^s F_{x0}^* + \Delta A_w^T B_1 F_1^s F_{x1}^*)/2 + (A_{w1}^T \Delta B F_0^s F_{x0}^* + A_{w0}^T \Delta B F_1^s F_{x1}^*)/2$$

$$+ (A_{w1}^T B_1 \Delta F^s F_{x0}^* + A_{w0}^T B_0 \Delta F^s F_{x1}^*)/2 + (A_{w1}^T B_1 F_1^s \Delta F_x^* + A_{w0}^T B_0 F_0^s \Delta F_x^*)/2$$

$$(4.10)$$

其中,$(\Delta A_w^T B_0 F_0^s F_{x0}^* + \Delta A_w^T B_1 F_1^s F_{x1}^*)/2$ 表示各部门劳动报酬系数的变动 ΔA_w 对劳动报酬占总产出比重的影响效应。

$(A_{w1}^T \Delta B F_0^s F_{x0}^* + A_{w0}^T \Delta B F_1^s F_{x1}^*)/2$ 表示技术系数的变动 ΔB 对劳动报酬占总产出比重的影响效应。

$(A_{w1}^T B_1 \Delta F^s F_{x0}^* + A_{w0}^T B_0 \Delta F^s F_{x1}^*)/2$ 表示最终需求的部门结构系数的变动 ΔF^s 对劳动报酬占总产出比重的影响效应。

$(A_{w1}^T B_1 F_1^s \Delta F_x^* + A_{w0}^T B_0 F_0^s \Delta F_x^*)/2$ 表示 GDP 总额占总产出总额比重的变动 ΔF_x^* 对劳动报酬占总产出比重的影响效应。

二 劳动报酬占 GDP 比重变动的结构分解模型

定义各部门劳动报酬占增加值的比重 V_w 如下:

$$V_w = (v_{wj}) = (w_j/v_j) \qquad (4.11)$$

其中,v_j 表示第 j 部门的增加值。

因而有,

$$A_w = \hat{V}_w A_v \qquad (4.12)$$

其中,$A_v = (a_{vj}) = (v_j/x_j)$ 表示增加值系数行向量,其元素 a_{vj} 表示第 j 部门单位产出所产生的增加值。

因此,我国劳动报酬 W^* 可表示为:

$$W^* = A_w^T X = A_w^T BF = A_w^T BF^s F^* = V_w^T \hat{A}_v BF^s F^* \qquad (4.13)$$

从而我国劳动报酬总量占 GDP 的比重 R 可表示为:

$$R = \frac{W^*}{F^*} = \frac{A_w^T X}{F^*} = \frac{A_w^T BF}{F^*} = \frac{A_w^T BF^s F^*}{F^*} = \frac{V_w^T \hat{A}_v BF^s F^*}{F^*}$$

$$= V_w^T \hat{A}_v BF^s \qquad (4.14)$$

相应的 SDA 结构分解公式可表示为:

$$\Delta R = (\Delta V_w^T \hat{A}_{v0} B_0 F_0^s + \Delta V_w^T \hat{A}_{v1} B_1 F_1^s)/2 +$$
$$(V_{w1}^T \Delta \hat{A}_v B_0 F_0^s + V_{w0}^T \Delta \hat{A}_v B_1 F_1^s)/2$$
$$+ (V_{w1}^T \hat{A}_{v1} \Delta B F_0^s + V_{w0}^T \hat{A}_{v0} \Delta B F_1^s)/2$$
$$+ (V_{w1}^T \hat{A}_{v1} B_1 \Delta F^s + V_{w0}^T \hat{A}_{v0} B_0 \Delta F^s)/2 \qquad (4.15)$$

其中,$(\Delta V_w^T \hat{A}_{v0} B_0 F_0^s + \Delta V_w^T \hat{A}_{v1} B_1 F_1^s)/2$ 表示劳动报酬占增加值比重的变动 ΔV_w^T 对劳动报酬占 GDP 比重的影响效应。

$(V_{w1}^T \Delta \hat{A}_v B_0 F_0^s + V_{w0}^T \Delta \hat{A}_v B_1 F_1^s)/2$ 表示增加值系数的变动 $\Delta \hat{A}_v$ 对

劳动报酬占 GDP 的比重的影响效应。

$(V_{w1}^T \hat{A}_{v1} \Delta BF_0^s + V_{w0}^T \hat{A}_{v0} \Delta BF_1^s)/2$ 表示技术系数的变动 ΔB 对劳动报酬占 GDP 比重的影响效应。

$(V_{w1}^T \hat{A}_{v1} B_1 \Delta F^s + V_{w0}^T \hat{A}_{v0} B_0 \Delta F^s)/2$ 表示最终需求的部门结构系数的变动 ΔF^s 对劳动报酬占 GDP 比重的影响效应。

由前一小节，进一步我们可以将我国劳动报酬占 GDP 的比重 R' 表示为：

$$R' = V_w^T \hat{A}_v (I - A)^{-1} \frac{F}{F^*}$$

$$= V_w^T \cdot \frac{V}{X} \cdot (I - A)^{-1} \cdot \frac{F}{F^*}$$

$$= V_w^T \cdot \frac{V}{\sum_i v_i} \cdot \frac{\sum_i v_i}{X} \cdot (I - A)^{-1} \cdot \frac{F}{F^*} \qquad (4.16)$$

由列昂惕夫模型可知：

$$X = (I - A)^{-1}F \qquad (4.17)$$

且各部门的增加值总量与最终需求总量相等，即 $\sum_i v_i = F^*$

从而上式可以整理为如下形式：

$$R' = V_w^T \cdot \frac{V}{\sum_i v_i} \cdot \frac{\sum_i v_i}{X} \cdot (I - A)^{-1} \cdot \frac{F}{F^*} = V_w^T V^s \quad (4.18)$$

相应的 SDA 结构分解公式如下：

$$\Delta R = (\Delta V_w^T V_0^s + \Delta V_w^T V_1^s)/2 + (V_{w1}^T \Delta V^s + V_{w0}^T \Delta V^s)/2$$

$$(4.19)$$

其中，$(\Delta V_w^T V_0^s + \Delta V_w^T V_1^s)/2$ 表示各部门劳动报酬占增加值比重的变动 ΔV_w 对劳动报酬占 GDP 比重的影响效应。

$(V_{w1}^T \Delta V^s + V_{w0}^T \Delta V^s)/2$ 表示各部门增加值结构系数的变动 ΔV^s 对劳动报酬占 GDP 比重的影响效应。

第五节 劳动报酬占 GDP 比重变动结构分解分析

一 劳动报酬占总产出比重变动的影响因素分析

根据上述建立的劳动报酬占总产出比重变动的分解模型以及我们第二章编制的 2002 年、2010 年城乡居民收入分配投入占用产出表，可以计算 2002—2010 年各因素对我国居民劳动报酬占总产出比重下降的影响作用，具体结果见表 4.3。

表 4.3   2002—2010 年我国劳动报酬占总产出比重变化分解结果 （单位:%）

部门	ΔA_w	ΔX^s	ΔB	ΔF^s	ΔF_x^*
全国	− 1.27	− 2.93	1.52	− 1.21	− 3.24
农业	0.21	− 2.02	0.17	− 1.45	− 0.74
稻谷	0.00	− 0.17	− 0.09	− 0.02	− 0.06
小麦	0.02	− 0.08	− 0.02	− 0.03	− 0.03
玉米	0.02	− 0.09	0.07	− 0.11	− 0.05
大豆	0.00	− 0.06	0.05	− 0.09	− 0.01
其他粮食	− 0.02	− 0.11	− 0.11	0.03	− 0.03
油料作物	0.00	− 0.10	0.07	− 0.14	− 0.03
棉花（原棉）	0.01	− 0.04	0.04	− 0.05	− 0.02
蔬菜	0.02	− 0.24	0.15	− 0.27	− 0.12
其他种植业	− 0.01	− 0.17	0.07	− 0.19	− 0.05
林业	0.04	− 0.34	− 0.21	− 0.07	− 0.05
畜牧业	0.08	− 0.38	0.13	− 0.33	− 0.18
渔业	0.05	− 0.24	− 0.01	− 0.16	− 0.07
农、林、牧、渔服务业	0.00	0.00	0.03	− 0.01	− 0.02
第二产业	− 1.90	0.83	1.40	0.68	− 1.25
煤炭开采和洗选业	− 0.23	0.09	0.26	− 0.10	− 0.07
石油和天然气开采业	0.00	− 0.01	0.09	− 0.08	− 0.03
金属矿采选业	− 0.06	0.07	0.13	− 0.05	− 0.02

续表

部门	ΔA_w	ΔX^s	ΔB	ΔF^s	ΔF_x^*
非金属矿及其他矿采选业	− 0.06	− 0.01	0.00	0.00	− 0.02
食品制造及烟草加工业	− 0.11	0.06	0.12	0.00	− 0.07
纺织业	− 0.05	− 0.03	0.04	− 0.01	− 0.06
纺织服装鞋帽皮革羽绒及其制品业	− 0.01	− 0.02	0.04	− 0.02	− 0.04
木材加工及家具制造业	− 0.04	− 0.01	0.00	0.02	− 0.02
造纸印刷及文教体育用品制造业	− 0.11	− 0.07	− 0.01	− 0.02	− 0.04
石油加工、炼焦及核燃料加工业	− 0.04	0.02	0.04	0.00	− 0.02
化学工业	− 0.18	0.05	0.12	0.03	− 0.11
非金属矿物制品业	− 0.23	0.17	0.20	0.02	− 0.05
金属冶炼及压延加工业	− 0.24	0.14	0.10	0.13	− 0.09
金属制品业	− 0.05	0.00	0.01	0.02	− 0.03
通用、专用设备制造业	− 0.23	0.13	0.06	0.16	− 0.10
交通运输设备制造业	− 0.14	0.14	0.02	0.18	− 0.06
电气机械及器材制造业	− 0.08	0.11	0.03	0.12	− 0.04
通信设备、计算机及其他电子设备制造业	0.04	0.03	− 0.01	0.10	− 0.06
仪器仪表及文化办公用机械制造业	− 0.01	0.00	0.01	0.01	− 0.01
工艺品及其他制造业（废品废料）	− 0.04	0.01	0.03	0.00	− 0.02
电力、热力的生产和供应业	− 0.09	0.09	0.15	− 0.01	− 0.05
燃气生产和供应业	0.00	0.01	0.00	0.00	0.00
水的生产和供应业	0.00	− 0.01	− 0.01	0.01	− 0.01
建筑业	0.08	− 0.12	− 0.03	0.15	− 0.23
第三产业	0.42	− 1.74	− 0.05	− 0.44	− 1.26
交通运输及仓储业	− 0.20	− 0.12	0.10	− 0.08	− 0.14
邮政业	0.00	− 0.02	0.00	− 0.02	− 0.01
信息传输、计算机服务和软件业	0.02	− 0.05	− 0.08	0.06	− 0.04
批发和零售业	− 0.15	− 0.43	− 0.27	0.02	− 0.18
住宿和餐饮业	0.17	− 0.10	0.04	− 0.07	− 0.07
金融业	0.04	0.05	0.05	0.09	− 0.09
房地产业	− 0.16	0.01	− 0.01	0.07	− 0.05
租赁和商务服务业	0.08	0.01	0.02	0.05	− 0.05
研究与试验发展业	− 0.02	0.00	0.04	− 0.02	− 0.01

续表

部门	ΔA_w	ΔX^s	ΔB	ΔF^s	ΔF_x^*
综合技术服务业	-0.01	0.10	0.10	0.04	-0.04
居民服务和其他服务业	0.07	-0.24	-0.01	-0.16	-0.08
教育	0.27	-0.41	-0.04	-0.19	-0.17
卫生、社会保障和社会福利业	-0.08	0.00	0.00	0.08	-0.08
文化、体育和娱乐业	0.02	-0.05	0.01	-0.03	-0.02
公共管理和社会组织	0.36	-0.50	0.01	-0.29	-0.22

与 2002 年相比，2010 年我国劳动报酬占总产出的比重由 19.45% 下降为 15.25%，总共下降 4.2 个百分点。通过观察表 4.3 可以发现，总体上来看，各部门劳动报酬占总产出比重的变化 ΔA_w、总产出部门结构的变化 ΔX^s、最终需求部门结构的变化 ΔF^s 以及最终需求总量占总产出比重的变化 ΔF_x^* 均对我国劳动报酬占总产出比重的提高产生了不利影响。

其中，造成我国劳动报酬占总产出比重整体下降的两个主要原因是增加值占总产出比重的变化 ΔF_x^* 和总产出部门结构的变化 ΔX^s。第一，最终需求总量即增加值总量占总产出比重的减少从整体上拉低了劳动报酬占总产出的比重。显然，在各部门劳动报酬占增加值比重保持不变的情况下，增加值占总产出比重越低，则劳动报酬占总产出比重也越低。第二，总产出部门结构的变化不利于我国劳动报酬占总产出比重的提高。2002—2010 年我国农业和第三产业总产出所占比重分别下降了 3.58 个百分点和 5.62 个百分点，第二产业占比则上升了 9.21 个百分点，相比于第二产业，农业和第三产业劳动报酬占总产出比重较高，尤其是农业。因此，这些部门在总产值中比重的下降，即总产值结构的变动使得我国劳动报酬占总产出比重总体有所下降。除此之外，各部门居民收入系数的变动 ΔA_w 也是阻碍我国劳动报酬占总产出比重提高的一个重要原因，尤其是第二产业，2002—2010 年我国第二产业劳动报酬占总产出的比重下降了 3.08 个百分点，主要原因是第二产业部门中企业利润和税金比重上升，使得劳动报酬比重有所下降。

具体分三次产业来看。首先，对于农业而言，其在总产出部门结构中的变动和最终需求部门结构中的变动是阻碍我国劳动报酬占总产出比重提高的两个主要原因。在农业各部门劳动报酬占其产值比重不变的情况下，农业各部门产值占全国总产值的比重越低，相应的农业劳动报酬占总产值的比重也就越低。因此，农业占总产出比重的下降对劳动报酬占比的提高产生了不利影响。另外，随着经济的发展和生活水平的提高，我国最终需求的部门结构也在不断变化，主要体现在农业和第三产业在最终需求中的比重有所下降，而第二产业占比则有所上升。2002—2010 年我国农业在最终需求总量中的比重下降了 6.23 个百分点，对劳动报酬占总产出比重的提高起到了很大的抑制作用。其次，与农业和第三产业不同的是，对于第二产业而言，其各部门劳动报酬占总产出比重的变动是造成我国劳动报酬占比下降的主要因素，究其原因是 2002—2010 年第二产业部门中企业利润和税金比重上升，从而使得劳动报酬比重有所下降；另外，第二产业最终需求总量占总产出比重的变化 ΔF_x^* 也是造成我国劳动报酬比重下降的一个主要原因。其中，由于各部门劳动报酬占总产出比重的变动而对我国劳动报酬占比下降产生较大影响的第二产业部门有：金属冶炼及压延加工业、非金属矿物制品业、通用、专用设备制造业、煤炭开采和洗选业等。由于最终需求总量占总产出比重变动而对我国劳动报酬占比下降产生较大影响的第二产业部门有：化学工业、通用、专用设备制造业、金属冶炼及压延加工业等。从第三产业的角度来看，阻碍我国劳动报酬占比提高的主要原因是总产出部门结构的变化 ΔX^s，主要体现在：公共管理和社会组织、批发和零售业和教育等部门。2002—2010 年我国第三产业产值占总产值的比重下降了 5.62 个百分点，对第三产业劳动报酬占比起了较大的抑制作用。同样的，由于最终需求总量占总产出比重变动而对我国劳动报酬占比下降产生较大影响的第三产业部门有：公共管理和社会组织、教育和批发和零售业等。

二 居民劳动报酬占 GDP 比重变动的影响因素分析

（一）全国居民劳动报酬占 GDP 变动的影响因素分析

同样的，以 2002 年、2010 年中国城乡居民收入分配投入占用产出表为数据基础，利用居民劳动报酬占 GDP 比重变动分解模型，可以计算 2002—2010 年各因素对我国居民劳动报酬占 GDP 比重下降的影响作用，分解结果见表 4.4。

表 4.4　　　2002—2010 年我国劳动报酬占 GDP 比重变化分解结果　（单位：%）

部门	ΔV_w^T	$\Delta \hat{A}_v$	ΔB	ΔF^s	ΔV^s
全国	- 0.27	- 3.45	4.39	- 3.37	- 2.43
农业	0.37	0.21	0.48	- 4.08	- 3.39
稻谷	0.06	- 0.06	- 0.24	- 0.05	- 0.36
小麦	0.04	0.00	- 0.05	- 0.08	- 0.13
玉米	0.05	0.00	0.19	- 0.30	- 0.11
大豆	0.01	- 0.02	0.14	- 0.27	- 0.15
其他粮食	0.02	- 0.08	- 0.31	0.09	- 0.30
油料作物	0.02	- 0.02	0.21	- 0.40	- 0.21
棉花（原棉）	0.01	0.01	0.11	- 0.15	- 0.03
蔬菜	- 0.07	0.14	0.42	- 0.76	- 0.21
其他种植业	0.01	- 0.03	0.20	- 0.54	- 0.37
林业	0.06	0.05	- 0.60	- 0.20	- 0.75
畜牧业	0.08	0.14	0.38	- 0.93	- 0.41
渔业	0.03	0.12	- 0.04	- 0.44	- 0.36
农、林、牧、渔服务业	0.03	- 0.04	0.08	- 0.04	0.00
第二产业	- 0.86	- 4.60	4.04	1.92	1.36
煤炭开采和洗选业	- 0.40	- 0.25	0.75	- 0.28	0.22
石油和天然气开采业	0.06	- 0.07	0.26	- 0.23	- 0.04

续表

部门	ΔV_w^T	$\Delta \hat{A}_v$	ΔB	ΔF^s	ΔV^s
金属矿采选业	-0.10	-0.07	0.39	-0.14	0.18
非金属矿及其他矿采选业	-0.10	-0.08	0.01	-0.01	-0.07
食品制造及烟草加工业	0.08	-0.40	0.34	0.01	-0.05
纺织业	0.01	-0.15	0.10	-0.03	-0.08
纺织服装鞋帽皮革羽绒及其制品业	0.13	-0.16	0.11	-0.05	-0.10
木材加工及家具制造业	0.00	-0.12	0.00	0.05	-0.07
造纸印刷及文教体育用品制造业	0.01	-0.30	-0.03	-0.05	-0.37
石油加工、炼焦及核燃料加工业	-0.16	0.04	0.12	-0.01	0.14
化学工业	0.02	-0.55	0.36	0.08	-0.10
非金属矿物制品业	-0.31	-0.37	0.58	0.06	0.27
金属冶炼及压延加工业	-0.26	-0.44	0.30	0.37	0.22
金属制品业	-0.04	-0.12	0.04	0.07	-0.01
通用、专用设备制造业	-0.23	-0.43	0.18	0.46	0.21
交通运输设备制造业	-0.09	-0.31	0.07	0.50	0.27
电气机械及器材制造业	0.05	-0.28	0.09	0.36	0.16
通信设备、计算机及其他电子设备制造业	0.42	-0.29	-0.01	0.27	-0.04
仪器仪表及文化办公用机械制造业	0.00	-0.04	0.02	0.02	0.01
工艺品及其他制造业（废品废料）	-0.09	-0.03	0.08	0.00	0.06
电力、热力的生产和供应业	0.27	-0.54	0.42	-0.02	-0.14
燃气生产和供应业	0.01	0.00	0.01	0.01	0.03
水的生产和供应业	0.00	-0.01	-0.04	0.03	-0.02
建筑业	-0.13	0.37	-0.09	0.42	0.69
第三产业	0.21	0.94	-0.13	-1.21	-0.39
交通运输及仓储业	-0.11	-0.44	0.28	-0.22	-0.38
邮政业	0.00	0.00	0.01	-0.04	-0.04
信息传输、计算机服务和软件业	0.08	-0.04	-0.22	0.18	-0.08
批发和零售业	-1.12	0.71	-0.78	0.06	-0.02
住宿和餐饮业	0.56	-0.09	0.10	-0.19	-0.18
金融业	0.11	0.02	0.14	0.26	0.42
房地产业	-0.47	0.03	-0.02	0.19	0.19
租赁和商务服务业	0.34	-0.11	0.06	0.13	0.08

续表

部门	ΔV_w^T	$\Delta \dot{A}_v$	ΔB	ΔF^s	ΔV^s
研究与试验发展业	0.00	-0.05	0.11	-0.06	0.00
综合技术服务业	0.12	-0.14	0.28	0.12	0.25
居民服务和其他服务业	0.04	0.14	-0.02	-0.43	-0.31
教育	0.24	0.50	-0.12	-0.54	-0.15
卫生、社会保障和社会福利业	0.19	-0.40	0.00	0.24	-0.16
文化、体育和娱乐业	0.01	0.03	0.02	-0.08	-0.03
公共管理和社会组织	0.22	0.79	0.03	-0.80	0.02

由表 4.4 可知，2002—2010 年我国劳动报酬占 GDP 的比重由 50.02% 下降为 47.32%，总共下降 2.70 个百分点。总体上来看，各部门劳动报酬占增加值比重的变动 ΔV_w^T、各部门增加值系数的变动 $\Delta \dot{A}_v$、最终需求部门结构的变动 ΔF^s 以及增加值部门结构的变动 ΔV^s 均对我国劳动报酬占 GDP 比重的提高产生了不利作用。其中，后三个因素对我国劳动报酬占 GDP 比重整体下降产生了较大的影响作用，ΔV_w^T 的影响作用则相对较小。

第一，各部门增加值系数的变动 $\Delta \dot{A}_v$ 是造成我国劳动报酬占 GDP 比重下降的重要原因之一，尤其体现在第二产业。2002—2010 年我国各部门的增加值系数发生了一定的变化，总体减少 6.66 个百分点，其中农业和第三产业的增加值系数略有上升，第二产业增加值系数则出现较大幅度的下降，这意味着第二产业单位总产出所产生的增加值有所减少，假定第二产业劳动报酬占其增加值比重不变，相应的第二产业劳动报酬将有所减少，在全国角度上计算将整体上使得我国劳动报酬占 GDP 比重有所下降。其中，由于各部门增加值系数变动而对我国劳动报酬占 GDP 比重下降产生较大影响的第二产业部门有：化学工业、电力、热力的生产和供应业、金属冶炼及压延加工业和通用、专用设备制造业等。

第二，最终需求部门结构的变动 ΔF^s 是使得我国劳动报酬占

GDP 比重下降的另一重要原因。对比观察 2002—2010 年我国最终需求部门结构系数可以发现，农业和第三产业在最终需求中的比重分别下降了 6.23 个百分点和 2.62 个百分点，第二产业占比则上升了 8.85 个百分点。对农业和第三产业产品需求比重的减少会进一步减少农业和第三产业部门的增加值比重，而相对于第二产业，农业和第三产业的劳动报酬占其增加值比重均较高。因此，农业和第三产业最终需求占比的降低从整体上拉低了我国劳动报酬占 GDP 的比重。其中，由于最终需求部门结构变动而对我国劳动报酬占 GDP 比重下降产生较大影响的第三产业部门有：公共管理和社会组织、居民服务和其他服务业、教育等。2002—2010 年这些部门在最终需求中的比重有较大幅度下降，并且劳动报酬占其增加值的比重都相对较高，综合两方面原因从整体上对我国劳动报酬占 GDP 比重的提高产生了不利影响。

第三，增加值部门结构的变动 ΔV^s 也对我国劳动报酬占 GDP 比重的下降起到了较大的作用。随着我国工业化和城镇化的不断加深，我国的产业结构也在不断升级，第一产业增加值占 GDP 比重不断下降，第三产业对国民经济的主导作用在继续上升。2002—2010 年我国农业占 GDP 的比重减少了 3.61 个百分点，第二产业和第三产业增加值比重分别增加了 2.95 个百分点和 0.66 个百分点，我国农业部门的劳动报酬占其增加值的比重高达 90% 以上，是三次产业中占比最高的部门，因此农业增加值比重的降低必然会使得我国劳动报酬占 GDP 比重整体上有所下降。

（二）城乡居民劳动报酬占 GDP 变动的影响因素分析

由于城乡经济以及收入发展水平的差异性，显然各因素对于城镇和农村劳动报酬占 GDP 比重变化的影响是不一样的，本小节将从城镇和农村的角度分别进行讨论，对比分析影响我国城镇和农村劳动报酬占 GDP 比重变化的不同特点。

相比于 2002 年，2010 年我国农村居民劳动报酬占 GDP 的比重由 14.06% 下降为 11.06%，共减少了 3.00%。由表 4.5 可以看出，各部门劳动报酬占增加值比重的变动 ΔV_w^T、各部门增加值系数的变动 $\Delta \hat{A}_v$、最终需求部门结构的变动 ΔF^s 以及增加值部门结构的变动 ΔV^s 均对我国农村劳动报酬占 GDP 比重的提高产生了不利作用。其中，造成农村居民劳动报酬占 GDP 比重下降的两个主要原因是最终需求部门结构的变动 ΔF^s 以及增加值部门结构的变动 ΔV^s，主要原因是农业部门的最终需求比重及增加值比重均有所下降。农业部门是农村居民收入的主要来源，农业产品需求比重的下降及农业部门增加值比重的下降，会对我国农村居民劳动报酬的减少产生较大作用，从而造成农村居民劳动报酬占 GDP 比重整体有所减少。另外，农业、纺织服装鞋帽皮革羽绒及其制品业、建筑业等部门劳动报酬占增加值比重的提高在整体上对我国农村居民劳动报酬占 GDP 比重起到了一定的拉动作用。

表 4.5　2002—2010 年我国城乡劳动报酬占 GDP 比重变化分解结果

（单位:%）

	农村	农业	第二产业	第三产业	城镇	农业	第二产业	第三产业
ΔV_w^T	-0.25	0.72	-0.27	-0.70	-0.88	-0.03	-1.27	0.41
$\Delta \hat{A}_v$	-0.49	0.17	-0.68	0.03	-3.45	0.00	-4.29	0.83
ΔB	0.92	0.40	0.56	-0.04	3.79	0.01	3.94	-0.16
ΔF^s	-3.18	-3.34	0.23	-0.07	0.84	-0.08	1.68	-0.76
ΔV^s	-2.75	-2.77	0.11	-0.09	1.18	-0.06	1.33	-0.09

整体来看，2002—2010 年我国城镇居民劳动报酬占 GDP 比重变化不大，由表 4.5 可以看出，最终需求部门结构的变动 ΔF^s 以及增加值部门结构的变动 ΔV^s，虽然对我国农村居民劳动报酬占 GDP 比重起到了较大的阻碍作用，但却有利于城镇居民劳动报酬占 GDP 比重的提高。各部门增加值系数的变动 $\Delta \hat{A}_v$ 和各部门劳动报酬占增加值比重的变动 ΔV_w^T 均对我国城镇居民劳动报酬占 GDP 比重的提

高产生了不利影响。其中，主要因素是各部门增加值系数的变动 $\Delta \hat{A}_v$，各部门劳动报酬占增加值比重的变动 ΔV_w^T 的作用则较小。主要体现在第二产业，2002—2010 年我国城镇居民第二产业增加值系数和各部门劳动报酬占增加值比重分别下降了 6.75 个百分点和2.24 个百分点，成为影响我国城镇居民劳动报酬占 GDP 比重整体下降的重要原因。具体分部门来看，由于各部门增加值系数变动而对我国城镇居民劳动报酬占比下降产生较大影响的第二产业部门有：电力、热力的生产和供应业、化学工业、金属冶炼及压延加工业等。由于各部门劳动报酬占增加值比重变动而对我国城镇居民劳动报酬占比下降产生较大影响的第二产业部门有：建筑业、煤炭开采和洗选业等。

第六节　小结

提高劳动报酬在初次分配中的比重是我国收入分配的关键问题，也是我国下一步收入分配改革的重点之一。本章从投入产出技术的角度，在第二章编制的 2002 年、2010 年城乡居民收入分配投入占用产出表的基础上，对我国居民劳动报酬占 GDP 的比重进行结构分解分析，试图从各部门居民劳动报酬占增加值比重、各部门增加值系数、GDP 与最终需求结构等因素变动的角度，寻找造成2002—2010 年我国居民劳动报酬占 GDP 比重下降的关键因素。主要结论如下：

第一，各部门增加值系数的变动是造成我国劳动报酬占 GDP比重下降的重要原因之一，主要体现在第二产业。2002—2010 年我国各部门的增加值系数发生了一定的变化，第二产业增加值系数较大幅度的下降在整体上使得我国劳动报酬占 GDP 比重有所下降。

第二，最终需求部门结构的变动是使得我国劳动报酬占 GDP

比重下降的另一重要原因。对比观察 2002—2010 年我国最终需求部门结构系数可以发现，农业和第三产业在最终需求中的比重下降，第二产业占比上升。对农业和第三产业产品需求比重的减少会进一步减少农业和第三产业部门的增加值比重，而相对于第二产业，农业和第三产业的劳动报酬占其增加值比重均较高，因此，农业和第三产业最终需求占比的降低从整体上拉低了我国劳动报酬占 GDP 的比重。

第三，增加值部门结构的变动也对我国劳动报酬占 GDP 比重的下降起到了较大的作用。随着城镇化、现代化的发展，大量农村劳动力进城，由农业转移到制造业和服务业等第二、第三产业，农业占 GDP 的比重逐渐下降，第二、第三产业的比重逐渐上升。而在三次产业中，农业的劳动报酬占其增加值的比重最高，第三产业次之，第二产业最低。随着产业结构的升级，农业部门将会进一步减小，工业和服务业部门进一步扩大，因此农业增加值比重的降低必然会使得我国劳动报酬占 GDP 比重整体上有所下降。

第四，各因素对于城镇和农村居民劳动报酬占 GDP 比重的影响有很大的不同。其中，对我国农村居民劳动报酬占 GDP 比重起到了较大阻碍作用的最终需求部门结构的变动以及增加值部门结构的变动，却在一定程度上有利于城镇居民劳动报酬占 GDP 比重的提高，但从全国角度看，仍然是消极作用占主导。而阻碍我国城镇居民劳动报酬占 GDP 比重提高的主要因素是各部门增加值系数的变动，影响较大的是第二产业部门。

综上，我们认为要提高我国居民劳动报酬占 GDP 比重，关键还是要从整体上提高各部门的劳动报酬占比。虽然 2002—2010 年我国各部门劳动报酬占增加值比重的变动并没有对我国劳动报酬占 GDP 比重的变动产生很大影响，但随着产业结构及需求结构的不断升级，在一定的时间内其对我国劳动报酬占 GDP 比重的提高仍将产生阻碍作用，因此通过政策手段如提高最低工资标准、提高个税起征点等方法，提高各部门劳动报酬占比是从整体上提高我国劳动报酬占 GDP 比重较为可行有效的方法。

第 五 章

基于投入产出方法的我国城乡居民
收入差距分析

第一节 研究背景

改革开放以来，中国经济快速增长，成为世界第二大经济体。在经济快速发展和人民收入水平普遍提高的同时，一个不容回避的现实是我国城乡之间、地区之间、行业之间收入差距逐步扩大的问题日趋严重，成为社会各界关注的焦点问题。

基尼系数是反映一个国家或一个地区居民之间收入差距水平的统计指标，它能反映一个国家或一个地区收入分配的公平状况。基尼系数的数值在 0 和 1 之间，基尼系数越小说明收入分配越平均，基尼系数越大说明居民收入差距越大。按照国际一般标准，通常把 0.4 作为贫富差距的警戒线，0.4 以上的基尼系数表示收入差距较大，大于这一数值容易出现社会动荡。① 我国的基尼系数自 2000 年 0.412 开始越过 0.4 的警戒线，并逐年上升。根据国家统计局 2013 年初公布的数据显示，过去 10 年基尼系数在 2008 年达到最高值 0.491，随后开始逐步回落，2012 年回落为 0.474，10 年间的基尼

---

① 百度百科：《基尼系数》（http://baike.baidu.com/view/186.htm）。

系数全部高于 0.4，显示出我国收入差距过大这一不争的事实。[①]

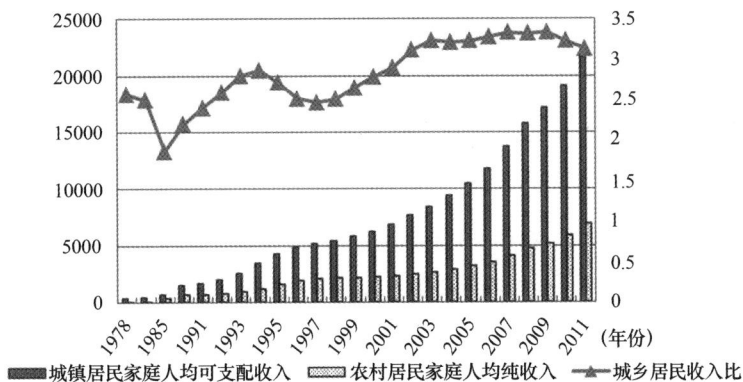

图 5.1　1978—2011 年我国城乡居民收入状况（单位：元）

数据来源：《中国统计年鉴 2012》。

城乡收入差距是造成我国整体收入差距过大的关键因素之一，不断扩大的城乡收入差距不仅不利于我国内需的扩大，对我国经济可持续发展和社会稳定也提出挑战。城乡收入比是衡量城乡收入差距的常用指标，一般采用城镇居民家庭人均可支配收入和农村居民家庭人均纯收入的比值。30 多年来，我国城乡居民收入比经历了由迅速缩小到逐渐扩大，由逐渐扩大到逐渐缩小，再由逐渐缩小到加速扩大的发展过程。1978 年，我国城镇居民家庭人均可支配收入和农村居民家庭人均纯收入分别为 343.4 元和 133.6 元，城乡居民收入比为 2.57：1，随着家庭联产承包责任制的逐步实施，到 1985 年下降为历史最低值 1.86：1，之后伴随着城市经济体制改革的进展，在 1994 年又逐步上升到 2.86：1，由于政府提高了农产品收购价格，到 1997 年下降为 2.47：1。2002 年我国城乡居民收入比扩大为 3.11：1，首次突破 3：1。之后继续波动上升，2007 年我国城

---

① 东方早报：《我国基尼系数十年超越国际 0.4 警戒线》，2013 年 1 月（http：∥news. si-na. com. cn/c/2013 – 01 – 19/064926072495. shtml）。

乡收入比达到 3.33：1，之后呈现缩小趋势，在 2009 年出现短暂扩大后，2010 年我国城乡居民收入比进一步缩小为 3.23：1。中国社科院农村发展研究所此前发布的 2011 年《农村经济绿皮书》指出，2010 年全国农村居民收入增速自 1998 年以来首次快于城镇，但目前的城乡居民收入差距仍然过大。①

通过第一章的文献综述可以看出，造成我国城乡收入差距的原因主要有：著名的库兹涅茨假说，即收入差距随着经济水平的提高呈现倒 U 形变动；我国特殊的二元经济结构，使得城乡间的劳动生产率差异较大；中华人民共和国成立初期我国依靠农业，优先发展重工业，通过工农业产品价格剪刀差，低价收购农产品，将农业剩余转化为工业利润；二元户籍制度使得在劳动就业和社会福利等方面向城市倾斜；不合理的农业税费负担；农村劳动力文化水平不高，获取的劳动报酬较低；城市化进程以及农产品价格等。除了大量的定性分析外，已有文献中的定量分析有以下几点不足：第一，将城镇和农村居民收入作为整体来进行研究，很少将国民经济各部门城乡居民收入的具体结构情况考虑进来；第二，国民经济各部门最终需求结构与增加值结构等因素的变动也是造成我国城乡居民收入比变动的重要因素，现阶段这方面的研究还比较欠缺。例如，农业占增加值比重的变动、农业部门产品消费比重的变动都会对我国农村居民收入产生直接影响，进而影响城乡居民收入差距。另外，通过生产和消费的关联关系，城镇和农村居民收入之间存在相互拉动作用，如何提高城乡居民收入会更有利于城乡收入比缩小？这些问题都值得进一步的思考和研究。

本章主要利用投入产出技术对以上几个关于我国城乡居民收入差距的问题进行分析，试图从有利于缩小城乡居民收入差距的角度，为科学调整城镇和农村居民收入提供参考依据。主要包括以下

---

① 中国经济网：《中国城乡收入差距比 3.23：1 成差距最大国家之一》，2011 年 9 月（http：//www.ce.cn/macro/more/201109/20/t20110920_ 22707340. shtml）。

三部分内容：第一，利用投入产出结构分解乘法模型，从增加值结构、最终需求结构、城乡居民收入增加值系数、城乡居民消费结构及分配结构等因素变动的角度，对比考察 2002—2007 年我国城乡收入比盘旋扩大以及 2007—2010 年我国城乡收入比有所缩小的内在原因。第二，利用情景假定的方法预测分析不同情况下 2020 年我国城乡居民收入比的变化状况。第三，在宫泽乘数模型的基础上进行扩展，进一步考虑城乡人口因素的影响，计算城镇与农村人均收入之间的相互拉动作用及其对城乡收入比的影响作用。

第二节　城乡居民收入比的乘法结构分解模型

结构分解技术是投入产出技术领域广泛使用的量化分析工具，目前应用较为普遍的当属加法分解方法。[①] 乘法分解方法是由迪森巴赫（Dietzenbacher）提出的，其基本思想是将经济系统中某因变量的变动，分解为与之相关的自变量变动的乘积形式，并在一定条件下测定各因素的影响程度。加法分解方法主要利用不同时期绝对数量差来反映因素的绝对变化值，乘法分解方法则侧重于不同时期不同影响因素的比较，反映因素的相对变化率。目前，基于投入产出技术乘法分解方法和应用的文献还很少。

本小节我们通过构建投入产出结构分解技术的乘法分解模型，来分析我国城乡居民收入差距问题。利用乘法分解模型来研究收入差距问题，不仅是对乘法分解模型应用的新尝试，也是研究收入差距问题的新途径。本小节的数据出发点是第二章编制的 2002 年、2007 年以及 2010 年中国城乡居民收入分配投入占用产出表，主要目的是研究 2002—2007 年我国城乡居民收入差距不断扩大以

---

① Dietzenbacher E., Bart L., "Structural Decomposition Techniques: Sense and Sensitivity", *Economic Systems Research*, Vol. 10, No. 3, 1998.

及 2007—2010 年我国城乡居民收入差距有所减小的内在影响因素。

一 城乡居民收入比的乘法结构分解基本模型

定义各部门城镇居民收入增加值系数 V_w^u 和农村居民收入增加值系数 V_w^r 分别为：

$$V_w^u = (v_{wj}^u) = (w_j^u/v_j) \qquad (5.1)$$

$$V_w^r = (v_{wj}^r) = (w_j^r/v_j) \qquad (5.2)$$

其中，w_j^u 表示第 j 部门的城镇居民收入，w_j^r 表示第 j 部门的农村居民收入，v_j 表示第 j 部门的增加值，v_{wj}^u 表示城镇居民从第 j 个部门获得的收入占第 j 个部门增加值的比例，v_{wj}^r 表示农村居民从第 j 个部门获得的收入占第 j 个部门增加值的比例。

为考察增加值结构变动对我国城乡居民收入差距的影响，我们将增加值列向量 V 分解为增加值的部门结构系数列向量 V^s 与增加值总额 V^* 的乘积，其中 V^s 的元素 v_j^s 表示第 j 部门增加值占增加值总额的比重。写成矩阵形式，从而我国城镇和农村居民收入可表示为：

$$W^u = (V_w^u)^T V = (V_w^u)^T V^s V^* \qquad (5.3)$$

$$W^r = (V_w^r)^T V = (V_w^r)^T V^s V^* \qquad (5.4)$$

令 P^u 表示城镇居民人口数，P^r 表示农村居民人口数，从而城乡居民人均收入比 R 可表示如下：

$$R = \frac{W^u/P^u}{W^r/P^r} = \frac{(V_w^u)^T V/P^u}{(V_w^r)^T V/P^r} = \frac{(V_w^u)^T V^s V^*/P^u}{(V_w^r)^T V^s V^*/P^r} \qquad (5.5)$$

已知静态价值型投入产出模型的列昂惕夫模型为：

$$X = (I - A)^{-1} F = BF \qquad (5.6)$$

其中 X 为各部门总产出列向量，其元素 x_j 表示第 j 部门的总产出，F 为各部门最终需求合计列向量，A 为直接消耗系数矩阵，$B =$

$(I - A)^{-1}$ 为列昂惕夫逆矩阵。

定义各部门城镇居民收入系数 A_w^u 和农村居民收入系数 A_w^r 分别为：

$$A_w^u = (a_{wj}^u) = (w_j^u/x_j) \qquad (5.7)$$

$$A_w^r = (a_{wj}^r) = (w_j^r/x_j) \qquad (5.8)$$

则城镇居民和农村居民总收入可分别表示为：

$$W^u = (A_w^u)^T X = (A_w^u)^T BF \qquad (5.9)$$

$$W^r = (A_w^r)^T X = (A_w^r)^T BF \qquad (5.10)$$

其中，$(A_w^u)^T$ 表示 A_w^u 的转置，为城镇居民收入系数行向量，$(A_w^r)^T$ 表示 A_w^r 的转置，为农村居民收入系数行向量。

从国民经济最终需求的角度，可以进一步考察最终需求的部门结构系数列向量 F^s 和最终需求总额 F^* 对我国城乡居民收入差距的影响，即将最终需求列向量 F 分解为两者的乘积 $F = F^s F^*$，其中 F^s 的元素 f_j^s 表示第 j 部门最终需求占最终需求总额的比重。

从而我国城镇居民和农村居民总收入可分别表示为：

$$W^u = (A_w^u)^T X = (A_w^u)^T BF = (A_w^u)^T BF^s F^* \qquad (5.11)$$

$$W^r = (A_w^r)^T X = (A_w^r)^T BF = (A_w^r)^T BF^s F^* \qquad (5.12)$$

因此，我国城乡居民收入比 R 可以分解为：

$$R = \frac{W^u/P^u}{W^r/P^r} = \frac{(A_w^u)^T BF^s F^*/P^u}{(A_w^r)^T BF^s F^*/P^r} \qquad (5.13)$$

又因为

$$A_w = \hat{V}_w A_v \qquad (5.14)$$

其中，$A_v = (a_{vj}) = (v_j/x_j)$ 表示增加值系数行向量，其元素 a_{vj} 表示第 j 部门单位产出所产生的增加值。

进一步将最终需求拆分为农村居民消费 F^r、城镇居民消费 F^u 及其他最终需求 F^o 等因素，以城镇居民收入为例，可以作如下分解：

$$W^u = (V_w^u)^T \hat{A}_v BF$$

$$= (V_w^u)^T \hat{A}_v B(F^u + F^r + F^o)$$

$$= (V_w^u)^T \hat{A}_v B\left(\frac{F^u}{W^{u*}}\frac{W^{u*}}{\sum_i v_i} + \frac{F^r}{W^{r*}}\frac{W^{r*}}{\sum_i v_i} + \frac{F^o}{\sum_i v_i}\right)\sum_i v_i$$

$$(5.15)$$

其中，$\sum_i v_i$ 表示各部门增加值之和；

$\dfrac{F^u}{W^{u*}}$ 表示城镇消费结构，各部门城镇居民消费占城镇居民收入

的比重，记为 C^{us}；

$\dfrac{F^r}{W^{r*}}$ 表示农村消费结构，各部门农村居民消费占农村居民收入

的比重，记为 C^{rs}；

$\dfrac{W^{u*}}{\sum_i v_i}$ 表示城镇居民收入分配结构，即城镇居民收入占增加值

的比重，记为 W^{us}；

$\dfrac{W^{r*}}{\sum_i v_i}$ 表示农村居民收入分配结构，即农村居民收入占增加值

的比重，记为 W^{rs}；

$\dfrac{F^o}{\sum_i v_i}$ 表示其他最终需求占 GDP 的比重，将其记为 F^{os}，反映

其他最终需求结构。从而上式可表示为：

$$W^u = (V_w^u)^T \hat{A}_v B(C^{us}W^{us} + C^{rs}W^{rs} + F^{os})F^* \qquad (5.16)$$

同理，农村居民收入可表示为：

$$W^r = (V_w^r)^T \hat{A}_v B(C^{us}W^{us} + C^{rs}W^{rs} + F^{os})F^* \qquad (5.17)$$

因此，我国城乡居民收入比 R 可以分解为：

$$R = \frac{(V_w^u)^T \hat{A}_v BF^s F^* / P^u}{(V_w^r)^T \hat{A}_v BF^s F^* / P^r}$$

$$= \frac{(V_w^u)^T \hat{A}_v B(C^{us} W^{us} + C^{rs} W^{rs} + F^{os}) F^* / P^u}{(V_w^r)^T \hat{A}_v B(C^{us} W^{us} + C^{rs} W^{rs} + F^{os}) F^* / P^r} \quad (5.18)$$

二　城乡居民收入比的乘法结构分解模型

本节我们主要考察 2002—2007 年、2007—2010 年两个时间段我国城乡居民收入比的变化情况，找寻影响城乡居民收入差距变动的关键因素。通过构建城乡居民收入差距的结构分解乘法分解模型，采用两极解进行结果分析，即假定基期记为 0，报告期记为 1，在基期和报告期分别做一次分解，取两极分解结果的平均值作为最终分解值。

第一，根据公式（5.5）我国城乡居民收入比对应的两极分解公式如下：

$$\frac{R_1}{R_0} = \frac{(W_1^u / P_1^u) / (W_1^r / P_1^r)}{(W_0^u / P_0^u) / (W_0^r / P_0^r)} = \frac{((V_{w1}^u)^T V_1^s V_1^* / P_1^u) / ((V_{w1}^r)^T V_1^s V_1^* / P_1^r)}{((V_{w0}^u)^T V_0^s V_0^* / P_0^u) / ((V_{w0}^r)^T V_0^s V_0^* / P_0^r)}$$

$$= \frac{(V_{w1}^u)^T V_1^s V_1^*}{(V_{w0}^u)^T V_0^s V_0^*} \times \frac{(V_{w0}^r)^T V_0^s V_0^*}{(V_{w1}^r)^T V_1^s V_1^*} \times \frac{P_1^r}{P_0^r} \times \frac{P_0^u}{P_1^u} \quad (5.19)$$

以基期为基准进行分解：

$$\frac{(V_{w1}^u)^T V_1^s V_1^*}{(V_{w0}^u)^T V_0^s V_0^*} = \frac{(V_{w1}^u)^T V_0^s V_0^*}{(V_{w0}^u)^T V_0^s V_0^*} \times \frac{(V_{w1}^u)^T V_1^s V_0^*}{(V_{w1}^u)^T V_0^s V_0^*} \times \frac{(V_{w1}^u)^T V_1^s V_1^*}{(V_{w1}^u)^T V_1^s V_0^*}$$

$$\quad (5.20)$$

$$\frac{(V_{w0}^r)^T V_0^s V_0^*}{(V_{w1}^r)^T V_1^s V_1^*} = \frac{(V_{w0}^r)^T V_0^s V_0^*}{(V_{w1}^r)^T V_0^s V_0^*} \times \frac{(V_{w1}^r)^T V_0^s V_0^*}{(V_{w1}^r)^T V_1^s V_0^*} \times \frac{(V_{w1}^r)^T V_1^s V_0^*}{(V_{w1}^r)^T V_1^s V_1^*}$$

$$\quad (5.21)$$

将式（5.20）和式（5.21）带入式（5.19），从而有：

$$\frac{R_1}{R_0} = \frac{(V_{w1}^u)^T V_0^s V_0^*}{(V_{w0}^u)^T V_0^s V_0^*} \times \frac{(V_{w1}^u)^T V_1^s V_0^*}{(V_{w1}^u)^T V_0^s V_0^*} \times \frac{(V_{w1}^u)^T V_1^s V_1^*}{(V_{w1}^u)^T V_1^s V_0^*}$$

$$\times \frac{(V_{w0}^r)^T V_0^s V_0^*}{(V_{w1}^r)^T V_0^s V_0^*} \times \frac{(V_{w1}^r)^T V_0^s V_0^*}{(V_{w1}^r)^T V_1^s V_0^*} \times \frac{(V_{w1}^r)^T V_1^s V_0^*}{(V_{w1}^r)^T V_1^s V_1^*} \times \frac{P_1^r}{P_0^r} \times \frac{P_0^u}{P_1^u}$$

$$(5.22)$$

整理可得，

$$\frac{R_1}{R_0} = \left(\frac{(V_{w1}^u)^T V_0^s V_0^*}{(V_{w0}^u)^T V_0^s V_0^*}\right) \times \left(\frac{(V_{w0}^r)^T V_0^s V_0^*}{(V_{w1}^r)^T V_0^s V_0^*}\right)$$

$$\times \left(\frac{(V_{w1}^u)^T V_1^s V_0^*}{(V_{w1}^u)^T V_0^s V_0^*} \times \frac{(V_{w1}^r)^T V_0^s V_0^*}{(V_{w1}^r)^T V_1^s V_0^*}\right)$$

$$\times \left(\frac{(V_{w1}^u)^T V_1^s V_1^*}{(V_{w1}^u)^T V_1^s V_0^*} \times \frac{(V_{w1}^r)^T V_1^s V_0^*}{(V_{w1}^r)^T V_1^s V_1^*}\right) \times \left(\frac{P_1^r}{P_0^r} \times \frac{P_0^u}{P_1^u}\right) \quad (5.23)$$

同理，以报告期为基准进行分解：

$$\frac{(V_{w1}^u)^T V_1^s V_1^*}{(V_{w0}^u)^T V_0^s V_0^*} = \frac{(V_{w1}^u)^T V_1^s V_1^*}{(V_{w0}^u)^T V_1^s V_1^*} \times \frac{(V_{w0}^u)^T V_1^s V_1^*}{(V_{w0}^u)^T V_0^s V_1^*} \times \frac{(V_{w0}^u)^T V_0^s V_1^*}{(V_{w0}^u)^T V_0^s V_0^*}$$

$$(5.24)$$

$$\frac{(V_{w0}^r)^T V_0^s V_0^*}{(V_{w1}^r)^T V_1^s V_1^*} = \frac{(V_{w0}^r)^T V_1^s V_1^*}{(V_{w1}^r)^T V_1^s V_1^*} \times \frac{(V_{w0}^r)^T V_0^s V_1^*}{(V_{w0}^r)^T V_1^s V_1^*} \times \frac{(V_{w0}^r)^T V_0^s V_0^*}{(V_{w0}^r)^T V_0^s V_1^*}$$

$$(5.25)$$

将式（5.24）和式（5.25）代入式（5.19），整理可得，

$$\frac{R_1}{R_0} = \left(\frac{(V_{w1}^u)^T V_1^s V_1^*}{(V_{w0}^u)^T V_1^s V_1^*}\right) \times \left(\frac{(V_{w0}^r)^T V_1^s V_1^*}{(V_{w1}^r)^T V_1^s V_1^*}\right)$$

$$\times \left(\frac{(V_{w0}^u)^T V_1^s V_1^*}{(V_{w0}^u)^T V_0^s V_1^*} \times \frac{(V_{w0}^r)^T V_0^s V_1^*}{(V_{w0}^r)^T V_1^s V_1^*}\right)$$

$$\times \left(\frac{(V_{w0}^u)^T V_0^s V_1^*}{(V_{w0}^u)^T V_0^s V_0^*} \times \frac{(V_{w0}^r)^T V_0^s V_0^*}{(V_{w0}^r)^T V_0^s V_1^*}\right) \times \left(\frac{P_1^r}{P_0^r} \times \frac{P_0^u}{P_1^u}\right) \quad (5.26)$$

根据式（5.23）和式（5.26）可得相应的 SDA 乘法分解公式如下：

$$\frac{R_1}{R_0} = (1.1) \times (1.2) \times (1.3) \times (1.4) \times (1.5) \quad (5.27)$$

其中，

$$(1.1) = \sqrt{\left(\frac{(V_{w1}^u)^T V_1^s V_1^*}{(V_{w0}^u)^T V_1^s V_1^*}\right) \times \left(\frac{(V_{w1}^u)^T V_0^s V_0^*}{(V_{w0}^u)^T V_0^s V_0^*}\right)}$$ 表示城镇居民收入增

加值系数的变动，即城镇居民收入占单位增加值比重的变动 ΔV_w^u 对城乡居民收入差距的影响效应。

$$(1.2) = \sqrt{\left(\frac{(V_{w0}^r)^T V_1^s V_1^*}{(V_{w1}^r)^T V_1^s V_1^*}\right) \times \left(\frac{(V_{w0}^r)^T V_0^s V_0^*}{(V_{w1}^r)^T V_0^s V_0^*}\right)}$$ 表示农村居民收入增

加值系数的变动，即农村居民收入占单位增加值比重的变动 ΔV_w^r 对城乡居民收入差距的影响效应。

$$(1.3) = \sqrt{\left(\frac{(V_{w0}^u)^T V_1^s V_1^*}{(V_{w0}^u)^T V_0^s V_1^*} \times \frac{(V_{w0}^u)^T V_0^s V_1^*}{(V_{w0}^u)^T V_1^s V_1^*}\right) \times \left(\frac{(V_{w1}^u)^T V_1^s V_0^*}{(V_{w1}^u)^T V_0^s V_0^*} \times \frac{(V_{w1}^r)^T V_0^s V_0^*}{(V_{w1}^r)^T V_1^s V_0^*}\right)}$$

表示增加值结构系数的变动 ΔV^s 对城乡居民收入差距的影响效应。

$$(1.4) = \sqrt{\left(\frac{(V_{w1}^u)^T V_1^s V_1^*}{(V_{w1}^u)^T V_1^s V_0^*} \times \frac{(V_{w1}^r)^T V_1^s V_0^*}{(V_{w1}^r)^T V_1^s V_1^*}\right) \times \left(\frac{(V_{w0}^u)^T V_0^s V_1^*}{(V_{w0}^u)^T V_0^s V_0^*} \times \frac{(V_{w0}^r)^T V_0^s V_0^*}{(V_{w0}^r)^T V_0^s V_1^*}\right)}$$

表示 GDP（增加值）的变动 ΔV^* 对城乡居民收入差距的影响效应。

$$(1.5) = \left(\frac{P_1^r}{P_0^r} \times \frac{P_0^u}{P_1^u}\right)$$ 表示城乡居民人口数的变动 ΔP 对城乡居民

收入差距的影响效应。

第二，根据公式（5.13），可得我国城乡居民收入比对应的两极分解公式：

已知，

$$\frac{R_1}{R_0} = \frac{(W_1^u/P_1^u)/(W_1^r/P_1^r)}{(W_0^u/P_0^u)/(W_0^r/P_0^r)}$$

$$= \frac{((A_{w1}^u)^T B_1 F_1^s F_1^*/P_1^u)/((A_{w1}^r)^T B_1 F_1^s F_1^*/P_1^r)}{((A_{w0}^u)^T B_0 F_0^s F_0^*/P_0^u)/((A_{w0}^r)^T B_0 F_0^s F_0^*/P_0^r)}$$

$$= \frac{(A_{w1}^u)^T B_1 F_1^s F_1^*}{(A_{w0}^u)^T B_0 F_0^s F_0^*} \times \frac{(A_{w0}^r)^T B_0 F_0^s F_0^*}{(A_{w1}^r)^T B_1 F_1^s F_1^*} \times \frac{P_1^r}{P_0^r} \times \frac{P_0^u}{P_1^u} \quad (5.28)$$

以基期为基准进行分解：

$$\frac{(A_{w1}^u)^T B_1 F_1^s F_1^*}{(A_{w0}^u)^T B_0 F_0^s F_0^*} = \frac{(A_{w1}^u)^T B_0 F_0^s F_0^*}{(A_{w0}^u)^T B_0 F_0^s F_0^*} \times \frac{(A_{w1}^u)^T B_1 F_0^s F_0^*}{(A_{w1}^u)^T B_0 F_0^s F_0^*}$$
$$\times \frac{(A_{w1}^u)^T B_1 F_1^s F_0^*}{(A_{w1}^u)^T B_1 F_0^s F_0^*} \times \frac{(A_{w1}^u)^T B_1 F_1^s F_1^*}{(A_{w1}^u)^T B_1 F_1^s F_0^*} \quad (5.29)$$

$$\frac{(A_{w0}^r)^T B_0 F_0^s F_0^*}{(A_{w1}^r)^T B_1 F_1^s F_1^*} = \frac{(A_{w0}^r)^T B_0 F_0^s F_0^*}{(A_{w1}^r)^T B_0 F_0^s F_0^*} \times \frac{(A_{w1}^r)^T B_0 F_0^s F_0^*}{(A_{w1}^r)^T B_1 F_0^s F_0^*}$$
$$\times \frac{(A_{w1}^r)^T B_1 F_0^s F_0^*}{(A_{w1}^r)^T B_1 F_1^s F_0^*} \times \frac{(A_{w1}^r)^T B_1 F_1^s F_0^*}{(A_{w1}^r)^T B_1 F_1^s F_1^*}$$
$$(5.30)$$

将式（5.29）和式（5.30）代入式（5.28），整理可得，

$$\frac{R_1}{R_0} = \left(\frac{(A_{w1}^u)^T B_0 F_0^s F_0^*}{(A_{w0}^u)^T B_0 F_0^s F_0^*}\right) \times \left(\frac{(A_{w0}^r)^T B_0 F_0^s F_0^*}{(A_{w1}^r)^T B_0 F_0^s F_0^*}\right)$$
$$\times \left(\frac{(A_{w1}^u)^T B_1 F_0^s F_0^*}{(A_{w1}^u)^T B_0 F_0^s F_0^*} \times \frac{(A_{w1}^r)^T B_0 F_0^s F_0^*}{(A_{w1}^r)^T B_1 F_0^s F_0^*}\right)$$
$$\times \left(\frac{(A_{w1}^u)^T B_1 F_1^s F_0^*}{(A_{w1}^u)^T B_1 F_0^s F_0^*} \times \frac{(A_{w1}^u)^T B_1 F_0^s F_0^*}{(A_{w1}^r)^T B_1 F_1^s F_0^*}\right)$$
$$\times \left(\frac{(A_{w1}^u)^T B_1 F_1^s F_1^*}{(A_{w1}^u)^T B_1 F_1^s F_0^*} \times \frac{(A_{w1}^r)^T B_1 F_1^s F_0^*}{(A_{w1}^r)^T B_1 F_1^s F_1^*}\right) \times \left(\frac{P_1^r}{P_0^r} \times \frac{P_0^u}{P_1^u}\right)$$
$$(5.31)$$

以报告期为基准进行分解：

$$\frac{(A_{w1}^u)^T B_1 F_1^s F_1^*}{(A_{w0}^u)^T B_0 F_0^s F_0^*} = \frac{(A_{w1}^u)^T B_1 F_1^s F_1^*}{(A_{w0}^u)^T B_1 F_1^s F_1^*} \times \frac{(A_{w0}^u)^T B_1 F_1^s F_1^*}{(A_{w0}^u)^T B_0 F_1^s F_1^*}$$
$$\times \frac{(A_{w0}^u)^T B_0 F_1^s F_1^*}{(A_{w0}^u)^T B_0 F_0^s F_1^*} \times \frac{(A_{w0}^u)^T B_0 F_0^s F_1^*}{(A_{w0}^u)^T B_0 F_0^s F_0^*}$$
$$(5.32)$$

$$\frac{(A_{w0}^r)^T B_0 F_0^s F_0^*}{(A_{w1}^r)^T B_1 F_1^s F_1^*} = \frac{(A_{w0}^r)^T B_1 F_1^s F_1^*}{(A_{w1}^r)^T B_1 F_1^s F_1^*} \times \frac{(A_{w0}^r)^T B_0 F_1^s F_1^*}{(A_{w0}^r)^T B_1 F_1^s F_1^*}$$
$$\times \frac{(A_{w0}^r)^T B_0 F_0^s F_1^*}{(A_{w0}^r)^T B_0 F_1^s F_1^*} \times \frac{(A_{w0}^r)^T B_0 F_0^s F_0^*}{(A_{w0}^r)^T B_0 F_0^s F_1^*}$$
$$(5.33)$$

从而可得，

$$
\begin{aligned}
\frac{R_1}{R_0} =& \left(\frac{(A_{w1}^u)^T B_1 F_1^s F_1^*}{(A_{w0}^u)^T B_1 F_1^s F_1^*} \right) \times \left(\frac{(A_{w0}^r)^T B_1 F_1^s F_1^*}{(A_{w1}^r)^T B_1 F_1^s F_1^*} \right) \\
&\times \left(\frac{(A_{w0}^u)^T B_0 F_1^s F_1^*}{(A_{w0}^u)^T B_0 F_1^s F_1^*} \times \frac{(A_{w0}^r)^T B_0 F_1^s F_1^*}{(A_{w0}^r)^T B_1 F_1^s F_1^*} \right) \\
&\times \left(\frac{(A_{w0}^u)^T B_0 F_1^s F_1^*}{(A_{w0}^u)^T B_0 F_0^s F_1^*} \times \frac{(A_{w0}^r)^T B_0 F_0^s F_1^*}{(A_{w0}^r)^T B_0 F_1^s F_1^*} \right) \\
&\times \left(\frac{(A_{w0}^u)^T B_0 F_0^s F_1^*}{(A_{w0}^u)^T B_0 F_0^s F_0^*} \times \frac{(A_{w0}^r)^T B_0 F_0^s F_0^*}{(A_{w0}^r)^T B_0 F_0^s F_1^*} \right) \times \left(\frac{P_1^r}{P_0^r} \times \frac{P_0^u}{P_1^u} \right)
\end{aligned}
$$

$$(5.34)$$

根据式（5.31）和式（5.34）可得相应的 SDA 乘法分解公式如下：

$$
\frac{R_1}{R_0} = (2.1) \times (2.2) \times (2.3) \times (2.4) \times (2.5) \times (2.6)
$$

$$(5.35)$$

其中，

$$
(2.1) = \sqrt{ \left(\frac{(A_{w1}^u)^T B_0 F_0^s F_0^*}{(A_{w0}^u)^T B_0 F_0^s F_0^*} \right) \times \left(\frac{(A_{w1}^u)^T B_1 F_1^s F_1^*}{(A_{w0}^u)^T B_1 F_1^s F_1^*} \right) }
$$
表示城镇居民收入系数的变动，即城镇居民收入占单位总产出比重的变动 ΔA_w^u 对城乡居民收入差距的影响效应。

$$
(2.2) = \sqrt{ \left(\frac{(A_{w0}^r)^T B_0 F_0^s F_0^*}{(A_{w1}^r)^T B_0 F_0^s F_0^*} \right) \times \left(\frac{(A_{w0}^r)^T B_1 F_1^s F_1^*}{(A_{w1}^r)^T B_1 F_1^s F_1^*} \right) }
$$
表示农村居民收入系数的变动，即农村居民收入占单位总产出比重的变动 ΔA_w^r 对城乡居民收入差距的影响效应。

$$
(2.3) = \sqrt{ \left(\frac{(A_{u1}^u)^T B_1 F_0^s F_0^*}{(A_{u1}^u)^T B_0 F_0^s F_0^*} \times \frac{(A_{u1}^r)^T B_0 F_0^s F_0^*}{(A_{u1}^r)^T B_1 F_0^s F_0^*} \right) \times \left(\frac{(A_{u0}^u)^T B_1 F_1^s F_1^*}{(A_{u0}^u)^T B_0 F_1^s F_1^*} \times \frac{(A_{u0}^r)^T B_0 F_1^s F_1^*}{(A_{u0}^r)^T B_1 F_1^s F_1^*} \right) }
$$
表示技术系数的变动 ΔB 对城乡居民收入差距的影响效应。

$$
(2.4) = \sqrt{ \left(\frac{(A_{u1}^u)^T B_1 F_1^s F_0^*}{(A_{u1}^u)^T B_1 F_0^s F_0^*} \times \frac{(A_{u1}^r)^T B_1 F_0^s F_0^*}{(A_{u1}^r)^T B_1 F_1^s F_0^*} \right) \times \left(\frac{(A_{u0}^u)^T B_0 F_1^s F_1^*}{(A_{u0}^u)^T B_0 F_0^s F_1^*} \times \frac{(A_{u0}^r)^T B_0 F_0^s F_1^*}{(A_{u0}^r)^T B_0 F_1^s F_1^*} \right) }
$$

表示最终需求结构系数的变动 ΔF^s 对城乡居民收入差距的影响效应。

$$(2.5) = \sqrt{\left(\frac{(A_{u1}^u)^T B_1 F_1^s F_1^*}{(A_{u1}^u)^T B_1 F_1^s F_0^*} \times \frac{(A_{u1}^r)^T B_1 F_1^s F_0^*}{(A_{u1}^r)^T B_1 F_1^s F_1^*}\right) \times \left(\frac{(A_{u0}^u)^T B_0 F_0^s F_1^*}{(A_{u0}^u)^T B_0 F_0^s F_0^*} \times \frac{(A_{u0}^r)^T B_0 F_0^s F_0^*}{(A_{u0}^r)^T B_0 F_0^s F_1^*}\right)}$$

表示 GDP 总量的变动（最终需求总量的变动）ΔF^* 对城乡居民收入差距的影响效应。

$$(2.6) = \left(\frac{P_1^r}{P_0^r} \times \frac{P_0^u}{P_1^u}\right)$$ 表示城乡居民人口数量的变动 ΔP 对城乡居民收入差距的影响效应。

第三，同理，根据式（5.18）可得相应的 SDA 乘法分解公式如下：

$$\frac{R_1}{R_0} = (3.1) \times (3.2) \times (3.3) \times (3.4) \times (3.5) \times (3.6)$$
$$\times (3.7) \times (3.8) \times (3.9) \times (3.10) \times (3.11)$$

$$(5.36)$$

其中，

$$(3.1) = \sqrt{\left(\frac{(V_{w1}^u)^T \dot{A}_{v0} B_0 (C_0^{us} W_0^{us} + C_0^{rs} W_0^{rs} + F_0^{os})F_0^*}{(V_{w0}^u)^T \dot{A}_{v0} B_0 (C_0^{us} W_0^{us} + C_0^{rs} W_0^{rs} + F_0^{os})F_0^*}\right) \times \left(\frac{(V_{w1}^u)^T \dot{A}_{v1} B_1 (C_1^{us} W_1^{us} + C_1^{rs} W_1^{rs} + F_1^{os})F_1^*}{(V_{w0}^u)^T \dot{A}_{v1} B_1 (C_1^{us} W_1^{us} + C_1^{rs} W_1^{rs} + F_1^{os})F_1^*}\right)}$$

表示城镇居民收入增加值系数的变动，即城镇居民收入占单位增加值比重的变动 ΔV_w^u 对城乡居民收入差距的影响效应。

$$(3.2) = \sqrt{\left(\frac{(V_{w0}^r)^T \dot{A}_{v0} B_0 (C_0^{us} W_0^{us} + C_0^{rs} W_0^{rs} + F_0^{os})F_0^*}{(V_{w1}^r)^T \dot{A}_{v0} B_0 (C_0^{us} W_0^{us} + C_0^{rs} W_0^{rs} + F_0^{os})F_0^*}\right) \times \left(\frac{(V_{w0}^r)^T \dot{A}_{v1} B_1 (C_1^{us} W_1^{us} + C_1^{rs} W_1^{rs} + F_1^{os})F_1^*}{(V_{w1}^r)^T \dot{A}_{v1} B_1 (C_1^{us} W_1^{us} + C_1^{rs} W_1^{rs} + F_1^{os})F_1^*}\right)}$$

表示农村居民收入增加值系数的变动，即农村居民收入占单位增加值比重的变动 ΔV_w^r 对城乡居民收入差距的影响效应。

$$(3.3) = \sqrt{\left(\frac{(V_{w1}^u)^T \dot{A}_{v1} B_0 (C_0^{us} W_0^{us} + C_0^{rs} W_0^{rs} + F_0^{os})F_0^*}{(V_{w1}^u)^T \dot{A}_{v0} B_0 (C_0^{us} W_0^{us} + C_0^{rs} W_0^{rs} + F_0^{os})F_0^*}\right) \times \left(\frac{(V_{w1}^u)^T \dot{A}_{v1} B_0 (C_0^{us} W_0^{us} + C_0^{rs} W_0^{rs} + F_0^{os})F_0^*}{(V_{w1}^u)^T \dot{A}_{v0} B_0 (C_0^{us} W_0^{us} + C_0^{rs} W_0^{rs} + F_0^{os})F_0^*}\right)}$$
$$\times \sqrt{\left(\frac{(V_{w0}^r)^T \dot{A}_{v0} B_1 (C_1^{us} W_1^{us} + C_1^{rs} W_1^{rs} + F_1^{os})F_1^*}{(V_{w0}^r)^T \dot{A}_{v0} B_1 (C_1^{us} W_1^{us} + C_1^{rs} W_1^{rs} + F_1^{os})F_1^*}\right) \times \left(\frac{(V_{w0}^r)^T \dot{A}_{v0} B_1 (C_1^{us} W_1^{us} + C_1^{rs} W_1^{rs} + F_1^{os})F_1^*}{(V_{w0}^r)^T \dot{A}_{v0} B_1 (C_1^{us} W_1^{us} + C_1^{rs} W_1^{rs} + F_1^{os})F_1^*}\right)}$$

表示各部门增加值系数的变动，即各部门增加值占总产出比重的变动 ΔA_v 对城乡居民收入差距的影响效应。

$$(3.4) = \sqrt{\left(\frac{(V_{w1}^u)^T \dot{A}_{s1} B_1 (C_0^{us} W_0^{us} + C_0^{rs} W_0^{rs} + F_0^{os}) F_0^*}{(V_{w1}^u)^T \dot{A}_{s1} B_0 (C_0^{us} W_0^{us} + C_0^{rs} W_0^{rs} + F_0^{os}) F_0^*}\right) \times \left(\frac{(V_{w1}^u)^T \dot{A}_{s1} B_0 (C_0^{us} W_0^{us} + C_0^{rs} W_0^{rs} + F_0^{os}) F_0^*}{(V_{w1}^u)^T \dot{A}_{s1} B_1 (C_0^{us} W_0^{us} + C_0^{rs} W_0^{rs} + F_0^{os}) F_0^*}\right)}$$

$$\times \sqrt{\left(\frac{(V_{w0}^u)^T \dot{A}_{s0} B_1 (C_1^{us} W_1^{us} + C_1^{rs} W_1^{rs} + F_1^{os}) F_1^*}{(V_{w0}^u)^T \dot{A}_{s0} B_0 (C_1^{us} W_1^{us} + C_1^{rs} W_1^{rs} + F_1^{os}) F_1^*}\right) \times \left(\frac{(V_{w0}^u)^T \dot{A}_{s0} B_0 (C_1^{us} W_1^{us} + C_1^{rs} W_1^{rs} + F_1^{os}) F_1^*}{(V_{w0}^u)^T \dot{A}_{s0} B_1 (C_1^{us} W_1^{us} + C_1^{rs} W_1^{rs} + F_1^{os}) F_1^*}\right)}$$

表示技术系数的变动 ΔB 对城乡居民收入差距的影响效应。

$$(3.5) = \sqrt{\left(\frac{(V_{w1}^u)^T \dot{A}_{s1} B_1 (C_1^{us} W_0^{us} + C_0^{rs} W_0^{rs} + F_0^{os}) F_0^*}{(V_{w1}^u)^T \dot{A}_{s1} B_1 (C_0^{us} W_0^{us} + C_0^{rs} W_0^{rs} + F_0^{os}) F_0^*}\right) \times \left(\frac{(V_{w1}^u)^T \dot{A}_{s1} B_1 (C_0^{us} W_0^{us} + C_0^{rs} W_0^{rs} + F_0^{os}) F_0^*}{(V_{w1}^u)^T \dot{A}_{s1} B_1 (C_1^{us} W_0^{us} + C_0^{rs} W_0^{rs} + F_0^{os}) F_0^*}\right)}$$

$$\times \sqrt{\left(\frac{(V_{w0}^u)^T \dot{A}_{s0} B_0 (C_1^{us} W_1^{us} + C_1^{rs} W_1^{rs} + F_1^{os}) F_1^*}{(V_{w0}^u)^T \dot{A}_{s0} B_0 (C_0^{us} W_1^{us} + C_1^{rs} W_1^{rs} + F_1^{os}) F_1^*}\right) \times \left(\frac{(V_{w0}^u)^T \dot{A}_{s0} B_0 (C_0^{us} W_1^{us} + C_1^{rs} W_1^{rs} + F_1^{os}) F_1^*}{(V_{w0}^u)^T \dot{A}_{s0} B_0 (C_1^{us} W_1^{us} + C_1^{rs} W_1^{rs} + F_1^{os}) F_1^*}\right)}$$

表示各部门城镇居民消费占城镇居民收入比重的变动，即城镇居民消费结构的变动 ΔC^{us} 对城乡居民收入差距的影响效应。

$$(3.6) = \sqrt{\left(\frac{(V_{w1}^u)^T \dot{A}_{s1} B_1 (C_1^{us} W_1^{us} + C_0^{rs} W_0^{rs} + F_0^{os}) F_0^*}{(V_{w1}^u)^T \dot{A}_{s1} B_1 (C_1^{us} W_0^{us} + C_0^{rs} W_0^{rs} + F_0^{os}) F_0^*}\right) \times \left(\frac{(V_{w1}^u)^T \dot{A}_{s1} B_1 (C_1^{us} W_0^{us} + C_0^{rs} W_0^{rs} + F_0^{os}) F_0^*}{(V_{w1}^u)^T \dot{A}_{s1} B_1 (C_1^{us} W_1^{us} + C_0^{rs} W_0^{rs} + F_0^{os}) F_0^*}\right)}$$

$$\times \sqrt{\left(\frac{(V_{w0}^u)^T \dot{A}_{s0} B_0 (C_0^{us} W_0^{us} + C_1^{rs} W_1^{rs} + F_1^{os}) F_1^*}{(V_{w0}^u)^T \dot{A}_{s0} B_0 (C_0^{us} W_1^{us} + C_1^{rs} W_1^{rs} + F_1^{os}) F_1^*}\right) \times \left(\frac{(V_{w0}^u)^T \dot{A}_{s0} B_0 (C_0^{us} W_1^{us} + C_1^{rs} W_1^{rs} + F_1^{os}) F_1^*}{(V_{w0}^u)^T \dot{A}_{s0} B_0 (C_0^{us} W_0^{us} + C_1^{rs} W_1^{rs} + F_1^{os}) F_1^*}\right)}$$

表示城镇居民收入占增加值比重的变动 ΔW^{us} 对城乡居民收入差距的影响效应。

$$(3.7) = \sqrt{\left(\frac{(V_{w1}^u)^T \dot{A}_{s1} B_1 (C_1^{us} W_1^{us} + C_1^{rs} W_1^{rs} + F_0^{os}) F_0^*}{(V_{w1}^u)^T \dot{A}_{s1} B_1 (C_1^{us} W_1^{us} + C_0^{rs} W_0^{rs} + F_0^{os}) F_0^*}\right) \times \left(\frac{(V_{w1}^u)^T \dot{A}_{s1} B_1 (C_1^{us} W_1^{us} + C_0^{rs} W_0^{rs} + F_0^{os}) F_0^*}{(V_{w1}^u)^T \dot{A}_{s1} B_1 (C_1^{us} W_1^{us} + C_1^{rs} W_0^{rs} + F_0^{os}) F_0^*}\right)}$$

$$\times \sqrt{\left(\frac{(V_{w0}^u)^T \dot{A}_{s0} B_0 (C_0^{us} W_0^{us} + C_0^{rs} W_1^{rs} + F_1^{os}) F_1^*}{(V_{w0}^u)^T \dot{A}_{s0} B_0 (C_0^{us} W_0^{us} + C_0^{rs} W_0^{rs} + F_1^{os}) F_1^*}\right) \times \left(\frac{(V_{w0}^u)^T \dot{A}_{s0} B_0 (C_0^{us} W_0^{us} + C_0^{rs} W_0^{rs} + F_1^{os}) F_1^*}{(V_{w0}^u)^T \dot{A}_{s0} B_0 (C_0^{us} W_0^{us} + C_1^{rs} W_0^{rs} + F_1^{os}) F_1^*}\right)}$$

表示各部门农村居民消费占农村居民收入比重的变动，即农村居民消费结构的变动 ΔC^{rs} 对城乡居民收入差距的影响效应。

$$(3.8) = \sqrt{\left(\frac{(V_{w1}^u)^T \dot{A}_{s1} B_1 (C_1^{us} W_1^{us} + C_1^{rs} W_1^{rs} + F_0^{os}) F_0^*}{(V_{w1}^u)^T \dot{A}_{s1} B_1 (C_1^{us} W_1^{us} + C_1^{rs} W_0^{rs} + F_0^{os}) F_0^*}\right) \times \left(\frac{(V_{w1}^u)^T \dot{A}_{s1} B_1 (C_1^{us} W_1^{us} + C_1^{rs} W_0^{rs} + F_0^{os}) F_0^*}{(V_{w1}^u)^T \dot{A}_{s1} B_1 (C_1^{us} W_1^{us} + C_1^{rs} W_1^{rs} + F_0^{os}) F_0^*}\right)}$$

$$\times \sqrt{\left(\frac{(V_{w0}^u)^T \dot{A}_{s0} B_0 (C_0^{us} W_0^{us} + C_0^{rs} W_1^{rs} + F_1^{os}) F_1^*}{(V_{w0}^u)^T \dot{A}_{s0} B_0 (C_0^{us} W_0^{us} + C_0^{rs} W_0^{rs} + F_1^{os}) F_1^*}\right) \times \left(\frac{(V_{w0}^u)^T \dot{A}_{s0} B_0 (C_0^{us} W_0^{us} + C_0^{rs} W_0^{rs} + F_1^{os}) F_1^*}{(V_{w0}^u)^T \dot{A}_{s0} B_0 (C_0^{us} W_0^{us} + C_0^{rs} W_1^{rs} + F_1^{os}) F_1^*}\right)}$$

表示农村居民收入占增加值比重的变动 ΔW^{rs} 对城乡居民收入差距的影响效应。

$$(3.9) = \sqrt{\left(\frac{(V_{w1}^u)^T \dot{A}_{s1} B_1 (C_1^{us} W_1^{us} + C_1^{rs} W_1^{rs} + F_1^{os}) F_0^*}{(V_{w1}^u)^T \dot{A}_{s1} B_1 (C_1^{us} W_1^{us} + C_1^{rs} W_1^{rs} + F_0^{os}) F_0^*}\right) \times \left(\frac{(V_{w1}^u)^T \dot{A}_{s1} B_1 (C_1^{us} W_1^{us} + C_1^{rs} W_1^{rs} + F_0^{os}) F_0^*}{(V_{w1}^u)^T \dot{A}_{s1} B_1 (C_1^{us} W_1^{us} + C_1^{rs} W_1^{rs} + F_1^{os}) F_0^*}\right)}$$

$$\times \sqrt{\left(\frac{(V_{w0}^u)^T \dot{A}_{s0} B_0 (C_0^{us} W_0^{us} + C_0^{rs} W_0^{rs} + F_0^{os}) F_1^*}{(V_{w0}^u)^T \dot{A}_{s0} B_0 (C_0^{us} W_0^{us} + C_0^{rs} W_0^{rs} + F_1^{os}) F_1^*}\right) \times \left(\frac{(V_{w0}^u)^T \dot{A}_{s0} B_0 (C_0^{us} W_0^{us} + C_0^{rs} W_0^{rs} + F_1^{os}) F_1^*}{(V_{w0}^u)^T \dot{A}_{s0} B_0 (C_0^{us} W_0^{us} + C_0^{rs} W_0^{rs} + F_0^{os}) F_1^*}\right)}$$

表示其他最终需求占 GDP 比重的变动，即其他最终需求结构的变动 ΔF^{os} 对城乡居民收入差距的影响效应。

$$(3.10) = \sqrt{\left(\frac{(V_{w1}^u)^T \dot{A}_{s1} B_1 (C_1^{us} W_1^{us} + C_1^{rs} W_1^{rs} + F_1^{os}) F_1^*}{(V_{w1}^u)^T \dot{A}_{s1} B_1 (C_1^{us} W_1^{us} + C_1^{rs} W_1^{rs} + F_1^{os}) F_0^*}\right) \times \left(\frac{(V_{w1}^u)^T \dot{A}_{s1} B_1 (C_1^{us} W_1^{us} + C_1^{rs} W_1^{rs} + F_1^{os}) F_0^*}{(V_{w1}^u)^T \dot{A}_{s1} B_1 (C_1^{us} W_1^{us} + C_1^{rs} W_1^{rs} + F_1^{os}) F_1^*}\right)}$$

$$\times \sqrt{\left(\frac{(V_{w0}^u)^T \dot{A}_{s0} B_0 (C_0^{us} W_0^{us} + C_0^{rs} W_0^{rs} + F_0^{os}) F_1^*}{(V_{w0}^u)^T \dot{A}_{s0} B_0 (C_0^{us} W_0^{us} + C_0^{rs} W_0^{rs} + F_0^{os}) F_0^*}\right) \times \left(\frac{(V_{w0}^u)^T \dot{A}_{s0} B_0 (C_0^{us} W_0^{us} + C_0^{rs} W_0^{rs} + F_0^{os}) F_0^*}{(V_{w0}^u)^T \dot{A}_{s0} B_0 (C_0^{us} W_0^{us} + C_0^{rs} W_0^{rs} + F_0^{os}) F_1^*}\right)}$$

表示 GDP 总量变动（最终需求总量的变动）ΔF^* 对城乡居民收入差距的影响效应。

$$(3.11) = \left(\frac{P_1^r}{P_0^r} \times \frac{P_0^u}{P_1^u}\right)$$ 表示城乡居民人口数变动 ΔP 对城乡居民收入差距的影响效应。

综上，本部分通过构建投入产出结构分解技术的乘法分解模型来分析各因素对我国城乡居民收入比变动的影响，主要分为以下两条路线。

一是从投入产出模型增加值结构变动的角度，讨论我国城乡居民收入增加值系数的变动 ΔV_w^u、农村居民收入增加值系数的变动 ΔV_w^r、增加值结构系数的变动 ΔV^s、增加值总量的变动 ΔV^* 以及城乡居民人口数的变动 ΔP 五个因素对我国城乡居民收入比变动的影响效应。

二是从投入产出模型最终需要各因素变动的角度，首先讨论城镇居民收入系数的变动 ΔA_w^u、农村居民收入系数的变动 ΔA_w^r、技术系数的变动 ΔB、最终需求结构系数的变动 ΔF^s、GDP 总量的变动（最终需求总量的变动）ΔF^* 以及城乡居民人口数的变动 ΔP 六个因素对我国城乡居民收入比变动的影响效应。进一步展开，将我国居民收入系数变动的影响拆分为城镇居民收入增加值系数的变动 ΔV_w^u、农村居民收入增加值系数的变动 ΔV_w^r、各部门增加值系数的变动 ΔA_v 三部分的影响效应。将最终需求结构系数变动的影响 ΔF^s 拆分为城镇、农村居民消费结构的变动 ΔC^{us}、ΔC^{rs}；城镇、农村居民收入分配结构的变动 ΔW^{us}、ΔW^{rs}；其他最终需求结构的变动

ΔF^{os} 五个部分的影响效应。具体结构见图5.2。

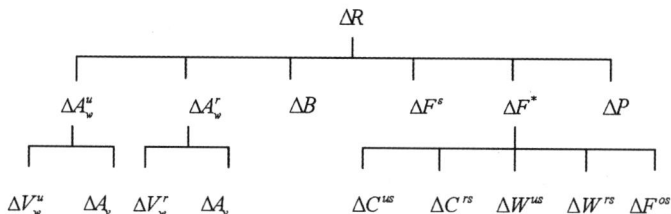

图5.2 城乡居民收入比重拆分示意图

第三节 城乡居民收入比的乘法结构分解分析

一 各部门居民收入占增加值的比重 V_w 与增加值系数 A_v 独立性讨论

假设基期的各部门居民收入占增加值比重行向量为 $V_w^0 = [v_{w1}^0, v_{w2}^0, \cdots, v_{wn}^0]^T$，报告期的各部门居民收入占增加值比重行向量为 $V_w^1 = [v_{w1}^1, v_{w2}^1, \cdots, v_{wn}^1]^T$。因此，居民收入占增加值比重系数变化为：$\Delta V_w = V_w^1 - V_w^0$。同理，假设基期的各部门增加值系数行向量为 $A_v^0 = [a_{v1}^0, a_{v2}^0, \cdots, a_{vn}^0]^T$，报告期的各部门增加值系数行向量为 $A_v^1 = [a_{v1}^1, a_{v2}^1, \cdots, a_{vn}^1]^T$。因此，增加值系数变化可表示为：$\Delta A_v = A_v^1 - A_v^0$。

根据第二章编制的2002年、2010年中国城乡居民收入分配投入占用产出表的相关数据，可以分别计算出2002—2010年我国居民收入占增加值比重系数变化量 ΔV_w 与增加值系数变化量 ΔA_v。图5.3给出了居民收入占增加值比重系数变化量与增加值系数变化量的散点图，并不能反映出明显的相关关系。进一步计算居民收入占增加值比重系数变化量与增加值系数变化量的相关系数，结果显示仅为 -0.067，相关性很弱。同样的，我们对2002—2007年以及

2007—2010 年全国、城镇及农村的居民收入占增加值比重系数变化量与增加值系数变化量间的相关系数进行了计算，见表 5.1，结果均在 0.2 以下，基本满足 SDA 结构分解方法的变量独立性前提，因此可以使用 SDA 结构分解方法进行分析。

表 5.1　居民收入占增加值的比重变化量与增加值系数变化量相关系数

年份	全国	城镇	农村
2002—2007	0.162	− 0.043	0.179
2007—2010	0.040	0.071	− 0.041
2002—2010	− 0.067	0.020	− 0.078

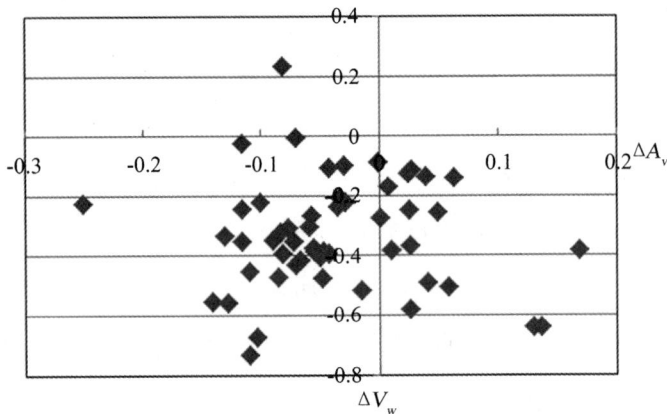

图 5.3　2002—2010 年居民收入占增加值的比重变化量与
增加值系数变化量

二　测算结果分析

本小节的数据来源是第二章编制的 2002 年、2007 年以及 2010 年中国城乡居民收入分配投入占用产出表，之前我们是从投入产出初次分配的角度来讨论城乡居民的收入状况，为了和国家统计局公布的城乡居民收入比对应一致，我们对三张表格作如下调整：

　　根据《中国统计年鉴 2012》"3—1 人口数及构成"可知各年份我国城镇与农村人口数据，根据"10—2 城乡居民家庭人均收入及恩格尔系数"可知各年份的城镇居民家庭人均可支配收入和农村居民家庭人均纯收入。将相应年份的城镇居民家庭人均可支配收入乘以城镇居民人口数作为城镇居民总收入的控制总量，将农村居民家庭人均纯收入乘以农村居民人口数作为农村居民总收入的控制总量，考虑到数据的可获得性，我们仍然利用已编制表格的国民经济各部门城乡居民收入比例分别进行拆分，进而得到新的用来计算城乡居民收入比重变动的城乡居民收入矩阵。

表 5.2　　　　　　2002—2010 年我国城乡居民收入及收入比　　（单位：元）

年份	城镇居民家庭人均可支配收入	农村居民家庭人均纯收入	城乡收入比
2002	7702.8	2475.6	3.11
2003	8472.2	2622.2	3.23
2004	9421.6	2936.4	3.21
2005	10493.0	3254.9	3.22
2006	11759.5	3587.0	3.28
2007	13785.8	4140.4	3.33
2008	15780.8	4760.6	3.31
2009	17174.7	5153.2	3.33
2010	19109.4	5919.0	3.23

　　由表 5.2 可以看出，随着经济的发展，我国城镇居民家庭人均可支配收入和农村居民家庭人均纯收入都有极大的提高，但总体来看农村居民家庭人均纯收入的增长明显落后于城镇居民家庭人均可支配收入，过去很长一段时间里我国城乡居民收入比重整体呈现扩大趋势。2002—2010 年我国城乡收入比呈现出先扩大后缩小的趋势，最大值分别出现在 2007 年和 2009 年，城镇居民家庭人均可支配收入与农村居民家庭人均纯收入比值同为 3.33：1。

事实上，2009 年我国城乡居民收入比要略高于 2007 年，但考虑到我们只能得到国家统计局公布的 2002 年、2007 年投入产出表以及 2010 年延长表，并且通过观察数据可以发现 2008 年我国城乡收入比重较 2007 年有所减小，2009 年又有所反弹扩大，2010 年我国城乡收入比重出现明显下降，从整体来看，我国 2007—2010 年城乡收入比重呈现一种缩小趋势，从而我们近似将 2007 年作为中间转折年份。因此，本小节我们主要对比考察 2002—2007 年我国城乡收入比重盘旋扩大以及 2007—2010 年我国城乡收入比有所缩小的内在原因。

（一）从投入产出增加值结构变动的角度

利用式（5.27）可以分别计算得到 2002—2007 年、2007—2010 年各因素对我国城乡居民收入比值变动的影响作用。结果见表 5.3。

表 5.3　增加值结构等因素变动对我国城乡居民收入比的影响作用

年份	收入比变化率	ΔV_w^u	ΔV_w^r	ΔV^s	ΔV^*	ΔP
2002—2007	1.070	0.978	1.217	1.188	1.000	0.757
2007—2010	0.970	0.986	1.061	1.091	1.000	0.850

表 5.3 中数值大于 1 的因素表示该因素的变动不利于我国城乡居民收入比值的缩小，有导致城乡收入比拉大的作用；数值小于 1 的因素则表示该因素的变动有促使我国城乡收入比值缩小的作用。

2002 年我国城乡居民收入比为 3.11∶1，即城镇居民家庭人均可支配收入为农村居民家庭人均纯收入的 3.11 倍，到 2007 年这一比值进一步扩大为 3.33∶1，2007 年我国城乡收入比值与 2002 年相比增长了 1.070 倍。其中，GDP（增加值总量）的变动 ΔV^* 对我国城乡居民收入比重的变动并没有显著影响作用，即增加值总量的增长并不会对城镇居民家庭人均可支配收入和农村居民家庭人均纯收入的增长产生差异性影响。农村居民收入增加值系数的变动 ΔV_w^r 与增加值结构系数的变动 ΔV^s 是导致我国 2002—2007 年城乡收入比拉大的主要因素。2002—2007 年我国农村居民收入增加值系数全国平均下降了 0.048，即平均每单位增加值所产生的农村居民收入减少 0.048 个单位，其中变化较大的部门有：煤炭开采和洗选业（-0.074）、非金属矿采选业（-0.068）、金属矿采选业（-0.051）、交通运输及仓储业（-0.072）、住宿和餐饮业（-0.051）等，单位增加值所产生的农村居民收入的下降是造成我国城乡居民收入比值扩大的最主要因素。其次是国民经济各部门增加值结构变动的影响，2002—2007 年我国增加值的部门结构变化主要体现在第一和第二产业，第三产业占比变化不大，与 2002 年相比，2007 年我国第一产业占 GDP 的比重减少了 2.97 个百分点，第二产业占比增加了 2.55 个百分点。这些变化对我国城乡居民收入比的缩小均产生了不利影响。城乡居民人口数的变动 ΔP（即农村人口数的减少及城镇人口数的不断增加）和城镇居民收入增加值系数的变动 ΔV_w^u 则有利于我国城乡居民收入比的缩小。2007 年，我国城镇人口数占全国总人口数的比重由 2002 年的 39.09% 上升为 45.89，农村人口数占比则由 2002 年的 60.91% 下降为 54.11%，城镇化率的提高对我国城乡居民收入比的缩小产生了积极作用。2002—2007 年，我国城镇居民收入增加值系数平均减少了 0.003 个单位，变化并不显著，在其他因素不变的情况下，单位增加值所产生的城镇居民收入的减少在一定程度上对城乡居民收入比值的下降起到了积极作用。

2010 年，我国城乡居民收入比由 2007 年的 3.33∶1 下降为 3.23∶1。由表 5.3 可以看出，2007—2010 年这一时间段内各因素对我国城乡居民收入比的影响作用与 2002—2007 年时间段的影响同方向。即仍然是农村居民收入增加值系数的变动 ΔV_w^r 与增加值结构系数的变动 ΔV^s 阻碍了我国城乡居民收入比的下降；城乡居

民人口数的变动 ΔP（即城镇化率的提高）和城镇居民收入增加值系数的变动 ΔV_w^u 促进了我国城乡居民收入比的缩小。各因素相同的作用方向之所以在整体上对两阶段产生了截然不同的影响效果，主要原因是作用强度的不同。2007—2010 年，我国城镇居民收入增加值系数有所提高，全国平均提高 0.003 个单位，农村居民收入增加值系数仍然有所下降，但下降幅度较 2002—2007 年有所减少，全国平均下降 -0.013 个单位，因此对减小城乡居民收入比的阻碍作用小于上一时期。从增加值结构变化的角度来看，2007—2010 年我国第一产业和第二产业占比均减少 0.67%，第三产业占比增加了 1.42%，与 2002—2007 年相比这一时期增加值结构的变化对城乡居民收入比的阻碍作用有所减小。2007—2010 年城镇化率对缩小我国城乡居民收入比的影响作用与 2002—2007 年相比进一步加大。

表5.4 　　　国内生产总值构成（按当年价格计算）　　（单位:%）

年份	第一产业	第二产业	第三产业
2002	13.74	44.79	41.47
2003	12.80	45.97	41.23
2004	13.39	46.23	40.38
2005	12.12	47.37	40.51
2006	11.11	47.95	40.94
2007	10.77	47.34	41.89
2008	10.73	47.45	41.82
2009	10.33	46.24	43.43
2010	10.10	46.67	43.24

综上，我们认为前一时期由于我国劳动力相对充裕，尤其是农村存在大量剩余劳动力，致使 2002—2007 年我国城乡居民收入增

加值系数有所下降，特别是农村居民收入增加值系数下降幅度较城镇更大，对我国城乡居民收入比的缩小产生了较大的阻碍作用。因此，提高农村居民收入增加值系数，尤其是使农村居民的收入增长速度快于城镇居民收入增长速度，是缩小我国城乡居民收入比的关键因素。农业部门是农村居民收入的重要来源之一，并且农业部门居民收入占增加值的比重远高于第二、第三产业，我国农业占增加值比重的下降是导致城乡居民收入比值拉大的原因之一。另外，城镇化进程的加快使得农村人口数不断减少是缩小城乡居民收入比值的一个有利因素。

（二）从投入产出最终需求变动的角度

利用式（5.35）和式（5.36）可以分别计算得到2002—2007年、2007—2010年各因素对我国城乡收入比重变动的影响作用，结果见表5.5。

表5.5　　最终需求结构等因素变动对我国城乡居民收入比的影响作用

年份	收入比变化率	ΔA_w^u	ΔA_w^r	ΔV_w^u	ΔV_w^r	ΔA_v	ΔB	ΔP
2002—2007	1.070	0.879	1.246	0.978	1.217	0.920	1.077	0.757
2007—2010	0.970	0.990	1.073	0.986	1.061	1.015	0.963	0.850
2002—2007	1.070	1.199	1.085	1.001	1.044	1.043	1.013	1.000
2007—2010	0.970	1.116	1.035	0.999	1.003	1.013	1.062	1.000

由表5.5可以看出，在2002—2007年、2007—2010年两个时间段里除增加值系数的变动ΔA_v和技术系数的变动ΔB对前后两阶段作用效果不同外，城镇居民直接收入系数的变动ΔA_w^u、农村居民直接收入系数的变动ΔA_w^r、城镇化系数的变动ΔP、最终需求结构系数的变动ΔF^s，以及GDP（最终需求总量）的变动ΔF^*等因素对前后两阶段的影响都是同方向的。与前一部分的结果相同，GDP总量的变动对我国城乡居民收入增长并没有造成差异性影响，因此

对城乡居民收入比的变动没有明显作用，可见经济发展对城乡收入差距的影响并不是通过总量发生作用的，而是通过其内部结构的变化起作用的，后面部分我们将进一步说明。前后两个阶段里，城镇居民直接收入系数的变动和城镇化系数的变动对我国城乡居民收入比的缩小产生了积极作用，而农村居民直接收入系数的变动和最终需求结构的变动则产生了阻碍作用。

具体来看，2002—2007年我国城镇居民直接收入系数平均减少0.021个单位，即单位产出所产生的城镇居民收入有所下降，从而在一定程度上有利于城乡居民收入比的缩小。农村居民直接收入系数下降0.026个单位，单位产出所产生农村居民收入的减少对我国城乡收入比的扩大产生了直接作用。究其原因主要是这一时期我国农村存在大量剩余劳动力，表现出一般劳动力无限供给，因而造成农村劳动力收入水平普遍不高。2002—2007年，我国增加值系数虽然整体上有所下降，但农业增加值系数，即农业单位产出所产生的增加值有所增加，因此对我国城乡收入比的缩小产生了积极作用。最终需求结构系数的变动及其进一步分解得到的城镇与农村居民消费结构、城镇与农村居民收入分配结构、其他最终需求结构等因素的变动均不同程度的导致了我国城乡收入比的扩大。2007年，我国最终需求结构中农业部门产品的占比为5.47%，与2002年的10.04%相比下降了4.57%。国民经济各部门对农业部门产品消费所占比重的下降，造成农民收入有所减少。另外，农村居民收入占增加值总额的比重下降了4.77%，城镇居民收入占比下降了0.32%，农村居民收入占增加值总额比重的下降明显大于城镇，也是造成城乡收入比的扩大的重要原因之一。

2007—2010年，我国农村居民直接收入系数仍然有所下降，但幅度较前一阶段明显减小，同时城镇居民直接收入系数变化不大，因而我国农村居民直接收入系数的变动对我国城乡收入比缩小的阻碍作用有所减小。主要原因是我国出台的一系列惠农政策，如2006

年在全国范围内取消了农业税和农业特产税，同时中央财政加大对农业农村投入，给予农民生产器具购置补贴，实施农业生产资料综合补贴政策，实现最低价粮食收购政策，国家财政开始对农村基础设施建设进行大规模投资，增加对农村地区的转移支付力度，这些惠农措施促进了农民收入的增长。与前一阶段不同的是，增加值系数在这一阶段显示出了拉大城乡收入比的作用，2007—2010 年我国农业与第二产业单位产出所产生的增加值有所下降，从而带动全国平均增加值系数也在减小，对我国城乡收入比的缩小产生不利影响。最终需求结构及其分解因素的变动依然阻碍了我国城乡居民收入比的缩小，但城镇居民分配结构系数的变动却由前一阶段的不利因素转变为有利因素，究其原因是，2007—2010 年我国城镇居民收入占增加值的比重有所上升，同时农村居民收入占增加值的比重下降幅度较前一阶段有所减少，从而整体上使得两者之间的差距有所减小。另外，两个阶段的城乡人口系数变动均不同程度的促进了我国城乡收入比的缩小。

综上，前一时期由于我国农村存在大量剩余劳动力，表现出一般劳动力无限供给，因而造成农村劳动力收入水平普遍不高，使得2002—2007 年我国城乡居民直接收入系数有所下降，其中农村居民直接收入系数下降幅度较城镇更大，从而对我国城乡居民收入比的缩小产生了不利影响。2007—2010 年我国采取的一系列的惠农政策以及提高最低工资等政策发挥了一定作用，使得城乡居民收入均有所提高，与前一阶段相比，使得城镇居民直接收入系数对缩小城乡居民收入比的作用有所减小，农村居民直接收入系数对拉大城乡居民收入比的作用也有所减小。最终需求结构变动的影响主要体现在国民经济各部门对农业部门产品需求占比的下降上，从而导致农村居民收入下降，对城乡居民收入比的缩小产生不利影响。事实上，城乡居民直接收入系数、最终需求结构系数、增加值系数等因素对我国城乡收入比的影响从根本上讲是通过对农村居民收入的影响产生作用的。因此，缩小城乡收入比的关键因素是提高农村居民收入增长速度，农村居民收入增长快于城镇居民收入增长是解决城乡收入比不断扩大的有效途径。关于城乡居民收入增长的因素分析我们将在后面章节进行讨论。

第四节　城乡居民人均收入乘数模型

目前我国城乡居民收入问题的研究多数是将城镇和农村两部分区分开来分别考虑的，但是就城镇和农村居民人均收入增长的内在关联关系如何至今还没有明确的定量研究结果。

事实上，城镇和农村居民收入通过国民经济各部门的产业关联关系是存在相互拉动作用的。例如：城镇居民收入的增加将刺激其对各生产部门消费的增加，从而拉动各部门产出的增加，而产出的增加通过收入分配关系又会进一步增加城镇和农村居民的收入，从而产生乘数效应；同理，农村居民收入的增加也会通过居民消费与各生产部门的关联作用分别对城镇和农村居民收入产生乘数效应。那么，提高城镇和农村居民收入会产生怎样不同的相互拉动效果呢？对城乡居民收入比又会产生怎样的影响？

宫泽乘数模型反映的是通过"收入—消费"关系各群体间收入的相互影响，但是并没有考虑不同收入群体所包含的人口数量，而是将其作为一个整体，但是显然在相同的总收入前提下，对应不同的人口数量，人均收入会有很大的不同，很多情况下，研究人均收入比总收入更有实际意义。基于此，我们考虑能否在宫泽乘数的基础上进一步细化，将人口因素考虑进来，把各收入群体对人口的占用矩阵引入乘数的计算中，建立一个能够反映各收入群体人均收入之间相互关联关系的模型。

本小节在宫泽乘数模型的基础上进行扩展，模型创新点在于将人口因素考虑进来，把国民经济各部门对城乡居民人口的占用矩阵引入一般的宫泽乘数模型，用以计算城乡居民人均收入之间的相互拉动作用，进而测算对城乡收入比的影响作用。

一　宫泽乘数模型

宫泽乘数模型是由日本学者宫泽（Miyazawa）在 1976 年提出的，此模型是在投入产出模型内生化收入分层的居民部门的基础上，把收入分配问题引入投入产出乘数中来，用来反映某一收入群体收入变化对其他收入群体的影响。利用投入产出局部闭模型研究居民收入分配问题的模型结构如下[①]：

表5.6　　　　　　　　　　　投入产出局部闭模型

产出＼投入		中间使用 1, 2, …n	最终使用			总产出
			居民消费 1, 2, …m	资本形成	净出口	
中间投入	1 2 ⋮ n	z_{ij}	c_{ij}			x_i
增加值	居民收入 1 2 ⋮ m	w_{ij}				
	其他					
总投入		x_j				

将居民部门内生化列入第一象限，即在投入产出表的第一象限增加居民收入行向量和居民消费列向量。假设居民部门被划分为 m 个居民收入群体，居民部门的 m 个行是各部门支付给居民收入群的

---

① 陈锡康、杨翠红：《投入产出技术》，科学出版社 2011 年版，第 344 页。

劳动报酬以及通过利润分配给各收入群体的收入，即居民从各部门得到的总收入；居民部门的 m 个列是各收入群体对各种消费品和劳务的消费额。具体表式结构见表5.6，其中，z_{ij} 表示第 j 个部门对第 i 个部门产品的直接消耗量，x_i 表示第 i 个部门的总产出，c_{ij} 表示第 j 类收入群体对第 i 个部门产品的最终消费，w_{ij} 表示第 i 类收入群体从第 j 部门获得的收入。令 $\sum_{j=1}^{n} w_{ij} = w_i$ 表示第 i 类收入群体的全部收入。

由此得到新的包含居民部门的直接消耗系数矩阵 A^*：

$$A^* = \begin{bmatrix} A & H^c \\ H^r & 0 \end{bmatrix} \tag{5.37}$$

由此得出：

$$\begin{bmatrix} A & H^c \\ H^r & 0 \end{bmatrix} \begin{bmatrix} X \\ W \end{bmatrix} + \begin{bmatrix} Z \\ 0 \end{bmatrix} = \begin{bmatrix} X \\ W \end{bmatrix} \tag{5.38}$$

其中，$A = (a_{ij}) = (a_{ij}/x_j)$ 为投入产出静态开模型直接消耗系数矩阵；$X = (x_j)$ 为开模型各部门总产出列向量；$W = (w_j)$ 为局部闭模型中各居民群体的总收入列向量；Z 为除居民消费之外的最终需求向量；$H^r = (h_{ij}^r) = (w_{ij}/x_j)$ 为居民收入系数矩阵，其元素 h_{ij}^r 表示第 i 个居民群体从第 j 个部门中获得的总收入占第 j 个部门总产出的比例；$H^c = (h_{ij}^c) = (c_{ij}/w_j)$ 为居民消费系数矩阵，其元素 h_{ij}^c 表示第 j 个群体的居民用于购买第 i 个部门产品的消费支出占其总收入的比例。

在宫泽模型中 W 为各部门增加值列向量；H^r 为各个收入群体（包括非居民）的增加值率矩阵。鉴于增加值中有很大一部分并不构成居民收入，我们模型的目的是研究居民收入的分配，因而定义 W 为各居民群体的总收入列向量，定义 H^r 为居民收入系数矩阵。目的是更好地研究各居民群体的收入及使用状况。由此得到各居民群体收入的乘数如下：

宫泽居民收入群体乘数矩阵：

$$L = (l_{kv}) = H^r B H^c \tag{5.39}$$

其中 H^r 和 H^c 的含义同上部分；$B = (I - A)^{-1}$ 为投入产出开模型的完全需求系数。l_{kv} 的含义是第 v 个居民收入群体收入增加一个单位所带来的第 k 个居民收入群体收入的直接增加量。$l_{kv} = \sum_i \left[h_{ki}^r \sum_j (b_{ij} h_{jv}^c) \right]$ 表示第 v 个居民收入群体对第 k 个居民收入群体的直接收入传递。因而，L 为居民收入群体的直接收入传递矩阵。事实上，收入还会通过前面提到的"收入—消费"关系在各收入群体间进一步传递。因此我们可以利用下式计算收入在各居民收入群体间的完全传递效应：

$$K = I + L + L^2 + \cdots = (I - L)^{-1} \tag{5.40}$$

其中 I 为单位矩阵；K 中的元素 k_{rt} 表示第 t 个收入群体的收入增加一个单位所带来的第 r 个收入群体的完全增加量。称 K 为宫泽完全收入乘数矩阵，其为居民收入群体的完全收入传递矩阵。

多部门收入乘数矩阵定义为：

$$M = K H^r B \tag{5.41}$$

其元素 m_{ij} 表示第 j 个部门的最终需求增加一个单位所带来的第 i 个群体收入的增加量。

二　人均收入乘数模型

考虑人口占用因素的人均收入乘数模型更具有现实意义，此模型的主要优势为：第一，研究了不同收入群体居民收入的内在关联关系，克服了一般收入差距模型将各个收入群体区分开来研究的缺陷；第二，在宫泽乘数模型基础上考虑了不同收入群体的人口数量因素，研究不同收入群体人均收入间的相互拉动关系，相对于总收入的研究更具有实际意义。

人均收入乘数模型对应的投入产出表是居民收入分配投入占用产出表和宫泽乘数模型的结合，具体结构如表5.7。它是在居民收入分配投入占用产出表的基础上将居民部门内生化得到的，并将居民收入和居民消费按照不同的收入群体划分为 m 类；同时，也可以将它看作在宫泽乘数模型的基础上添加了人口占用矩阵，并将人口按照不同的居民收入和消费群体划分为 m 类。

引入人口占用矩阵 P，其元素 p_{ij} 表示第 j 个部门所占用的第 i 个收入群体的人口数量。令 $\sum_{j=1}^{n} p_{ij} = p_i$，$p_i$ 表示各部门占用的第 i 个收入群体的总人口数量；$\dot{P} = diag(p_i)$ 表示由各收入群体占用人口总量构成的对角矩阵。

表 5.7　　　　　　　人均收入宫泽乘数模型对应投入产出表

产出 投入		中间使用 1, 2, …n	最终使用			总产出
			居民消费 1, 2, …m	资本形成	净出口	
中间投入	1 2 ⋮ n	z_{ij}	c_{ij}			x_i
增加值	居民收入 1 2 ⋮ m	w_{ij}				
	其他					
总投入		x_j				
人口占用	1 2 ⋮ m	p_{ij}				

定义人均消费倾向矩阵 A^c 和人均收入系数矩阵 A^w 分别如下：

$$A^c = (a_{ij}^c) = \left(\frac{c_{ij}^p}{w_j^p}\right) \tag{5.42}$$

$$A^w = (a_{jk}^w) = \left(\frac{w_{jk}^p}{x_k}\right) \tag{5.43}$$

其中，a_{ij}^c 表示第 j 个群体的居民用于购买第 i 个部门产品的人均消费支出 c_{ij}^p 占其人均收入 w_j^p 的比例，第 j 个收入群体 p_j 个人共消费第 i 个部门产品为 c_{ij}，因此人均消费 $c_{ij}^p = \dfrac{c_{ij}}{p_j}$，人均收入 $w_j^p = \dfrac{w_j}{p_j}$。

a_{jk}^w 表示第 j 个居民群体从第 k 个部门中获得的人均收入 w_{jk}^p 占第 k 个部门总产出 x_k 的比例，$w_{jk}^p = \dfrac{w_{jk}}{p_j}$。

相应的，人均收入乘数模型的行向平衡关系式为：

$$AX + A^c \dot{P} A^w X + Z = X \tag{5.44}$$

可以看出，AX 表示 m 个居民群体的人均收入列向量，用各收入群体占用人口总量对角矩阵左乘人均收入列向量为 $\dot{P} A^w X$，表示 m 个收入群体的总收入列向量，在此基础上，继续左乘人均消费倾向矩阵得到 $A^c \dot{P} A^w X$，即为 m 个收入群体的居民消费列向量。

从而，我们可以整理得到人均收入乘数模型的列昂惕夫关系式为：

$$X = (I - A - A^c \dot{P} A^w)^{-1} Z \tag{5.45}$$

定义直接人均收入乘数矩阵：

$$U = (u_{ij}) = A^w B A^c \dot{P} \tag{5.46}$$

其中，$B = (I - A)^{-1}$ 为投入产出开模型的完全需求系数。其元素 u_{ij} 的含义是第 j 个居民收入人均收入增加一个单位所带来的第 i 个居民收入人均收入的直接增加量。当居民收入群体人均收入增加一个单位，在所占用人口数量及人均消费倾向不变的前提下，会导致此群体消费的增加，在生产技术系数 B 不变的情况下，会使得各部门产出增加，进一步的在人均收入系数不变的情况下，又会拉动居民人均收入的增加。可以看出，整个计算过程隐含了如下假设：

人均消费倾向矩阵、人均收入系数及生产技术系数等因素保持不变。$u_{ij} = \sum_k \left[a_{ik}^c \sum_v (b_{kv} a_{vj}^c p_j) \right]$ 表示第 j 个居民收入群体对第 i 个居民收入群体的直接人均收入传递。

$B^w = A^w (I - A - A^c \hat{P} A^w)^{-1}$ 的元素表示第 j 个部门增加单位最终需求所带动的第 i 个居民群体人均收入的增加量，从而有：

$$
\begin{aligned}
A^w (I - A - A^c \hat{P} A^w)^{-1} &= A^w (I - A - A^c \hat{P} A^w)^{-1} B^{-1} B \\
&= A^w [B(I - A - A^c \hat{P} A^w)]^{-1} B \\
&= A^w (I - BA^c \hat{P} A^w)^{-1} B \\
&= A^w [I + BA^c \hat{P} A^w + (BA^c \hat{P} A^w)^2 + \cdots] B \\
&= A^w B + A^w (BA^c \hat{P} A^w) B + A^w (BA^c \hat{P} A^w)(BA^c \hat{P} A^w) B + \cdots \\
&= A^w B + (A^w BA^c \hat{P}) A^w B + (A^w BA^c \hat{P})^2 A^w B + \cdots \\
&= (I - A^w BA^c \hat{P})^{-1} A^w B \qquad\qquad (5.47)
\end{aligned}
$$

同样的，收入会通过前面提到的"收入—消费"关系在各收入群体间进一步传递。令：

$$
V = (I - A^w BA^c \hat{P})^{-1} = (I - U)^{-1} \qquad\qquad (5.48)
$$

称 V 为各居民收入群体间的人均收入完全乘数矩阵，反映了各居民收入群体的人均收入完全传递效应。其元素 u_{rt} 表示第 t 个收入群体的人均收入增加一个单位所带来的第 r 个收入群体人均收入的完全增加量。

定义多部门收入乘数矩阵如下：

$$
N = VA^w B \qquad\qquad (5.49)
$$

其元素 n_{ij} 表示第 j 个部门的最终需求增加一个单位所带来的第 i 个群体人均收入的增加量。

人均收入乘数模型是对宫泽乘数模型的扩展，是在宫泽乘数研究群体间收入关联关系的基础上进一步分析各收入群体人均收入间的相互拉动作用。我们可以利用此模型测算农村居民人均收入增加一个单位对城乡居民人均收入的直接与完全影响，及其对城乡居民收入比的影响；同样的，也可以测算农村居民人均收入对城镇居民人均收入的拉动作用等。因此，人均收入乘数模型既是投入占用产出技术的一次理论创新，也是研究城乡居民收入问题的一次重要实证创新。

三　实证研究

（一）人均收入乘数分析

根据上述模型，本小节对我国农村居民人均收入和城镇居民人均收入之间的拉动关系进行了定量分析，结果如下：

人均收入乘数矩阵：

$$U = \begin{bmatrix} 0.165 & 0.116 \\ 0.199 & 0.241 \end{bmatrix}$$

人均收入完全乘数矩阵：

$$V = (I - U)^{-1} = \begin{bmatrix} 1.243 & 0.190 \\ 0.326 & 1.368 \end{bmatrix}$$

从人均收入乘数直接来看，农村居民人均收入增加一个单位时所带来的农村居民人均收入的直接增加量是 0.165 个单位，所拉动的城镇居民人均收入的直接增加量是 0.199。城镇居民人均收入增加一个单位所带来的城镇居民人均收入的直接增加量是 0.241 个单位，所拉动的农村居民人均收入的直接增加量为 0.116。可以看出农村居民人均收入增长对城镇居民人均收入的拉动作用明显大于城镇对农村的拉动，并且农村居民人均收入增加对其本身的拉动作用也大于城镇人均收入增加对农村人均收入的影响。

从人均收入完全乘数来看，农村居民人均收入增加一个单位时所带来的农村居民人均收入的完全增加量是 0.243 个单位，所拉动的城镇居民人均收入的完全增加量是 0.326。城镇居民人均收入增加一个单位所带来的城镇居民人均收入的完全增加量是 0.368 个单位，所拉动的农村居民人均收入的完全增加量为 0.190。可以看出，仍然是农村居民人均收入增长对城镇居民人均收入的拉动作用明显大于城镇对农村的拉动，并且农村居民人均收入增加对其本身的拉动作用也大于城镇人均收入增加对农村人均收入的影响。

综上，无论从人均收入乘数直接分析还是从人均收入完全乘数来分析，结果均表明提高农村居民人均收入带来的收入拉动作用是最好的。基本思路是：居民部门人均收入的增加将刺激居民部门对各生产部门消费的增加，从而拉动各部门产出的增加，而产出的增加通过收入分配关系又会进一步增加居民部门的人均收入，从而产生乘数效应。下面就从消费倾向矩阵和具体分部门的角度进一步来讨论农村与城镇居民人均收入的相互拉动关系。

根据公式（5.49），可以计算多部门收入群体矩阵，该矩阵是一个 2×44 阶的矩阵，矩阵的第一行表示各部门的最终需求增加一个单位所带来的农村居民人均收入的增加量；矩阵的第二行表示当各部门的最终需求增加一个单位时城镇居民人均收入的增加量。在此将结果中影响最大的前十个部门列出，见表 5.8。

表 5.8　　　　　　城乡居民的多部门收入群体系数（10^{-5}）

部门	农村	部门	城镇
农林牧渔业	0.99	教育	1.16
食品制造及烟草加工业	0.59	公共管理和社会组织	1.08
住宿和餐饮业	0.44	居民服务和其他服务业	0.87
纺织业	0.43	卫生、社会保障和社会福利业	0.86
纺织服装鞋帽皮革羽绒及其制品业	0.40	研究与试验发展业	0.81
木材加工及家具制造业	0.37	邮政业	0.81
工艺品及其他制造业（废品废料）	0.28	文化、体育和娱乐业	0.80
造纸印刷及文教体育用品制造业	0.28	综合技术服务业	0.80
研究与试验发展业	0.25	金融业	0.72
化学工业	0.23	租赁和商务服务业	0.72

可以看出，对农村居民人均收入拉动最大的部门为农林牧渔业 0.99×10^{-5}，即农林牧渔业的最终需求增加一万个单位所带来的农村居民人均收入的增加量是 0.99 个单位。农林牧渔业为农村居民收入的主要来源，占农村居民全部收入的 72.32%，并且农林牧渔业的农村居民收入占其总产出的比重较大，为 41.44%，从而拉动作用较大。其次为食品制造及烟草加工业 0.588×10^{-5} 个单位、住宿和餐饮业 0.44×10^{-5} 个单位、纺织业 0.43×10^{-5} 个单位。

对城镇居民人均收入拉动较大的部门有教育业、公共管理和社会组织、居民服务和其他服务业、卫生、社会保障和社会福利业等，而且拉动的数额也较大（以上几个部门均大于 0.7×10^{-5} 个单位）。除农林牧渔业、食品制造及烟草加工业外，其他所有部门最终需求对城镇居民人均收入的拉动作用均明显大于对农村居民人均收入的拉动作用。其中"教育""公共管理和社会组织""金融业"以及"房地产业"对城镇居民和农村居民收入拉动效应之比更是达到了 5.54：1、5.06：1、4.95：1 和 4.55：1。因此，近几年金融业、房地产业等部门的扩张可能是造成城乡居民收入差距扩大的重要原因之一。

消费倾向是指收入中用于消费的比重，消费倾向矩阵为收入中用于某一部门产品消费的比重。利用 2010 年中国城乡居民收入分配投入占用产出表中农村居民和城镇居民的消费数据可以计算出 2010 年我国城乡居民收入的消费倾向矩阵。2010 年我国农村居民总收入为 39724.25 亿元，农村居民消费合计为 32575.21 亿元，农村居民消费倾向为 82.00%。我国城镇居民总收入为 127991.21 亿元，城镇居民消费合计为 112139.21 亿元，城镇居民消费倾向为 87.61%，表 5.9 列出了城乡居民消费倾向系数最大的十个部门。

具体分部门来看，农村居民消费系数最大的前十个部门占其全部收入的 65.51%，其中，农村居民收入中用于食品制造及烟草加工业的比例最大为 19.48%，其次为用于农林牧渔业的收入比例 14.46%，用于房地产业的收入比例 7.08% 等。可以看出，我国农村居民的消费大部分还是主要集中在满足基本生活需求方面，而且农村居民的人均纯收入水平不高，对消费的拉动作用较小，这也是我国内需不足的一个重要原因。另一方面我国城镇居民消费系数最大的前十个部门占其全部收入的比重为 63.03%，其中，城镇居民收入中的 15.74% 用于食品制造及烟草加工业的消费，9.76% 用于房地产业的消费，6.46% 用于消费卫生、社会保障和社会福利业等。

表 5.9　　　　　　　　　　城乡居民收入的部门消费倾向

部门	农村	部门	城镇
食品制造及烟草加工业	19.48	食品制造及烟草加工业	15.74
农林牧渔业	14.46	房地产业	9.76
房地产业	7.08	卫生、社会保障和社会福利业	6.46
批发和零售业	6.08	住宿和餐饮业	5.54
纺织服装鞋帽皮革羽绒及其制品业	3.96	纺织服装鞋帽皮革羽绒及其制品业	5.24
教育	3.82	农林牧渔业	5.02
住宿和餐饮业	3.63	住宿和餐饮业	4.32
金融业	2.52	居民服务和其他服务业	4.00
居民服务和其他服务业	2.26	金融业	3.86
信息传输、计算机服务和软件业	2.22	交通运输设备制造业	3.09

可以看出，城镇居民的收入水平相对较高，并且城镇居民的消费能力较强，城镇居民人均消费是农村居民人均消费的 3.45 倍。将收入和消费结合起来看，当城镇居民收入增加一个单位时，其对农林牧渔业的消费增加相对较小，而农林牧渔业是农村居民收入的最重要来源，从而对农村居民收入的拉动作用较小；而当农村居民收入增加一个单位时，其消费所涉及的部门对城镇居民收入的拉动作用则比较大。这也是宫泽居民收入群体乘数矩阵和完全收入乘数

矩阵中，农村居民收入对城镇居民收入的拉动大于城镇对农村的拉动的原因。以上事实说明，农村居民收入的增加对于我国居民收入水平整体的提高有着积极的作用，同时有利于拉动各部门消费扩大内需，对我国国民经济的发展有重要的推动作用。

（二）城乡居民收入比分析

在 2010 年城乡居民收入分配投入占用产出表的基础上，利用人均收入完全乘数公式，我们分别测算了城乡居民人均收入分别及同时提高 10% 对城乡人均收入的完全拉动作用，以及对城乡居民收入比的影响，结果见表 5.10。

可以看出，假定农村居民人均收入提高 10%，通过"收入—消费"间关联关系的影响，最终将使得农村居民人均收入由 5919 元增长为 6655 元，通过产业部门的完全拉动作用，农村居民人均收入的实际增长将高于 10%，城镇居民人均收入将由 19109 元增长为 19302 元，城乡居民收入比将由 3.23∶1 下降为 2.90∶1；假定城镇居民人均收入提高 10%，将使得农村和城镇居民人均收入分别增长为 6282 元和 21723 元，城乡居民收入比进一步扩大为 3.46∶1；假定城乡居民人均收入分别提高 10% 的拉动效果明显，将使得农村和城镇居民人均收入分别增长为 7017 元和 21916 元，城乡收入比下降为 3.12∶1。不论是提高城镇居民人均收入还是提高农村居民人均收入，通过乘数效应都将对城乡居民人均收入产生一定的拉动作用。

表 5.10　　　　　　　城乡居民收入拉动作用测算结果　　　　（单位：元）

	城镇居民家庭人均可支配收入	农村居民家庭人均纯收入	城乡居民收入比
农村居民人均收入提高 10%	19302	6655	2.90
城镇居民人均收入提高 10%	21723	6282	3.46
城乡居民人均收入提高 10%	21916	7017	3.12

由前一小节的分析可知,当城乡居民人均收入按照相同的绝对量提高时,提高农村居民人均收入带来的收入拉动作用是最好的,即提高农村居民人均收入对城镇居民人均收入的拉动作用明显大于城镇对农村的拉动,并且农村居民人均收入增加对其本身的拉动作用也大于城镇人均收入增加对农村人均收入的影响。当城乡居民人均收入按照相同的百分比提高时,由于城镇居民人均收入基数较大且城镇居民人均收入的提高对农村居民人均收入拉动作用不大,因此将使得城乡收入比增大。提高农村居民人均收入对缩小城乡收入比的作用最显著,另外提高城乡人均收入10%对城乡居民人均收入的拉动作用比分别提高城乡人均收入10%的作用更大,同时也将在一定程度上有利于城乡居民收入比的缩小。

第五节 小结

本章在第二章城乡居民收入分配投入占用产出模型的基础上对我国城乡居民收入差距问题进行研究,试图从有利于缩小城乡居民收入差距的角度,为科学调整城镇和农村居民收入提供参考依据。

一 主要内容及创新点

第一,使得城乡收入差距的研究不再局限于将城乡居民收入作为整体来进行研究,进一步将国民经济各部门城乡居民收入的具体结构情况考虑进来。

第二,从国民经济各部门最终需求结构与增加值结构等因素变动的角度,利用投入产出技术的乘法分解模型找寻2002—2007年我国城乡收入比盘旋扩大以及2007—2010年我国城乡收入比有所缩小的内在原因。

第三,在宫泽乘数模型的基础上进行扩展,把国民经济各部门对城乡居民人口的占用矩阵引入模型,建立一个能够反映城乡居民人均收入之间相互关联关系的模型。研究人均收入间的相互拉动关系，相对于总收入的研究更具有实际意义。同时，克服了一般收入差距模型将各个收入群体区分开来研究的缺陷。人均收入乘数模型既是投入占用产出技术的一次理论创新，也是研究城乡居民收入问题的一次重要实证创新。

二　主要结论

第一，从投入产出增加值结构变动的角度来看，2002—2007 年与 2007—2010 年各因素对我国城乡居民收入比的影响作用方向相同，由于作用强度的不同在整体上产生了截然不同的影响效果。由于我国劳动力相对充裕，尤其是农村存在大量剩余劳动力，致使2002—2007 年我国城乡居民收入增加值系数有所下降，特别是农村居民收入增加值系数下降幅度较城镇更大，对我国城乡居民收入比的缩小产生了较大的阻碍作用。农业部门居民收入占增加值的比重远高于第二、第三产业，我国农业占增加值比重的下降是导致城乡居民收入比值拉大的原因之一。与 2002—2007 年相比，2007—2010 年这一时期增加值结构的变化对城乡居民收入比的阻碍作用有所减小。另外，城镇化进程的加快使得农村人口数不断减少是缩小城乡居民收入比值的一个有利因素。

第二，从投入产出最终需求变动的角度来看，GDP 总量的变动对我国城乡居民收入增长并没有造成差异性影响。2002—2007 年与2007—2010 年两个阶段里，城镇居民直接收入系数的变动和城镇化系数的变动对我国城乡居民收入比的缩小产生了积极作用，而农村居民直接收入系数的变动和最终需求结构的变动则产生了阻碍作用。2007—2010 年，我国采取的一系列的惠农政策以及提高最低工资等政策发挥了一定作用，使得城乡居民收入均有所减小，与2002—2007 年相比城镇居民直接收入系数对缩小城乡居民收入比的作用有所减小，农村居民直接收入系数对拉大城乡居民收入比的作用也有所减小。最终需求结构变动的影响主要体现在国民经济各部门对农业部门产品需求占比的下降上，从而导致农村居民收入下降，对城乡居民收入比的缩小产生不利影响。

第三，无论从人均收入乘数直接分析还是从人均收入完全乘数来分析，结果均表明提高农村居民人均收入带来的收入拉动作用是最好的。农村居民人均收入增长对城镇居民人均收入的拉动作用明显大于城镇对农村的拉动，并且农村居民人均收入增加对其本身的拉动作用也大于城镇人均收入增加对农村人均收入的影响。农村居民收入的增加对于我国居民收入水平整体的提高有着积极的作用，同时有利于拉动各部门消费扩大内需，对我国国民经济的发展有重要的推动作用。

第 六 章

最终需求结构变动对我国城乡
居民收入的影响分析

第一节 研究背景

过去几十年中国经济高速增长，居民生活水平有了极大的提高，但中国收入分配出现的不合理格局也日趋严重。近几年国家在收入分配方面作出了很大的政策努力。2013年政府工作报告提出"两个同步"：国民收入与经济增长同步；劳动报酬与劳动生产率增长同步。我国"十二五"规划提出要"藏富于民"、从"国强"向"民富"转变，乃至要扩大内需、促进经济转型，实现这些目标都需要大幅提高居民收入水平。

长期以来，在拉动经济的"三驾马车"中，投资的作用一直最为突出。"十一五"时期，我国在基础设施和基础产业进行了大量投资，目前基础产业已经趋于完备，可投资项目的数量相应减少。我国经济过于依赖投资拉动，消费不足，是经济结构中存在的一个重要问题。国际金融危机发生后，受到外部市场影响，净出口对GDP增长的拉动率为负数，拖了增长后腿。把"消费"移至"三驾马车"的首位，意味着要重点解决长期依靠出口和投资拉动经济增长、内生动力不足的问题，切实增强经济国际竞争力和抗风险能力。扩大内需，优化投资结构，实现两者互相促动，并将扩大内需与扩大外需结合起来，是今后推动我国经济发展的重要方向。那么，居民收入增长与扩大内需之间存在怎样的关联关系呢？调整拉动经济增长的"三驾马车"——消费、投资和出口在最终需求中的比重会对我国城乡居民收入增长以及城乡收入比产生怎样的影响呢？

另外，扩大居民收入的重点在扩大农村居民收入，提高农村居民收入不仅可以发挥扩大消费的巨大潜力，还有利于缩小我国城乡收入差距。在国家支农、惠农政策及不断改变农业外部环境为农民增收保驾护航的同时，提高主要农产品价格也是促进农村居民收入增长的有效途径之一。当前，这方面的研究多是一些定性分析，那么，提高农村农业从业人员收入和农产品价格到底会对我国农村居民收入的增长产生怎样的作用呢？作用是否会如预期一样呢？

本章试图从定量的角度对这几个问题进行研究：消费、投资、出口三者占 GDP 的比例变动会对我国居民收入及城乡收入差距带来怎样的影响？提高农村农业从业人员收入和农产品价格对我国农村居民收入的实际效益有多大？

第二节　最终需求结构变动模拟模型

最终需求结构变动模型是指在最终需求总量一定的基础上，考虑不同的最终需求结构对各个部门以及国民经济发展的影响。一般情况下，最终需求可以分为以下三个部分：消费（包括城镇居民消费、农村居民消费、政府消费）、投资（包括固定资本形成和存货增加两个部分）、出口，三者所占比重的不同对经济及收入的影响也各不相同。投入产出技术是进行经济结构分析的有力工具之一，本节将具体讨论利用投入产出模型分析最终需求结构变动的问题。

一　最终需求的组成结构模型

从支出角度来看，GDP 是最终需求——消费、投资、净出口这三种需求之和，本节我们主要研究拉动 GDP 增长的"三驾马车"，即消费、投资、净出口占 GDP 的不同比例结构对我国居民收入的影响。在第二章我们编制了城乡居民收入分配投入占用产出表，出于研究目的的需要，在此基础上我们将最终需求合并为消费、资本形成和净出口三个组成部分。分别用 f 表示最终需求总量，f^C 表示消费总量，f^I 表示资本形成总量，f^E 表示净出口总量，则有：

$$f = f^C + f^I + f^E \qquad (6.1)$$

我们用最终需求组成结构来刻画最终需求的各个组成部分在最终需求中的地位，最终需求的组成结构是指消费总量 f^C、资本形成总量 f^I、净出口总量 f^E 这三个组成部分分别占最终需求的比例。其矩阵表示如下：

$$S^* = \left[\frac{f^C}{f}, \frac{f^I}{f}, \frac{f^E}{f} \right]^T \qquad (6.2)$$

为了进一步刻画最终需求各部分的部门结构比例，定义 S^C、S^I 和 S^E 分别表示消费的部门结构向量、资本形成的部门结构向量和净出口的部门结构向量：

$$S^C = \left[\frac{f_1^C}{f^C}, \frac{f_2^C}{f^C}, \cdots, \frac{f_n^C}{f^C} \right]^T \qquad (6.3)$$

$$S^I = \left[\frac{f_1^I}{f^I}, \frac{f_2^I}{f^I}, \cdots, \frac{f_n^I}{f^I} \right]^T \qquad (6.4)$$

$$S^E = \left[\frac{f_1^E}{f^E}, \frac{f_2^E}{f^E}, \cdots, \frac{f_n^E}{f^E} \right]^T \qquad (6.5)$$

其中，f_i^C、f_i^I 和 f_i^E 表示第 i 部门产品用于消费的数量、用于投资的数量和用于净出口的数量，定义最终需求结构系数矩阵如下：

$$C = [S^C, S^I, S^E] \qquad (6.6)$$

令

$$Y = \begin{bmatrix} f_1^C & f_1^I & f_1^E \\ f_2^C & f_2^I & f_2^E \\ \cdots & \cdots & \cdots \\ f_n^C & f_n^I & f_n^E \end{bmatrix} \tag{6.7}$$

Y 表示 $n \times 3$ 阶的最终需求中间流量矩阵，进而可以得到以下关系式[①]：

$$Y = C\hat{S}^* \hat{f} \tag{6.8}$$

其中，$\hat{S}^*$ 表示由最终需求组成构成向量 S^* 生成的对角矩阵。C 和 $\hat{f}$ 分别为最终需求结构系数矩阵和元素均为最终需求总量的对角矩阵。

二 最终需求结构变动模拟

本小节主要目的是分析最终需求结构变动对经济发展以及我国城乡居民收入的影响，通过模拟 GDP 各组成部分的不同比例结构，找寻更有利于我国城乡居民收入提高的各项最终需求组成部分的协调发展方式。假设最初的最终需求结构向量为 S_0^*，变化后的最终需求结构向量为 S_1^*，则最终需求结构向量的变化 $\Delta S^* = S_1^* - S_0^*$，引起的最终需求流量矩阵的变化为：

$$\Delta Y = C\Delta\hat{S}^* \hat{f} \tag{6.9}$$

进而最终需求列向量 F 的变化为：

$$\Delta F = \Delta Y \cdot \mu \tag{6.10}$$

其中，μ 表示元素都为 1 的列向量，用于行向求和。

根据投入产出列昂惕夫模型，

$$X = (I - A)^{-1} F \tag{6.11}$$

可知最终需求组成结构向量变化对各部门产值的影响为：

$$\Delta X = (^I - A) - 1\Delta F$$

---

① 陈锡康、杨翠红：《投入产出技术》，科学出版社 2011 年版，第 385 页。

$$= (^{I} - A) - 1\Delta Y\mu$$

$$= (^{I} - A) - 1C\Delta \hat{S}^{*} \hat{f}\mu \qquad (6.12)$$

其中 $X = (x_{1}, x_{2}, \cdots, x_{n})^{T}$ 是总产出列向量，A 为直接消耗系数矩阵，其元素 $a_{ij} = x_{ij}/x_{j}$ 表示第 j 部门生产单位产品对第 i 部门产品的直接消耗量。

三　最终需求组成结构变动所引起的城乡居民收入变化模拟

定义城镇居民直接收入系数 a_{wj}^{u} 和农村居民直接收入系数 a_{wj}^{r} 分别为：

$$a_{wj}^{u} = w_{j}^{u}/x_{j} \qquad (6.13)$$

$$a_{wj}^{r} = w_{j}^{r}/x_{j} \qquad (6.14)$$

其中，w_{j}^{u} 表示第 j 部门的城镇居民收入，w_{j}^{r} 表示第 j 部门的农村居民收入，x_{j} 表示第 j 部门的总产出。则有：

$$w_{j}^{u} = a_{wj}^{u}x_{j} = a_{wj}^{u} (I - A)^{-1}F = a_{wj}^{u} (I - A)^{-1}C\hat{S}^{*} \hat{f}\mu \quad (6.15)$$

$$w_{j}^{r} = a_{wj}^{r}x_{j} = a_{wj}^{r} (I - A)^{-1}F = a_{wj}^{r} (I - A)^{-1}C\hat{S}^{*} \hat{f}\mu \quad (6.16)$$

从而可得最终需求组成结构向量变化对各部门城乡居民收入的影响为：

$$\Delta w_{j}^{u} = a_{wj}^{u} \cdot \Delta x_{j} = a_{wj}^{u} (I - A)^{-1}\Delta F = a_{wj}^{u} (I - A)^{-1}C\Delta \hat{S}^{*} \hat{f}\mu$$
$$(6.17)$$

$$\Delta w_{j}^{r} = a_{wj}^{r} \cdot \Delta x_{j} = a_{wj}^{r} (I - A)^{-1}\Delta F = a_{wj}^{r} (I - A)^{-1}C\Delta \hat{S}^{*} \hat{f}\mu$$
$$(6.18)$$

以上应用最终需求结构变动对城乡收入的变化进行模拟，只是对城乡收入进行分析的一个方面。事实上，影响城乡居民收入变化的因素有很多，还可以运用投入产出技术中的结构分解分析（structural decomposition analysis，SDA）对影响居民收入的经济技术、最终需求等关键参数变动进行比较静态分析，我们将在后面章节进行研究分析。

第三节　最终需求结构变动实证研究

根据 2012 年中国统计年鉴相关数据显示，2010 年我国 GDP 总量为 402816.50 亿元，其中最终消费总额 194114.96 亿元，占 GDP 总量的 48.19%，资本形成 193603.91 亿元，占 GDP 总量的 48.06%，净出口 15097.60 亿元，占比为 3.75%。如表 6.1 所示，最终消费和资本形成两项合计占到我国 GDP 的 90% 以上，在"三驾马车"中，消费一直保持平稳增长，是 GDP 增长的主导因素之一，近几年消费占 GDP 比重一直在 48%—49% 之间，比例变化不大，但相比于国外较高的消费占 GDP 贡献率，我国消费贡献率仍然较低。2008 年国际金融危机发生后，我国政府确定了实行积极财政政策和适度宽松货币政策，并进一步推出扩大内需促进经济增长的十项措施，提出在两年内投入 4 万亿元刺激经济增长。可以看出，受政策影响自 2008 年以来资本形成占 GDP 的比重有了较大幅度的提高，2010 年我国投资率为 48.06%，较 2008 年上涨了 4.28%。国际金融危机发生后，全球消费下降，经济贸易萎缩，许多国家出口下降。受外部市场影响，近几年我国净出口占 GDP 比重也一直呈现下降趋势，净出口率由 2008 年的 7.67% 减少至 2010 年的 2.61%。那么消费、投资、出口三者的比例变动到底会对我国经济发展与居民收入增长产生怎样的影响呢？

表 6.1　　　　　　　　支出法国内生产总值组成　　　　（单位：亿元）

年份	支出法国内生产总值	最终消费	资本形成	净出口	消费率	投资率	净出口率
2007	266599.20	132232.87	110943.25	23423.10	49.61	41.62	8.79
2008	315974.60	153422.49	138325.30	24226.80	48.55	43.78	7.67
2009	348775.10	169274.80	164463.22	15037.10	48.53	47.16	4.31

续表

年份	支出法国内生产总值	最终消费	资本形成	净出口	消费率	投资率	净出口率
2010	402816.50	194114.96	193603.91	15097.60	48.19	48.06	3.75
2011	465731.30	228561.33	225006.67	12163.30	49.08	48.31	2.61

数据来源:《中国统计年鉴 2012》及推算。

本小节我们利用第二章编制的 2010 年中国城乡居民收入分配投入占用产出表,分析研究最终需求结构变动对我国经济及居民收入的影响。模拟在最终需求总量一定的情况下,消费、资本形成和净出口占最终需求的比重分别调高 1%,对我国城镇和农村居民收入的影响作用。为了分析各要素对城乡居民收入的影响,我们在进行情景设定时假设各变量按照其绝对量大小进行比例变动,例如,假设 2010 年我国最终消费提高 1%,即消费合计将提高 19411.50 亿元,在保持最终需求合计不变的情况下,资本形成与净出口应按照两者绝对量的比例(193603.91∶15097.60)减小,并使得两者减少总量为 19411.50 亿元。

一 提高最终消费占最终需求比重对城乡居民收入的影响

根据计算,将最终消费占最终需求的比重提高 1%,将使我国居民总收入增长 338.40 亿元,占 2010 年我国居民初次分配总收入的 0.15%。提高消费的比重对我国城镇和农村居民总收入均有正向拉动作用,其中,带动城镇居民总收入增长 60.45 亿元,占城镇居民总收入的 0.04%。扩大最终消费比重对农村居民收入的拉动作用要大于对城镇居民收入的拉动,共带动农村居民总收入增长 277.95 亿元,占农村居民总收入的 0.53%。根据 2012 年中国统计年鉴,2010 年我国城镇人口数 66978 万人,农村人口数 67113 万人,粗略计算,最终消费比重提高 1% 之后,将使我国城乡居民人均初次分配收入比由 3.29∶1 下降为 3.27∶1。因此,扩大消费需求,不仅是提高我国居民收入水平的有效方法，还有利于缩小我国的城乡居民初次分配收入比。

提高最终消费占 GDP 比重后，对农村居民收入的拉动作用主要体现在农业部门收入的增长，其余部门的收入增长则相对较小。对城镇居民收入拉动作用主要体现在公共管理和社会组织、教育、卫生、社会保障和社会福利业等部门收入的增长。

从国民经济各个部门来看，消费扩张后收入增长率最高的前 10 个部门依次为：教育 2.05%，公共管理和社会组织 2.05%，卫生、社会保障和社会福利业 1.91%，研究与试验发展业 1.22%，食品制造及烟草加工业 1.20%，居民服务和其他服务业 1.11%，文化、体育和娱乐业 1.09%，石油和天然气开采业 1.06%，水的生产和供应业 1.00%，农业 0.91%。农业部门中受影响较大的是大豆、油料作物和其他种植业。

消费扩张后收入负增长排名前十的部门依次为：建筑业 −1.85%，非金属矿物制品业 −1.56%，通用、专用设备制造业 −1.28%，金属冶炼及压延加工业 −1.22%，非金属矿及其他矿采选业 −1.11%，金属制品业 −1.05%，电气机械及器材制造业 −1.04%，通信设备、计算机及其他电子设备制造业 −0.97%，交通运输设备制造业 −0.97%，木材加工及家具制造业 −0.88%。

可以看出，以上收入增长较快的部门中，除农业以及第二产业部门：食品制造及烟草加工业、石油天然气开采业、水的生产和供应业外，多数为第三产业部门，且第三产业部门排名较为靠前。这是因为随着生活水平的不断提高，人们的消费结构也在不断地发生变化，在满足基本生活需求的基础上，人们的消费将更多地倾向于改善生活质量上，这也从另一个侧面反映了我国恩格尔系数不断变小的事实。在最终需求总量一定的情况下，提高消费比重，必然会减少投资和出口的比重。那些收入减少较大的部门多数受投资或出口减少的影响要大于受消费提高的影响，主要集中于建筑业和一部分制造业。

二　提高资本形成占最终需求的比重对城乡居民收入的影响

将资本形成占最终需求的比重提高1%，即资本形成合计增加1936.04亿元，为保持最终需求合计不变，最终消费需减少1867.00亿元，净出口总额需减少5.34亿元。由计算可知，投资扩张后，将使我国居民总收入减少360.47亿元，占2010年我国居民初次分配总收入的0.16%。对我国城镇居民及农村居民收入的影响方向相一致，均产生不利作用。其中，提高投资比重将使得我国城镇居民收入减少79.27亿元，占城镇居民收入总量的0.05%，使得农村居民收入减少281.20亿元，占其收入总量的0.54%。类似于前一节的计算，资本形成比重提高1%之后，将使我国城乡居民初次分配总收入比由3.29∶1进一步拉大为3.30∶1。可见，提高投资比重，在阻碍我国居民收入增长的同时，也不利于我国城乡居民初次分配收入比的缩小。

提高资本形成占GDP比重1%，对农村居民收入起最大消极作用的依然是农业部门，而建筑业、通用、专用设备制造业、非金属矿物制品业等则在一定程度上拉动了农村居民收入的提高。原因在于，扩张投资一方面会提高建筑业等的总产出，另一方面这些体力劳动居多的部门也是农村居民就业的主要部门。城镇居民收入的减少则主要体现在公共管理和社会组织、教育、卫生、社会保障和社会福利业等部门，可以看出，这些部门是受消费扩张拉动收入比较大的部门，在提高投资比重的同时，必然使得消费比重减少，从而使得这些部门的城镇居民收入减少。

投资扩张后收入增长率最高的前10个部门依次为：金属矿采选业3.61%，石油和天然气开采业2.17%，建筑业1.93%，通用、专用设备制造业1.61%，非金属矿物制品业1.44%，非金属矿及其他矿采选业1.32%，金属冶炼及压延加工业1.29%，仪器仪表及文化办公用机械制造业 1.24%，交通运输设备制造业 1.12%，煤炭开采和洗选业 0.86%。

投资扩张后收入负增长排名前十的部门依次为：公共管理和社会组织 -1.94%，教育 -1.93%，卫生、社会保障和社会福利业 1.81%，纺织业 -1.28%，纺织服装鞋帽皮革羽绒及其制造业 -1.22%，食品制造及烟草加工业 -1.15%，居民服务和其他服务业 -1.06%，文化、体育和娱乐业 -0.99%，水的生产和供应业 -0.97%，农业 -0.84%。

过去几年中，固定资产投资一直是推动中国经济增长的重要力量。但通过计算结果可以发现，提高资本形成占最终需求的比重在一定程度上不利于我国居民总收入的增长，并且会进一步拉大我国城乡收入比，原因在于提高资本形成的比重使得农村居民收入减少的幅度远远大于城镇居民收入减少的幅度。可以看出，在收入减少的部门中，例如纺织业、纺织服装鞋帽皮革羽绒及其制造业等部门是受出口影响较大的部门，并且这些部门多数是劳动密集型产业，因此对我国农村居民收入影响较大。还有一部分例如教育、卫生、社会保障和社会福利业、文化、体育和娱乐业等则是受消费影响较大的部门。因此，综合来看，提高资本形成的比重，缩小消费和出口的比重对我国居民总收入有减少作用。

三 提高净出口占最终需求的比重对城乡居民收入的影响

根据我们的计算，提高净出口总额占最终需求的比重 1%，将促进我国居民总收入增长 212.98 亿元，占 2010 年我国居民初次分配总收入的 0.10%，对我国城镇居民及农村居民的收入增长均产生积极拉动作用。其中，扩大净出口将带动我国城镇居民收入增长 183.44 亿元，占城镇居民收入总量的 0.11%，带动农村居民收入增长 29.54 亿元，占其收入总量的 0.06%。虽然有利于促进我国居民收入增长，但由于提高净出口总额占 GDP 的比重对我国城镇居民收入的拉动作用要大于对农村居民收入的拉动作用，因此导致城乡收入比小幅度加大，变为 3.29∶1。

提高净出口总额占 GDP 比重，对农村居民收入起主要拉动作用的不再是农业部门，而是纺织业、纺织服装鞋帽皮革羽绒及其制品业、批发和零售业等部门。对城镇居民收入增长促进作用较大的是：批发和零售业、通信设备、计算机及其他电子设备制造业、纺织业等。

净出口扩张后收入增长率最高的前 10 个部门依次为：纺织业18.91%，纺织服装鞋帽皮革羽绒及其制造业 9.62%，通信设备、计算机及其他电子设备制造业 8.25%，木材加工及家具制造业7.91%，批发和零售业 6.20%，金属制品业 4.87%，造纸印刷及文教体育用品制造业 4.61%，租赁和商务服务业 4.35%，电气机械及器材制造业 4.30%，交通运输及仓储业 1.94%。

净出口扩张后收入负增长排名前十的部门依次为：石油和天然气开采业 -31.60%，金属矿采选业 -28.88%，研究与试验发展业 -10.22%，仪器仪表及文化办公用机械制造业 -8.92%，工艺品及其他制造业（废品废料）-4.88%，煤炭开采和洗选业-3.58%，通用、专用设备制造业 -3.18%，石油加工、炼焦及核燃料加工业 -2.20%，非金属矿及其他矿采选业 -2.06%，以及电力、热力的生产和供应业 -1.55%。

出口一直是拉动中国经济增长的主要"引擎"之一，但 2008年爆发的金融危机改变了中国经济的外部环境。根据国家统计局公布的《2011 年国民经济和社会发展统计公报》显示，2010 年净出口对经济贡献率为 -5.8%。根据测算，提高净出口占最终需求的比重能在一定程度上拉动我国居民总收入增长。尽管农村居民总收入有所提高（这是因为与出口相关部门多为劳动密集型行业），但由于城镇居民收入基数较大，农村居民收入提高幅度远比不上城镇居民增长部分，从而收入差距进一步扩大。总的来看，提高净出口比重，减小消费和资本形成的比重对我国居民总收入增长有正向作用。

　　综合以上分析可以看出，不同的最终需求结构对于我国城镇和农村居民收入的影响是不同的。从增加总收入水平的角度看，扩大最终消费和净出口占最终需求的比重对于我国城镇居民收入和农村居民收入均有正向拉动作用，且提高消费比重对我国居民收入的影响作用要大于提高净出口比重的影响作用，而扩大资本形成占最终需求的比重则会减少我国居民总收入。

　　消费是拉动经济增长主要动力，扩大最终消费的比重对于我国城镇居民收入和农村居民收入均有显著效果，同时，提高收入又是增加消费的源泉和活力。因此，依靠内需特别是消费需求拉动经济增长、增加居民收入是保持经济良性循环的重要因素，大幅度提高普通百姓的收入是当务之急。

　　从缩小城乡收入比的角度看，扩大消费起到了积极作用，而扩张投资和净出口则不利于我国城乡居民收入比的缩小。收入差距问题不仅是城乡居民收入之间的差距问题，还包括不同部门间的收入差距问题。合理调整拉动经济增长的"三驾马车"——消费、投资和出口占最终需求的比重可以起到调节部门间收入差异的作用。同时，配合相应的财政税收调节手段可以缩小我国部门间收入差距。

第四节　农产品价格与农村农业从业人员收入变动对农村居民收入的影响模型

　　过去十几年，我国经济保持了较快的增长速度，然而我国居民收入尤其是农村居民收入增长却相对缓慢，城乡居民收入增速均明显低于 GDP 增速，且农村居民人均纯收入增速长期落后于城镇居民人均可支配收入。改善收入分配格局，提高居民收入，缩小城乡差距已成为政府"十二五"期间的重要政策导向。如何提高农村居民收入，缩小城乡居民收入差距一直是社会各界关注的焦点。

本节利用 2010 年中国城乡居民收入分配投入占用产出表，结合投入产出价格模型和情景模拟的方法，分析研究了直接提高农产品价格 10% 和直接将农村农业从业人员收入提高 10%，对其他部门产品价格以及农村居民收入的影响。

一　农产品价格变动对各部门产品价格及收入的影响模型

在整个国民经济系统中，各个生产部门的产品价格之间存在着密切的联系，一个或几个生产部门产品价格的变化会通过成本传导作用对其他部门的产品价格产生直接与间接的影响作用。列昂惕夫在 1947 年首次提出了投入产出价格模型，投入产出技术全面体现了国民经济各个部门之间的生产联系，在研究价格测算、价格影响和波及效应方面具有其他模型不可比拟的优势。农产品价格是影响我国农村居民收入的重要因素之一，本小节将利用投入产出价格变动影响模型研究提高农产品价格对我国农村居民收入的影响。

我们把首先发生价格变动的部门称为主动部门，由主动部门价格变动引发价格波动的部门称为从动部门。假设投入产出表中共有 n 个部门，第一个部门农业部门为主动部门，其余 $n-1$ 个部门为从动部门，各部门的价格变化率为：

$$\Delta P = [\Delta p_1, \Delta p_2, \cdots, \Delta p_n]^T$$

则在主动部门价格变动前，各部门间的列向平衡关系为：

$$\sum_{i=1}^{n} z_{ij} + v_j = x_j \quad (j \geq 1) \tag{6.19}$$

其中，v_j 表示第 j 个部门的增加值。而在各部门价格调整完成后，重新到达稳态时，因为第 i 部门产品价格上涨 Δp_i，故第 j 部门对第 i 个部门的中间消耗变为 $(1 + \Delta p_i) z_{ij}$，且第 j 部门的总投入变为 $(1 + \Delta p_j) x_j$。假定从动部门的增加值不变，得到新的列向平衡关系式：

$$\sum_{i=1}^{n} (1 + \Delta p_i) z_{ij} + v_j = (1 + \Delta p_j) x_j \quad (j \geqslant 1) \qquad (6.20)$$

用式 (6.20) 减去式 (6.19) 得,

$$\sum_{i=1}^{n} \Delta p_i z_{ij} = \Delta p_j x_j \quad (j \geqslant 1) \qquad (6.21)$$

等式两边同除以 x_j 得,

$$\Delta p_j = \sum_{i=1}^{n} \Delta p_i a_{ij} \quad (j \geqslant 1) \qquad (6.22)$$

将上式写为矩阵形式可得,

$$(I - \bar{A}) \Delta P = 0 \qquad (6.23)$$

其中,

$$\bar{A} = \begin{bmatrix} 1 & \cdots & 0 & 0 \\ a_{12} & \cdots & a_{n-1,2} & a_{n,2} \\ \vdots & & \vdots & \vdots \\ a_{1n} & \cdots & a_{n-1,n} & a_{n,n} \end{bmatrix} \qquad (6.24)$$

由于 Δp_1 已知,上式等价于:

$$(I_{n-1} - \bar{A}_{n-1}) \Delta P_{n-1} = \Delta p_1 \bar{A}_{.1} \qquad (6.25)$$

其中,

$$I_{n-1} - \bar{A}_{n-1} = \begin{bmatrix} 1 - a_{22} & -a_{32} & \cdots & -a_{n2} \\ -a_{23} & 1 - a_{33} & \cdots & a_{n3} \\ \vdots & \vdots & & \vdots \\ -a_{2n} & -a_{3n} & \cdots & -a_{nn} \end{bmatrix} \qquad (6.26)$$

$$\Delta P_{n-1} = [\Delta p_2, \cdots, \Delta p_{n-1}, \Delta p_n]^T \qquad (6.27)$$

$$\bar{A}_{.1} = [a_{12}, \cdots, a_{1,n-1}, a_{1n}]^T \qquad (6.28)$$

利用线性代数及矩阵分析的知识易证 $I_{n-1} - \bar{A}_{n-1}$ 可逆,故可得其余 $n-1$ 个从动部门的价格变化率列向量 ΔP_{n-1} 的计算公式如下:

$$\Delta P_{n-1} = (I_{n-1} - \bar{A}_{n-1})^{-1} \Delta p_1 \bar{A}_{.1} \qquad (6.29)$$

二　农村农业从业人员收入提高对各部门产品价格的影响模型

提高农村农业从业人员收入，是拉动我国农村居民收入增长的最直接方式，但同时也会使农产品价格受到影响，农产品价格的提高会直接导致使用其作为中间投入品的部门的生产成本增加，通过国民经济各部门之间错综复杂的关联关系，其他部门产品价格也会被进一步推高。各部门产品价格的提高会在一定程度上抵消最初农村农业从业人员收入提高的作用。本小节将利用投入产出模型对这一问题进行测算，利用投入产出技术进行经济政策模拟是其应用的重要方向之一。

假定 $W^{r0} = [w_1^{r0}, w_2^{r0}, \cdots, w_n^{r0}]^T$ 为变化前的农村居民收入系数列向量，$W^{r1} = [w_1^{r1}, w_2^{r1}, \cdots, w_n^{r1}]^T$ 为变化后的农村居民收入系数列向量，用 ΔW^r 表示由农村农业从业人员收入变化所引起的各部门居民收入系数的变化，用 ΔP 表示在 ΔW^r 的影响下各部门价格的变化幅度。根据投入产出价格模型可得，

$$\Delta P^T = \Delta P^T A + (\Delta W^r)^T$$

即

$$\Delta P = (I - A^T)^{-1} \Delta W^r \qquad (6.30)$$

价格变化后，各部门总产值变为：

$$X^1 = [(1 + \Delta p_1) x_1, (1 + \Delta p_2) x_2, \cdots, (1 + \Delta p_n) x_n]^T$$
$$(6.31)$$

从而产品价格变化后的居民收入系数列向量为

$$W^1 = \left[\frac{w_1^{r1}}{1 + \Delta p_1}, \frac{w_2^{r1}}{1 + \Delta p_2}, \cdots, \frac{w_n^{r1}}{1 + \Delta p_n} \right]^T \qquad (6.32)$$

令 $C^r = [c_1^r, c_2^r, \cdots, c_n^r]^T$ 表示农村居民对各部门产品的消费比重，用 ΔS^r 表示农村农业从业人员收入提高使农村居民消费价格的总体上涨幅度，可得：

$$\Delta S^r = \Delta p_1 c_1^r + \Delta p_2 c_2^r + \cdots + \Delta p_n c_n^r \qquad (6.33)$$

从而农村农业从业人员的实际工资增长 ΔW^{r*} 为：

$$\Delta W^{r*} = \frac{1 + \Delta W^r}{1 + \Delta S^r} - 1 \qquad (6.34)$$

第五节 农产品价格与农村农业从业人员收入变动对农村居民收入影响结果分析

本小节主要利用 2010 年中国城乡居民收入分配投入占用产出表，模拟分析了直接提高农产品价格 10% 和直接将农村农业从业人员收入提高 10%，对其他部门产品价格以及我国农村居民收入的影响。

一 农产品价格提高对各部门产品价格及收入的影响分析

（一）农产品整体提价 10% 的影响分析

从整体的角度来看，直接将农产品价格整体提高 10%，即 Δp_1 为 10%，则由式（6.29）可以计算由于农产品提价所引起的各部门产品价格变化率，结果见表 6.2，部门编号及名称见本章结尾。

表 6.2　　　　　农产品价格提高 10% 对各部门产品价格的影响　　（单位:%）

部门编号	价格变化率	部门编号	价格变化率
1	10.00	22	0.29
2	0.36	23	0.28
3	0.22	24	0.29
4	0.35	25	0.47
5	0.41	26	0.57
6	5.17	27	0.35
7	2.96	28	0.3
8	2.22	29	0.24
9	2.17	30	3.05
10	1.28	31	0.28
11	0.25	32	0.19

部门编号	价格变化率	部门编号	价格变化率
12	1.01	33	0.69
13	0.46	34	0.99
14	0.38	35	0.41
15	0.45	36	0.73
16	0.42	37	0.61
17	0.46	38	0.28
18	0.48	39	0.68
19	0.46	40	0.80
20	0.48	41	0.42
21	1.40		

从国民经济各部门供给角度可以看出，直接将农产品价格提高10%，将导致其他部门产品价格不同程度的上升，其中价格变化率超过1%的部门有：食品制造及烟草加工业5.17%、住宿和餐饮业3.05%、纺织业2.96%、纺织服装鞋帽皮革羽绒及其制品业2.22%、木材加工及家具制造业2.17%、工艺品及其他制造业（含废品废料）1.40%、造纸印刷及文教体育用品制造业1.28%、化学工业1.01%。这些部门多数都是农业生产链的"前向部门"，需要农业为其提供产品或服务的部门，所以农产品的提价会对其部门产品生产成本产生较大影响，进而造成这些部门产品价格的上升。其余部门的价格增长率则均小于1%，这些部门与农业部门的关联关系相对来讲不是特别紧密，因此这些部门受农产品价格提高的影响相对较小。

根据我们的计算，农产品提价对提高从事农业生产活动农村居民的收入系数具有显著作用。农产品价格提高10%将导致农林牧渔业部门农村居民收入系数升高8.01%，即每增加一个单位总产出所能带动的农村居民收入将上涨0.08个单位。除农业部门外，农产品提价对其余部门的农村居民收入乘数的影响均是负相关的，但作用微乎其微，基本接近于 0。农产品提价 10% 将造成农村居民消费价格总体提高 3.47%，根据计算农村农业从业人员收入实际增长 4.39%。可见，单纯依靠提高农产品价格，对农村农业从业人员收入的拉动作用并没有完全达到预期的效果。

（二）各部门农产品提价 10% 的影响分析

本部分主要分析将农业内部各部门产品价格分别提高 10%，对农业各部门产品价格及农村居民收入的影响，结果见表 6.3。

表 6.3　　　　　　　农业各部门产品价格提高 10% 的影响　　　　（单位:%）

	本部门农村居民收入实际增长	其他农业部门农村居民收入实际影响	农村居民消费价格总体变化
稻谷	9.06	-0.28	0.28
小麦	9.10	-0.29	0.24
玉米	8.90	-0.44	0.41
大豆	9.06	-0.34	0.28
其他粮食	9.18	-0.23	0.18
油料作物	9.00	-0.39	0.33
棉花（原棉）	9.15	-0.27	0.20
蔬菜	8.81	-0.51	0.48
其他种植业	8.97	-0.35	0.33
林业	9.08	-0.28	0.23
畜牧业	8.58	-0.69	0.64
渔业	8.98	-0.41	0.35
农、林、牧、渔服务业	9.11	-0.15	0.24

可以看出，农业内部各部门产品价格提高 10%，对本部门农村居民收入的增长有较强的拉动作用，对其他农业部门农村居民收入的影响较小。其中，受影响较大的前三个部门是其他粮食、棉花、农林牧渔服务业，这些部门的产品提价 10% 将使得其收入分别增长 9.18%、9.15% 和 9.11%。某一个部门的农产品提价，通过成本推

动和消费的影响将使得其他农业部门农村居民收入受到负面影响，对其他部门农村居民收入影响较大的前三个部门是：畜牧业、蔬菜和玉米，将使其他部门农村居民实际收入平均减少 0.69%、0.51%、0.44%。畜牧产品和蔬菜作为老百姓餐桌上必不可少的食品，由于其替代性小，提价必然会对居民消费产生较大影响，从而使农村居民的实际收入有所打折。玉米除了是不可或缺的粮食作物外，还是养殖业的主要饲料原料，作为农业产业链的上游产品，其价格上涨会通过成本推动带动其他部门产品的价格增长，从而对其他各部门农村居民收入产生一定负面影响。

以上我们分析了农业内部各部门产品提价对其他农业部门产品价格和农村居民收入的影响，下面进一步计算农业内部各部门产品分别提价 10%，对非农部门产品价格及农村居民收入的影响，分别将受影响较大的前三个部门列出，结果见表 6.4 和表 6.5。

表 6.4　农业各部门产品提价 10% 对部分非农部门产品价格影响（单位:%）

	食品制造及烟草加工业	住宿和餐饮业	纺织业	纺织服装鞋帽皮革羽绒及其制品业	木材加工及家具制造业
稻谷	0.32	0.17		0.06	
小麦	0.24	0.12	0.20		
玉米	0.78	0.32		0.11	
大豆	0.40	0.15		0.05	
其他粮食	0.04	0.03		0.02	
油料作物	0.57	0.24		0.07	
棉花（原棉）			1.20	0.49	
蔬菜	0.89	0.44			
其他种植业	0.42		0.42	0.24	
林业					1.64
畜牧业	1.36	0.98			
渔业	0.55	0.72			
农、林、牧、渔服务业	0.09		0.43	0.24	

续表

	造纸印刷及文教体育用品制造业	工艺品及其他制造业（废品废料）	化学工业	研究与试验发展业	非农部门平均值
稻谷					0.03
小麦					0.03
玉米					0.06
大豆					0.03
其他粮食					0.01
油料作物					0.04
棉花（原棉）		0.09			0.06
蔬菜	0.36				0.06
其他种植业					0.09
林业	0.32		0.23		0.12
畜牧业		0.84			0.23
渔业				0.15	0.07
农、林、牧、渔服务业					0.04

从非农部门的角度来看，农业各部门产品提价对其产品价格的影响均不是很大，其中影响稍大的是畜牧业和林业，畜牧业和林业产品分别提价 10%，将会使得非农部门产品价格平均上涨 0.23% 和 0.12%。具体从分部门的角度来看，受农业各部门产品价格提高影响较大的部门多数比较集中，尤其集中于食品制造及烟草加工业、住宿和餐饮业、纺织服装鞋帽皮革羽绒及其制品业等，这些部门作为农业部门生产链的"下游部门"，受"上游部门"产品价格变动的影响较大。其中，影响超过 1% 的有：棉花提价 10% 带动纺织业产品价格提高 1.20%、林业提价 10% 将使得木材加工及家具制造业产品价格增长 1.64%、畜牧业产品提价 10% 将使得食品制造及烟草加工业产品价格增长 1.36%。

表 6.5　农业各部门产品提价 10% 对部分非农部门农村居民收入影响

（单位：%）

	食品制造及烟草加工业	住宿和餐饮业	纺织业	纺织服装鞋帽皮革羽绒及其制品业	木材加工及家具制造业
稻谷	−0.28	−0.28		−0.28	
小麦	−0.07	−0.25	−0.14		
玉米	−0.29	−0.44		−0.41	
大豆	−0.19	−0.31		−0.28	
其他粮食	−0.12	−0.31		−0.18	
油料作物	−0.38	−0.35		−0.33	
棉花（原棉）			0.53	−0.20	
蔬菜	−0.09	−0.44			
其他种植业	−0.25		−0.12	−0.32	
林业					0.86
畜牧业	0.15	−0.21			
渔业	−0.14	0.12			
农、林、牧、渔服务业	−0.45		−0.01	−0.20	

	造纸印刷及文教体育用品制造业	工艺品及其他制造业（废品废料）	化学工业	研究与试验发展业	非农部门平均值
稻谷					−0.28
小麦					−0.24
玉米					−0.40
大豆					−0.28
其他粮食					−0.19
油料作物					−0.33
棉花（原棉）		−0.23			−0.19
蔬菜	−0.28				−0.45
其他种植业					−0.31
林业	−0.09		−0.12		−0.19
畜牧业		−0.02			−0.57
渔业				−0.26	−0.33
农、林、牧、渔服务业					−0.24

从对农村居民收入影响的角度来看，农业各部门产品分别提价对非农部门农村居民收入均产生负面影响，但作用不是特别显著，其中影响较大的是畜牧业和蔬菜，畜牧业和蔬菜产品分别提价10%，受消费影响，将会使得非农部门农村居民收入平均减少0.57%和0.45%。具体从分部门的角度来看，与前部分结果类似，受农业各部门产品价格提高影响较大的部门依然主要集中于食品制造及烟草加工业、住宿和餐饮业、纺织服装鞋帽皮革羽绒及其制品业等。虽然整体上起到了阻碍作用，但个别部门产品提价对农村居民收入产生了一定程度的正向影响：如棉花提价10%将使得纺织业农村居民收入提高0.53%、林业提价10%将使得木材加工及家具制造业农村居民收入增长0.86%、畜牧业产品提价10%将使得食品制造及烟草加工业农村居民收入增长0.15%，渔业产品提价10%将使得住宿和餐饮业农村居民收入增长0.12%。究其原因，产品提价主要通过两条途径对居民收入产生影响：一是生产成本上升，不利于部门收入的提高；二是消费上涨，在一定程度上拉动了部门收入的增长。可见，上述部门产品提价之所以微弱的促进了某些部门收入的增长，是因为这些部门受消费的带动影响要大于受成本的影响。

二 农村农业从业人员收入提高对各部门产品价格的影响分析

如果直接将农村农业从业人员收入提高10%，则由式（6.30）可以计算由于农村农业从业人员收入提高，所引起的各部门产品价格变化率，结果见表6.6。

表6.6 农村农业从业人员收入提高10%对各部门产品价格的影响

部门编号	价格变化率	部门编号	价格变化率
1	6.81	22	0.2
2	0.25	23	0.19

续表

部门编号	价格变化率	部门编号	价格变化率
3	0.15	24	0.2
4	0.24	25	0.32
5	0.28	26	0.39
6	3.52	27	0.24
7	2.02	28	0.21
8	1.51	29	0.17
9	1.48	30	2.08
10	0.88	31	0.19
11	0.17	32	0.13
12	0.69	33	0.47
13	0.32	34	0.67
14	0.26	35	0.28
15	0.31	36	0.5
16	0.29	37	0.41
17	0.31	38	0.19
18	0.33	39	0.46
19	0.31	40	0.54
20	0.33	41	0.29
21	0.95		

可以看出，农村农业从业人员收入的提高将导致其他部门产品价格上涨，其中价格变化率超过 1% 的部门有：农林牧渔业 6.81%、食品制造及烟草加工业 3.52%、住宿和餐饮业 2.08%、纺织业 2.02%、纺织服装鞋帽皮革羽绒及其制品业 1.51%、木材加工及家具制造业 1.48%。这些部门是与农业部门关联较强的部门，农村农业从业人员工资提高后，造成农业产品价格上涨，同时通过成本推动，造成以上部门产品价格上涨较多。其余部门的价格增长率则均小于 1%。

根据我们的计算，农村农业从业人员收入提高 10% 将造成农村居民消费价格总体提高 2.36%，根据计算农村农业从业人员收入实际增长为 7.46%。从国民经济最终需求的角度看，农村居民的消费主要集中在农林牧渔业和食品制造及烟草加工业（这是因为我国农村居民的大部分消费仍然为满足基本的生活需求），这两个部门是受农村农业从业人员收入提高后价格上涨较大的两个部门，消费的提高在一定程度上抵消了农村农业从业人员收入的提高。因此可以看出，扣除消费的影响农村农业从业人员实际上的收入提高幅度为 7.46%。

综上，可以看出，随着我国国民经济各部门联系越来越深入和复杂，农产品提价以及农村农业从业人员收入提高都将通过传导作用，导致其他部门产品价格不同程度的增长，使两者对于提高农村居民收入的作用有所抵消。可见，单纯依靠直接提高农产品价格和补贴农民收入来提高农村居民收入是不够的，提高农民收入的最终途径要靠提高农业的产业化水平和单位劳动力生产率。

第六节　小结

本章主要从最终需求和最初投入的角度，对可能影响我国居民收入，特别是农村居民收入的几个问题进行了政策模拟研究。首先是在假定最终需求总量不变的基础上，分析了最终消费、资本形成、净出口，三者占 GDP 不同的比例构成对我国居民收入的影响。其次讨论了对我国农村居民收入影响较大的农产品价格、农村农业从业人员收入两类因素的变动影响。得到了以下一些结论：

第一，不同的最终需求结构对于我国城镇和农村居民收入的影响是不同的。从增加总收入水平的角度看，扩大最终消费和净出口占最终需求的比重对于我国居民总收入有正向拉动作用，而扩大资本形成占最终需求的比重则会减少我国居民总收入。依靠内需特别是消费需求拉动经济增长、增加居民收入是保持经济良性循环的重要因素，大幅度提高普通百姓的收入是当务之急。

第二，从缩小城乡居民收入比的角度看，扩大消费起到了积极作用，而扩张投资和净出口则不利于我国城乡居民收入比的缩小。合理调整拉动经济增长的"三驾马车"——消费、投资和出口占最终需求的比重可以起到调节部门间收入差异的作用。同时，配合相应的财政税收调节手段可以缩小我国部门间收入差距。

第三，直接提高农产品价格10%，将导致其他部门产品价格均有不同程度的提高，其中与农业有显著正相关关系的部门产品价格显著的上涨。农产品提价对本部门农村居民收入系数有明显的拉动作用，即本部门农村居民收入占其增加值的比重有所上升，对其他部门的农村居民收入系数的作用则不明显。扣除消费增长的因素，农村农业从业人员的实际收入上涨幅度较小。

第四，直接提高农村农业从业人员收入10%，受人力成本推动影响，也将导致其他部门产品价格上涨，其中与农业部门关联性较强的部门价格上涨比较明显。由于价格上涨将导致农村居民消费价格总体提高，最终通过计算可以发现，扣除消费增长的因素，农村农业从业人员的实际收入增长有所减小。

第五，本章研究是建立在诸多的假定之上，例如假定居民直接收入系数不变、收入发生变化时居民的消费倾向不变，价格传导无时滞、价格变动通过成本传导而不考虑供求影响等。如何将这些因素考虑进去，建立更符合实际的模拟模型，是进一步研究的重点。

表6.7　　　　　　　　　部门编号及名称

部门编号	部门名称	部门编号	部门名称
1	农、林、牧、渔业	22	电力、热力的生产和供应业
2	煤炭开采和洗选业	23	燃气生产和供应业
3	石油和天然气开采业	24	水的生产和供应业
4	金属矿采选业	25	建筑业

续表

部门编号	部门名称	部门编号	部门名称
5	非金属矿及其他矿采选业	26	交通运输及仓储业
6	食品制造及烟草加工业	27	邮政业
7	纺织业	28	信息传输、计算机服务和软件业
8	纺织服装鞋帽皮革羽绒及其制品业	29	批发和零售业
9	木材加工及家具制造业	30	住宿和餐饮业
10	造纸印刷及文教体育用品制造业	31	金融业
11	石油加工、炼焦及核燃料加工业	32	房地产业
12	化学工业	33	租赁和商务服务业
13	非金属矿物制品业	34	研究与试验发展业
14	金属冶炼及压延加工业	35	综合技术服务业
15	金属制品业	36	水利、环境和公共设施管理业
16	通用、专用设备制造业	37	居民服务和其他服务业
17	交通运输设备制造业	38	教育
18	电气机械及器材制造业	39	卫生、社会保障和社会福利业
19	通信设备、计算机及其他电子设备制造业	40	文化、体育和娱乐业
20	仪器仪表及文化办公用机械制造业	41	公共管理和社会组织
21	工艺品及其他制造业（含废品废料）		

第七章

基于结构分解分析模型的
我国居民收入增长因素分析

《中共中央关于制定国民经济和社会发展第十二个五年规划的建议》中，首次提出了居民收入增长要与经济增长同步，劳动报酬要与劳动生产率提高保持同步。未来几年，我国将采取更多有力措施合理调整收入分配，居民收入增长速度将进一步加快。

第一节　研究背景

改革开放以来，我国居民收入发生了翻天覆地的变化。1978 年我国城镇居民家庭人均可支配收入为 343.4 元、农村居民家庭人均纯收入为 133.6 元，到 2011 年我国城镇居民家庭人均可支配收入和农村居民家庭人均纯收入分别增加到 21809.8 元和 6977.3 元，增长了 62.5 倍和 51.2 倍。

通过前面章节的分析我们知道，我国城乡居民收入比呈现不同的阶段变化趋势，2002—2007 年我国城乡收入比盘旋扩大，而 2007—2010 年我国城乡收入比有所缩小：2002 年我国城乡居民收入比为 3.11：1，首次超过 3：1，此后几年我国城乡收入差距一直呈现不断加大的趋势，2007 年我国城乡居民收入比达到 3.33：1，城乡收入比为近几十年的最高值。此后我国城乡居民收入比开始发生积极变化，到 2010 年减小为 3.23：1，这是自 1997 年以来，农村居民实际收入增速在 2010 年首次超过城镇居民实际收入增速，并且明显高于 GDP 实际增速。那么，是什么因素对前后两个阶段的城乡居民收入增长产生了差异性影响？

本章我们在第二章建立的中国城乡居民收入分配投入占用产出模型的基础上，依据数据的可获得性，对 2002 年、2007 年、2010 年三个年份的城乡居民收入情况进行比较分析，建立了测算居民收入与最终需求关联关系影响模型，运用结构分解技术将我国居民收入的变动分解为居民直接收入系数、技术系数、GDP 总量、最终需求结构等因素的变动，研究分析了 2002—2007 年、2007—2010 年两个时间段我国居民收入快速增长的内在原因，试图对比找出两个阶段造成我国城镇和农村居民收入上涨的关键因素，从而寻找出 2002—2007 年我国城乡收入比不断拉大，以及 2007—2010 年城乡收入差距扩大有所放缓甚至缩小的原因。

第二节　我国居民收入增长的结构分解
分析模型

结构分解分析（structural decomposition analysis，SDA）目前是国内外投入产出技术实证研究的重要工具，其基本思路是将经济系统中某因变量的变动，分解为与之相关的各独立自变量变动的和，以测度其中每一自变量变动对因变量变动贡献的大小。目前，SDA 技术已经被广泛应用于经济增长、技术进步、贸易、就业、价格和能源等多个方面的经济分析研究中。[1]

---

① Dietzenbacher E., Bart L., "Structural Decomposition Analyses with Dependent Determinants", *Economic Systems Research*, Vol. 12, No. 4, 2000.

一　结构分解分析基本模型

本章主要利用我们第二章编制的中国城乡居民收入分配投入占用产出表，分析最终需求各组成部分与城乡居民收入之间的联系。根据研究的需要，我们将城乡居民收入分配投入占用产出表的最终需求部分细分为农村居民消费 f_i^R、城镇居民消费 f_i^U、政府消费 f_i^G、固定资本形成 f_i^I、库存增加 f_i^S、出口 f_i^E、进口 f_i^M 及其他 f_i^O 八个部分，其中第 i 个部门的进口 f_i^M 以负值表示。本章的主要目的是研究 2002 年以来我国居民收入增长的推动因素，根据数据的可获得性，我们使用了 2002 年、2007 年以及 2010 年中国城乡居民收入分配投入占用产出表，三张表格的编制工作已在第二章详细介绍。具体表式结构见 7.1。

表 7.1　　　　　　　　中国 2007 年农业投入占用产出表式结构

投入 \ 产出		中间需求 $1,\cdots,52$	最终需求									总产出
			农村	城镇	政府消费	资本形成	存货增加	出口	进口	其他	合计	
中间投入	1 ⋮ 52	z_{ij}	f_i^R	f_i^U	f_i^G	f_i^I	f_i^S	f_i^E	f_i^M	f_i^O	f_i^1	x_j
投入 \ 最初投入	居民收入	w_j^n										
	其他											
	增加值合计	v_j										
总投入		x_j										

根据静态价值型投入产出模型的行向平衡关系式：

$$\sum_{j=1}^{n} z_{ij} + f_i = x_i \qquad (7.1)$$

其中，$f_i = f_i^R + f_i^U + f_i^G + f_i^I + f_i^S + f_i^E + f_i^M + f_i^O$。中间流量矩阵 $Z =$

(z_{ij})，其元素 z_{ij} 表示第 j 个部门对第 i 个部门的直接消耗量；总产出列向量为 $X = (x_i)$，x_i 表示第 i 个部门的总产出。

将直接消耗系数矩阵 $A = (a_{ij}) = (z_{ij}/x_j)$ 代入上式，整理可得列昂惕夫模型的矩阵形式如下：

$$X = (I - A)^{-1}F = \tilde{B}F \tag{7.2}$$

定义各部门居民直接收入系数 A_{w^n} 如下：

$$A_{w^n} = (a_{w^n j}) = (w_j^n/x_j) \tag{7.3}$$

$a_{w^n j}$ 表示从第 j 个部门获得的居民收入占第 j 个部门总产出的比例。

则我国居民收入可表示为

$$W^n = \hat{A}_{w^n}X = \hat{A}_{w^n}\tilde{B}F \tag{7.4}$$

其中，$\hat{A}_{w^n} = diag(A_{w^n})$。

为了考虑 GDP、最终需求组成结构对我国居民收入的影响，本章将 GDP 分解为农村居民消费、城镇居民消费、政府消费、固定资本形成、库存增加、出口、进口等。并将最终需求列向量分解为

$$F = SY = SHG \tag{7.5}$$

其中，$S = (f^R, f^U, f^G, f^I, f^S, f^E, f^M, f^O)$ 为农村消费、城镇消费等最终需求对各部门消耗的结构矩阵；

Y 为各类最终需求合计列向量 $Y = (R, U, G, I, S, E, M, O)^T$；

H 为最终需求结构对角矩阵 $H = diag(R, U, G, I, S, E, M, O)/V$，其元素为各类最终需求合计占 GDP 的比重；

G 为增加值合计 $G = \mu V$，μ 是元素均为 1 的列向量。

$R = \sum_{i=1}^{n} f_i^R,\ U = \sum_{i=1}^{n} f_i^U,\ G = \sum_{i=1}^{n} f_i^G,\ I = \sum_{i=1}^{n} f_i^I,$

$S = \sum_{i=1}^{n} f_i^S,\ E = \sum_{i=1}^{n} f_i^E,\ M = \sum_{i=1}^{n} f_i^M,\ O = \sum_{i=1}^{n} f_i^O,$

$S^R = (f_i^R/R)_{n \times 1},\ S^U = (f_i^U/U)_{n \times 1},\ S^G = (f_i^G/G)_{n \times 1},\ S^I = (f_i^I/D)_{n \times 1},$

$$S^S = (f_i^S/S)_{n \times 1}, S^E = (f_i^E/E)_{n \times 1}, S^M = (f_i^M/M)_{n \times 1}, S^O = (f_i^O/O)_{n \times 1},$$

进而可得，

$$W^n = \hat{A}_{w^*} X = \hat{A}_{w^*} \tilde{B} F = \hat{A}_{w^*} \tilde{B} SY = \hat{A}_{w^*} \tilde{B} SHG \qquad (7.6)$$

二　结构分解分析模型

本章的主要目的为分析 2002—2010 年我国居民收入的变化情况，根据数据的可获得性，我们主要考察 2002—2007 年、2007—2010 年两个时间段。假定基期记为 0，报告期记为 1。根据式（7.4）我国居民收入列向量对应的两极分解公式如下：

$$
\begin{aligned}
\Delta W^n &= W_1^n - W_0^n \\
&= \hat{A}_{w^*1} \widetilde{B_1} F_1 - \hat{A}_{w^*0} \widetilde{B_0} F_0 \\
&= \hat{A}_{w^*1} \widetilde{B_1} F_1 - \hat{A}_{w^*0} \widetilde{B_1} F_1 + \hat{A}_{w^*0} \widetilde{B_1} F_1 - \hat{A}_{w^*0} \widetilde{B_0} F_1 \\
&\quad + \hat{A}_{w^*0} \widetilde{B_0} F_1 - \hat{A}_{w^*0} \widetilde{B_0} F_0 \\
&= \Delta \hat{A}_{w^*} \widetilde{B_1} F_1 + \hat{A}_{w^*0} \Delta \tilde{B} F_1 + \hat{A}_{w^*0} \widetilde{B_0} \Delta F \qquad (7.7)
\end{aligned}
$$

同理，

$$
\begin{aligned}
\Delta W^n &= W_1^n - W_0^n \\
&= \hat{A}_{w^*1} \widetilde{B_1} F_1 - \hat{A}_{w^*0} \widetilde{B_0} F_0 \\
&= \hat{A}_{w^*1} \widetilde{B_1} F_1 - \hat{A}_{w^*1} \widetilde{B_1} F_0 + \hat{A}_{w^*1} \widetilde{B_1} F_0 - \hat{A}_{w^*1} \widetilde{B_0} F_0 + \hat{A}_{w^*1} \widetilde{B_0} F_0 \\
&\quad - \hat{A}_{w^*0} \widetilde{B_0} F_0 \\
&= \Delta \hat{A}_{w^*} \widetilde{B_0} F_0 + \hat{A}_{w^*1} \Delta \tilde{B} F_0 + \hat{A}_{w^*1} \widetilde{B_1} \Delta F \qquad (7.8)
\end{aligned}
$$

结合式（7.7）和式（7.8）可以计算各因素变动对居民收入的作用，相应的 SDA 结构分解公式如下：

$$
\begin{aligned}
\Delta W^n &= (\Delta \hat{A}_{w^*} \widetilde{B_0} F_0 + \Delta \hat{A}_{w^*} \widetilde{B_1} F_1)/2 \\
&\quad + (\hat{A}_{w^*0} \Delta \tilde{B} F_1 + \hat{A}_{w^*1} \Delta \tilde{B} F_0)/2 \\
&\quad + (\hat{A}_{w^*0} \widetilde{B_0} \Delta F + \hat{A}_{w^*1} \widetilde{B_1} \Delta F)/2 \qquad (7.9)
\end{aligned}
$$

因此，居民收入系数的变动，即居民收入占单位产出比重的变动 $\Delta \hat{A}_{w^{\cdot}}$ 对居民收入的影响效应可以通过 $(\Delta \hat{A}_{w^{\cdot}} \widetilde{B_0} F_0 + \Delta \hat{A}_{w^{\cdot}} \widetilde{B_1} F_1)/2$ 计算得到。依此类推，技术系数的变动 $\Delta \tilde{B}$ 对居民收入的影响效应可以通过 $(\hat{A}_{w^{\cdot}0} \Delta \tilde{B} F_1 + \hat{A}_{w^{\cdot}1} \Delta \tilde{B} F_0)/2$ 计算得到，最终需求合计 ΔF 对居民收入的影响效应可以通过 $(\hat{A}_{w^{\cdot}0} \widetilde{B_0} \Delta F + \hat{A}_{w^{\cdot}1} \widetilde{B_1} \Delta F)/2$ 计算的得到。

由式（7.5）可知，$F = SY$，因此进一步可以将最终需求合计列向量 F 分解为各类最终需求结构系数矩阵 S 与各项最终需求合计列向量 Y 的乘积，可得如下两极分解公式：

$$\Delta W^n = \Delta \hat{A}_{w^{\cdot}} \widetilde{B_1} S_1 Y_1 + \hat{A}_{w^{\cdot}0} \Delta \tilde{B} S_1 Y_1 + \hat{A}_{w^{\cdot}0} \widetilde{B_0} \Delta S Y_1 + \hat{A}_{w^{\cdot}0} \widetilde{B_0} S_0 \Delta Y$$

$$(7.10)$$

$$\Delta W^n = \Delta \hat{A}_{w^{\cdot}} \widetilde{B_0} S_0 Y_0 + \hat{A}_{w^{\cdot}1} \Delta \tilde{B} S_0 Y_0 + \hat{A}_{w^{\cdot}1} \widetilde{B_1} \Delta S Y_0 + \hat{A}_{w^{\cdot}1} \widetilde{B_1} S_1 \Delta Y$$

$$(7.11)$$

相应的 SDA 结构分解公式如下：

$$\Delta W^n = (\Delta \hat{A}_{w^{\cdot}} \widetilde{B_1} S_1 Y_1 + \Delta \hat{A}_{w^{\cdot}} \widetilde{B_0} S_0 Y_0)/2 + (\hat{A}_{w^{\cdot}0} \Delta \tilde{B} S_1 Y_1 + \hat{A}_{w^{\cdot}1} \Delta \tilde{B} S_0 Y_0)/2$$

$$+ (\hat{A}_{w^{\cdot}0} \widetilde{B_0} \Delta S Y_1 + \hat{A}_{w^{\cdot}1} \widetilde{B_1} \Delta S Y_0)/2 + (\hat{A}_{w^{\cdot}0} \widetilde{B_0} S_0 \Delta Y + \hat{A}_{w^{\cdot}1} \widetilde{B_1} S_1 \Delta Y)/2$$

$$(7.12)$$

其中，ΔS 表示消费、资本形成、出口等消耗结构的变动，表示消费、资本形成、出口等总量的变动。

同理，$F = SY = SHG$，进一步将最终需求合计列向量 F 分解为各类最终需求结构系数矩阵 S、GDP 结构矩阵 H 以及增加值合计列向量 G 的乘积，居民收入列向量可以做如下两极分解公式：

$$\Delta W^n = \Delta \hat{A}_{w^{\cdot}} \widetilde{B_1} S_1 H_1 G_1 + \hat{A}_{w^{\cdot}0} \Delta \tilde{B} S_1 H_1 G_1 + \hat{A}_{w^{\cdot}0} \widetilde{B_0} \Delta S H_1 G_1$$

$$+ \hat{A}_{w^{\cdot}0} \widetilde{B_0} S_0 \Delta H G_1 + \hat{A}_{w^{\cdot}0} \widetilde{B_0} S_0 H_0 \Delta G$$

$$(7.13)$$

$$\Delta W^n = \Delta \dot{A}_{w^*} \widetilde{B_0} S_0 H_0 G_0 + \dot{A}_{w^{*1}} \Delta \tilde{B} S_0 H_0 G_0 + \dot{A}_{w^{*1}} \widetilde{B_1} \Delta S H_0 G_0$$
$$+ \dot{A}_{w^{*1}} \widetilde{B_1} S_1 \Delta H G_0 + \dot{A}_{w^{*1}} \widetilde{B_1} S_1 H_1 \Delta G$$

$$(7.14)$$

根据式（7.13）和式（7.14）可得相应的 SDA 结构分解公式：

$$\Delta W^n = (\Delta \dot{A}_{w^*} \widetilde{B_1} S_1 H_1 G_1 + \Delta \dot{A}_{w^*} \widetilde{B_0} S_0 H_0 G_0)/2$$
$$+ (\dot{A}_{w^{*0}} \Delta \tilde{B} S_1 H_1 G_1 + \dot{A}_{w^{*1}} \Delta \tilde{B} S_0 H_0 G_0)/2$$
$$+ (\dot{A}_{w^{*0}} \widetilde{B_0} \Delta S H_1 G_1 + \dot{A}_{w^{*1}} \widetilde{B_1} \Delta S H_0 G_0)/2$$
$$+ (\dot{A}_{w^{*0}} \widetilde{B_0} S_0 \Delta H G_1 + \dot{A}_{w^{*1}} \widetilde{B_1} S_1 \Delta H G_0)/2$$
$$+ (\dot{A}_{w^{*0}} \widetilde{B_0} S_0 H_0 \Delta G + \dot{A}_{w^{*1}} \widetilde{B_1} S_1 H_1 \Delta G)/2 \quad (7.15)$$

其中，ΔH 表示消费、资本形成、出口等占 GDP 比重的变动，ΔG 表示 GDP 总量的变动。

已知，

$$S = S^R + S^U + S^G + S^I + S^S + S^E + S^M + S^O \quad (7.16)$$

$$Y = Y^R + Y^U + Y^G + Y^I + Y^S + Y^E + Y^M + Y^O \quad (7.17)$$

$$H = H^R + H^U + H^G + H^I + H^S + H^E + H^M + H^O \quad (7.18)$$

因此，各类最终需求结构系数矩阵 S、各项最终需求合计矩阵 Y 以及 GDP 结构矩阵 H 还可以进一步根据农村居民消费、城镇居民消费、政府消费、固定资本形成、库存增加、出口、进口等进行分解，从而测度各个部分变动对我国居民收入的拉动作用。相应的 SDA 结构分解公式与前几个部分类似，在此不再赘述。

其中，$S^R = (f^R\ 0\ 0\ 0\ 0\ 0\ 0\ 0)$，$S^U = (0\ f^U\ 0\ 0\ 0\ 0\ 0\ 0)$，$\cdots$，$S^O = (0\ 0\ 0\ 0\ 0\ 0\ 0\ f^O)$ 表示各项最终需求构成的部门结构矩阵。

$Y^R = (R\ 0\ 0\ 0\ 0\ 0\ 0\ 0)^T$，$Y^U = (0\ U\ 0\ 0\ 0\ 0\ 0\ 0)^T$，$\cdots$，$Y^O = (0\ 0\ 0\ 0\ 0\ 0\ 0\ O)^T$ 表示各项 GDP 构成的总量矩阵。

$H^R = (R/V\ 0\ 0\ 0\ 0\ 0\ 0\ 0)^T$, $H^U = (0\ U/V\ 0\ 0\ 0\ 0\ 0\ 0)^T$,

$\cdots$, $H^O = (0\ 0\ 0\ 0\ 0\ 0\ 0\ O/V)^T$ 表示各项 GDP 构成的结构矩阵。

第三节　我国居民收入增长因素分解实证研究

一　数据及表格的处理

本章主要利用第二章编制的中国城乡居民收入分配投入占用产出表分析 2002—2007 年与 2007—2010 年两个时间段我国居民收入增长的内在因素，主要考虑了现价表、可比价表以及指数调整表三种表式，最终选择现价表作为研究的数据出发点。

可比价表：可比价投入产出序列表可以更加真实地反映经济的实际变化，因此利用可比价表进行 SDA 结构分解分析最符合实际。2010 年 3 月，中国人民大学刘起运教授和国家统计局联合编制了 1997 年、2002 年、2005 年可比价投入产出表。考虑到研究的时效性以及可比价表编制的复杂性，本书选择使用 2002 年、2007 年以及 2010 年延长投入产出现价表。

指数调整表：指数调整投入产出表是利用 GDP 平减指数或 CPI 等指标剔除投入产出表中的价格因素。根据王会娟（2012）的分析可知，指数调整表是现价表结果量值不同程度的缩小，其结果与现价表近似，并且指数调整表偏离可比价表结果比现价表的偏离程度更大。因此，本章没有采用指数调整表。[①]

现价表：现价表是没有剔除价格因素的原始投入产出表，由于本书讨论的是居民收入分配问题，收入本身是直接作用于消费等部分的价值量，因此包含价格因素来讨论收入问题更符合实际性，更

---

① 王会娟：《分等级就业投入占用产出模型及其应用》，博士学位论文，中国科学院，2012 年，第 96—97 页。

能反映收入的真实情况。

综上，本章选择使用第二章编制的 2002 年、2007 年以及 2010 年城乡居民收入分配投入占用产出现价表。通过比较可以发现，三个年份的表格在部门分类上稍有不同，遵循尽量保留较多部门的原则，将三张投入产出表统一合并为 52 部门，其中前 13 个部门为农业部门，后 29 个部门为非农业部门。

二　结果分析

（一）基本因素变动分析

根据公式（7.9）可以将我国居民收入的变动分解为直接居民收入分配系数对角矩阵 $\hat{A}_w$、完全需求系数矩阵 $\tilde{B}$、最终需求合计 F 三个基本因素的变动。本小节主要利用上述基本因素的分解对 2002—2007 年、2007—2010 年两个时间段里我国居民总收入、农村居民收入、城镇居民收入的变动进行研究。

1. 2002—2007 年居民收入结构分解基本因素变动分析

2002 年我国居民初次分配总收入为 67844.99 亿元，2007 年提高至 155654.14 亿元，比 2002 年增加了 87809.15 亿元，上涨了 1.29 倍。其中，2007 年农村居民初次分配总收入增加了 21903.55 亿元，提高了 1.15 倍，占全国收入增加的 24.94%；城镇居民初次分配总收入增加了 65905.60 亿元，提高了 1.35 倍，占全国收入增加的 75.06%。可以看出，不仅在增长速度上城镇居民收入略高于农村居民收入，并且由于城镇居民收入的基数较大，其增长绝对量占到了全国居民收入增加的四分之三。

如表所示，2002—2007 年间对我国居民收入增长贡献最大的为各部门最终需求合计的变动 ΔF，即各部门的增加值。总体上说，各部门最终需求合计的变动对我国居民收入提高的贡献率为 89.95%。其中，各部门增加值的变动对农村居民收入提高的贡献率为 80.53%，对城镇居民收入提高的贡献率为 93.08%，可见经济的快速发展对我国居民收入的提高起到了显著的拉动作用，是促进我国居民收入增长的最重要因素。

表7.2　　　　　　2002—2007 年基本因素对居民收入影响分析　　（单位：亿元）

2002—2007	全国		农村		城镇	
居民收入增加	87809.15		21903.55		65905.60	
	绝对量	相对量	绝对量	相对量	绝对量	相对量
$\Delta \hat{A}_{wn}$	−885.29	−1.01	3316.90	15.14	−4202.20	−6.38
$\Delta \bar{B}$	9709.89	11.06	948.56	4.33	8761.32	13.29
ΔF	78984.56	89.95	17638.09	80.53	61346.47	93.08

技术系数 $\Delta \bar{B}$，即完全需求系数对我国居民收入的提高也起到了一定正向作用，对全国居民收入提高的贡献率为 11.06%。其中，技术系数的变动对农村居民收入提高的贡献率为 4.33%，对城镇居民收入提高的贡献率为 13.29%。技术进步是促进居民收入提高的重要因素之一，但技术进步对于农村居民收入提高的贡献率仅为城镇居民的三分之一左右，这是由于我国农村居民大都从事劳动密集型部门，其收入受技术进步的影响相对较小。

居民直接收入系数的变动 $\Delta \hat{A}_w$ 对我国居民收入的提高起到了一定的负向影响，总共使得我国居民收入减少 1.01%。原因是全国居民、农村居民及城镇居民的直接收入系数平均值均有所下降，单位产出所产生的居民收入由 2002 年的 0.216 下降为 2007 年的 0.190。这也反映出，虽然我国居民收入绝对量一直在提高，但其增长速度却明显低于 GDP 增速，我国居民并没有充分享受到经济增长的果实。居民直接收入系数的变动对农村和城镇居民收入的变动起到了完全相反的影响效果。城镇居民直接收入系数的变动使得城镇居民收入减少了 4202.2 亿元，占城镇居民收入变动的 6.38%。农村居民直接收入系数的变动拉动农村居民收入上涨 3316.9 亿元，占到农村居民收入增加量的 15.14%。究其原因，2002—2007 年虽然我国农村居民直接收入系数平均值呈下降趋势，但我国农村居民的农林牧渔业直接居民收入系数由 0.477 上升为 0.621，对农村居民收入的拉动较为明显。

2. 2007—2010 年居民收入结构分解基本因素变动分析

2010 年我国居民初次分配总收入为 223790.34 亿元，比 2007 年增加了 68136.20 亿元，上涨了 43.77%。其中，农村居民初次分配总收入增加了 11332.32 亿元，比 2007 年提高了 27.66%，占全国收入增加的 16.63%；城镇居民初次分配总收入增加了 56803.87 亿元，提高了 49.53%，占全国收入增加的 83.37%。与 2002— 2007 年我国居民收入增加情况相比可以发现，2007—2010 年我国居民收入在绝对量上有较大幅度提高，但增长速度有所放缓。其中，城镇居民的收入增长占比进一步加大，虽然从人均收入水平上看，2010 年我国城乡收入差距比有所减小，但由于我国城镇化水平的逐年加快，在总量上城镇和农村的居民收入差距还是在进一步扩大，这也是城镇居民收入增长占比变大的一个重要原因。

表 7.3　　　　　2007—2010 年基本因素对居民收入影响分析　　（单位：亿元）

2007—2010	全国		农村		城镇	
居民收入增加	68136.20		11332.32		56803.87	
	绝对量	相对量	绝对量	相对量	绝对量	相对量
$\Delta \hat{A}_{wn}$	−10686.42	−15.68	−5673.04	−50.06	−5013.38	−8.83
$\Delta \bar{B}$	4388.84	6.44	2418.93	21.35	1969.91	3.47
ΔF	74433.78	109.24	14586.43	128.72	59847.35	105.36

2007—2010 年间对我国居民收入增长贡献最大的仍然是各部门最终需求合计的变动 ΔF，并且相比于 2002—2007 年阶段经济的增长对居民收入的拉动作用进一步加大，贡献率由 89.95% 上升为 109.24%。后一阶段的最终需求合计变动所带动的农村居民收入增加的效果明显高于前一阶段，贡献率由 80.53% 提高为 128.72%。

因此，这一阶段增加值变动的影响对于缩小城乡收入差距起到了积极作用。

2007—2010 年技术系数的变动 $\Delta \bar{B}$，依然在一定程度上促进了我国居民收入的提高，对全国居民收入提高的贡献率为 6.44%，较上一阶段有所减小。其中，变化较大的是技术系数的变动对农村居民收入增加的影响有了显著提高，贡献率由 4.33% 上涨为 21.35%。近几年，我国政府大力推进现代农业建设，农业生产的科技含量不断提高，这些政策措施对于农村居民收入的提高产生了极大的促进作用。

两个时间段上的居民直接收入系数的变动 $\Delta \dot{A}_w$ 均对我国居民收入的增加起到了负面影响。事实上，这一阶段的全国居民直接收入系数平均值依然在减小，单位产出所产生的居民收入由 2007 年的 0.190 下降为 2010 年的 0.179。其中，农村居民直接收入系数的变动对农村居民收入的影响发生了方向性的变化，由上一阶段正向贡献率 15.14% 变化为负向影响 50.06%，总共使得农村居民收入减少 5673.04 亿元。主要原因是，2007—2010 年不仅我国农村居民直接收入系数平均值呈下降趋势，其中农林牧渔业直接居民收入系数也由 0.621 下降为 0.546，即单位产出所产生的农村居民收入有所减小，从而对农村居民收入的增加产生了明显的不利影响。

（二）最终需求总量变动影响

由前一小节的分析可知，各部门最终需求合计的变动是促进我国居民收入提高的主要因素。那么，GDP 总量的变动以及其各项组成部分的变动，如农村居民消费合计、城镇居民消费合计、政府消费合计、固定资本形成合计、库存增加合计、出口合计、进口合计等的变动对我国居民收入的增长分别起到了怎样的影响？本小节我们将进一步计算各类最终需求合计的变动对我国居民收入的影响。

1.2002—2007 年居民收入最终需求总量变动影响

根据公式（7.12）可以计算各类最终需求合计的变动对我国居民收入的影响，结果见表 7.4。可以看出，GDP 总量及其 8 个组成部分对我国居民收入的提高均有正向促进作用。其中，由于在城乡居民收入分配投入占用产出表中进口项用负值表示，故在表中虽然 ΔY_M 为负值，但实际上进口总额的增加对我国居民收入的提高起到了正向拉动作用。

表 7.4　　2002—2007 年最终需求总量变动对我国居民收入的影响分析

（单位：亿元）

2002—2007	全国		农村		城镇	
	绝对量	相对量	绝对量	相对量	绝对量	相对量
ΔY	81195.15	92.47	21440.40	97.89	59754.75	90.67
ΔY_R	4774.03	5.44	2271.38	10.37	2502.65	3.80
ΔY_U	20207.68	23.01	7195.46	32.85	13012.22	19.74
ΔY_G	10890.44	12.40	1043.69	4.76	9846.74	14.94
ΔY_I	32696.24	37.24	6073.55	27.73	26622.69	40.40
ΔY_S	2056.21	2.34	848.23	3.87	1207.98	1.83
ΔY_E	33516.13	38.17	7683.44	35.08	25832.69	39.20
ΔY_M	−24035.70	−27.37	−5172.03	−23.61	−18863.66	−28.62
ΔY_O	1090.13	1.24	1496.69	6.83	−406.56	−0.62

2002—2007 年间，GDP 总量的变动 ΔY 促进我国居民收入增加 81195.15 亿元，占全国居民收入增加的 92.47%，对农村和城镇居民收入上涨的贡献率均超过 90%。促进我国居民收入提高最多的为出口总额的增加 ΔY_E，其次为固定资本形成总额的增加 ΔY_I 和城镇居民消费总量的增加 ΔY_U。其中，上述三项对农村和城镇居民收入影响程度稍有不同，对农村居民收入拉动最大的为出口总额的增加，城镇居民消费总量增加的影响要大于固定资本形成总额增加的影响；对于城镇居民收入拉动最大的为固定资本

形成总额的增加，其次为出口总额和城镇居民消费总量的增加。可见过去十几年，出口和投资在拉动我国经济快速发展的同时，也较大幅度地提高了我国居民的收入。消费作为拉动我国经济增长的"三驾马车"之一，对促进我国居民收入的提高也起到了积极作用，尤其是作为消费主力的城镇居民消费。消费与居民收入之间存在重要的关联性，消费的增加会拉动各部门产出的增加，从而增加居民部门的收入，居民部门收入的增加又会刺激其对各生产产品的消费，因此消费与收入之间的良性循环关系对促进居民收入提高有显著作用。

2. 2007—2010 年居民收入最终需求总量变动影响

2007—2010 年间，GDP 总量的变动 ΔY 对我国居民收入的拉动作用进一步加大，带动我国居民收入增加 77864.84 亿元，占全国收入增加量的 114.28%。其中，对于我国农村居民收入的促进作用更加显著，贡献率为 164.1%，明显高于前一阶段，这与之前基本因素的分析结果相吻合。

通过对比可以看出，两个阶段对我国居民收入拉动作用最大的前三项均为出口总额、固定资本形成及城镇居民消费的变动，不同的是，两个阶段中三者的作用大小顺序有所不同。2007—2010 年对我国居民、农村居民及城镇居民收入增加影响最大的因素为固定资本形成，而不是 2002—2007 阶段的出口总额增加。为应对 2008 年全球金融危机，我国政府采取了以 4 万亿投资为代表的扩张性财政政策来缓解金融危机的影响，这 4 万亿投资中的大部分资金投向了基础设施建设，通过部门间的相互联系，固定资本形成的增加进一步拉动了其他部门的产出，从而带动各部门居民收入增加。2007—2010 阶段出口总额的增加对我国居民收入的拉动作用由上一阶段的第一位减弱至第三位，这与近几年我国转变经济发展方式，消费、投资、出口三者协调发展，依靠扩大内需促进经济发展的方针策略有一定的关系。

表 7.5　2007—2010 年最终需求总量变动对我国居民收入的影响分析

（单位：亿元）

2007—2010	全国		农村		城镇	
	绝对量	相对量	绝对量	相对量	绝对量	相对量
ΔY	77864.84	114.28	18596.24	164.10	59268.60	104.34
ΔY_R	5017.63	7.36	2324.33	20.51	2693.30	4.74
ΔY_U	22431.45	32.92	7654.89	67.55	14776.57	26.01
ΔY_G	11969.38	17.57	1091.13	9.63	10878.25	19.15
ΔY_I	40406.40	59.30	6714.82	59.25	33691.58	59.31
ΔY_S	2569.67	3.77	969.01	8.55	1600.66	2.82
ΔY_E	8579.27	12.59	1966.68	17.35	6612.59	11.64
ΔY_M	−14183.20	−20.82	−3201.97	−28.26	−10981.23	−19.33
ΔY_O	1074.24	1.58	1077.37	9.51	−3.13	−0.01

（三）各项最终需求部门结构变动分析

上一小节从总量的角度，分析了 GDP 总量的变动以及农村居民消费合计、城镇居民消费合计、资本形成合计、出口总额等各组成部分合计的变动对我国居民收入增加的影响，本小节进一步讨论各项最终需求的部门结构对居民收入变动的影响。各项最终需求部门结构是指各部门农村居民消费、城镇居民消费、政府消费、资本形成、出口、进口等占各类最终需求合计的比例，其中 ΔS^R 表示农村居民消费的部门结构变化，即各部门农村居民消费占农村居民消费合计比重的变化，ΔS_U 表示城镇居民消费的部门结构变化、ΔS_G 表示政府消费的部门结构变化、ΔS_I 表示固定资本形成的部门结构变化、ΔS_S 表示存货增加的部门结构变化、ΔS_E 表示出口的部门结构变化、ΔS_M 表示进口的部门结构变化、ΔS_O 表示其他项的部门结构变化。其他项在投入产出表中主要起到了平衡数据的作用，属于误差调整项，没有实际经济意义，因此不做具体分析。

1. 2002—2007 年居民收入各项最终需求结构变动分析

根据计算得到的各项最终需求部门结构变动对我国居民收入变动的影响，结果见表 7.6。总的来说，2002 年到 2007 年间各项最终需求的部门结构变动 ΔS 阻碍了我国居民收入的增加，总共使得我国居民收入减少 2210.59 亿元，占全部居民收入增长的 -2.52%。具体来看，各项最终需求的部门结构变动均对我国居民收入的提高起到了阻碍作用，影响较大的是城镇居民消费结构的变动，其次是固定资本形成及出口的部门结构变动。

表 7.6　　2002—2007 年各项最终需求结构变动对我国居民收入的

影响分析　　　　　　　（单位：亿元）

2002—2007	全国		农村		城镇	
	绝对量	相对量	绝对量	相对量	绝对量	相对量
ΔS	-2210.59	-2.52	-3802.31	-17.36	1591.72	2.42
ΔS_R	-340.98	-0.39	-888.69	-4.06	547.71	0.83
ΔS_U	-1359.73	-1.55	-1900.75	-8.68	541.01	0.82
ΔS_G	-196.10	-0.22	22.86	0.10	-218.96	-0.33
ΔS_I	-645.60	-0.74	-459.93	-2.10	-185.67	-0.28
ΔS_S	-18.75	-0.02	33.70	0.15	-52.44	-0.08
ΔS_E	-498.46	-0.57	-688.27	-3.14	189.81	0.29
ΔS_M	201.94	0.23	75.39	0.34	126.55	0.19
ΔS_O	647.10	0.74	3.39	0.02	643.71	0.98

各项最终需求的部门结构变动对农村居民收入和城镇居民收入的影响有所不同。各项最终需求的部门结构变动 ΔS 对我国农村居民收入的抑制作用较大，使得农村居民收入减少 3802.31 亿元，占全部农村居民收入增加量的 -17.36%。主要表现在 ΔS_U 使得农村居民收入减少 1900.7 亿元，占 ΔS 对农村居民收入影响的一半左右，即城镇居民消费结构的变动不利于农村居民收入的增加。其次是农村居民消费结构的变动 ΔS_R 和出口总额的变动 ΔS_E，分别使得

我国农村居民收入减少 888.69 亿元和 688.27 亿元。分部门来看，城镇及农村居民消费结构的变动对农村居民收入的影响主要体现在农业部门，2002—2007 年我国城镇居民对农业部门的消费量占其消费合计的比例由 30.32% 下降为 21.22%，农村居民对农业部门的消费量占其消费合计的比例由 15.24% 下降为 8.30%，其消费结构的变动在一定程度上阻碍了农村居民收入的增加。从出口结构上看，阻碍我国农村居民收入提高的部门有：农业、批发和零售业、纺织业等。通过计算发现，对农村居民收入增长产生正向影响的是政府消费部门结构变动 ΔS_G、存货增加部门结构变动 ΔS_S，但作用均不是特别明显。从农业与非农两大部门来看，国民经济各部门中对农村居民收入影响最大的仍然是农业部门，除此之外，这期间农村居民消费结构变动、城镇居民消费结构变动以及出口结构变动阻碍了农业部门农村居民收入，但却促进了非农部门农村居民收入的提高。

与农村居民收入影响不同的是，各项最终需求的部门结构变动在一定程度上拉动了我国城镇居民收入的增长，ΔS 促进我国城镇居民收入增加 1591.72 亿元，占其收入增加总量的 2.42%。主要影响因素是农村居民消费的部门结构变动 ΔS_R，拉动城镇居民收入增加 547.71 亿元，其次是城镇居民消费的部门结构变动，带动城镇居民收入上涨 541.01 亿元。此阶段，对城镇居民收入提高起消极影响的因素有：政府消费的部门结构变动 ΔS_G、固定资本形成的部门结构变化 ΔS_I、存货增加的部门结构变化 ΔS_S，三者作用之和小于城镇居民收入增加量的 −1%，作用不是特别明显。

通过对比可以发现，2002—2007 阶段政府消费部门结构变动 ΔS_G、存货增加部门结构变动 ΔS_S 有利于农村居民收入的提高，这些变动对于缩小我国城乡居民收入差距起到了一定的积极作用。而农村居民消费、城镇居民消费及出口的部门结构变动则不利于我国城乡居民收入差距的缩小。

2. 2007—2010 年居民收入各项最终需求结构变动分析

与 2002—2007 阶段对比，2007 年到 2010 年间各项最终需求的部门结构变动 ΔS 依然不利于我国居民收入的增加，使得我国居民收入减少 3431.06 亿元，占此阶段居民收入总量的 −5.04%，阻碍作用进一步加大。大部分最终需求的部门结构变动对我国居民收入的提高起了负面作用。与前一阶段不同的是，后一阶段政府消费的部门结构变动、进口的部门结构变动分别拉动收入增长 357.83 亿元、328.49 亿元，占收入增长总量的 0.53% 和 0.48%，其余几项最终需求的部门结构变动均对我国居民收入的提高起到了阻碍作用。

各项最终需求的部门结构变动对农村居民收入和城镇居民收入的影响与 2002—2007 阶段相比有很大的不同。其中，各项最终需求的部门结构变动 ΔS 对我国农村居民收入的抑制作用进一步变大，使得农村居民收入减少 4009.82 亿元，为上一阶段的 1.05 倍，占此阶段全部农村居民收入增加量的 −35.38%。与前一阶段不同的是，后阶段对农村居民收入增长产生正向影响的不再是政府消费及存货增加的部门结构变动，而是进口的部门结构变化 ΔS_M 与固定资本形成的部门结构变化 ΔS_I，分别促进我国农村居民收入增长 616.03 亿元和 595.67 亿元。2007—2010 年固定资本形成占比增加较大的部门为：交通设备制造业、房地产业等，即提高这些部门的固定资本形成有利于提高我国农村居民收入。其余几项均起到了负面影响，主要表现在城镇居民消费的部门结构变动使得农村居民收入减少 1725.97 亿元，其次是存货增加与出口项的部门结构变动分别使得其收入减少 803.94 亿元和 247.76 亿元。2007—2010 年，我国城镇居民消费部门结构变化较大的部门是：农业部门的消费比重下降 2.57%、批发与零售业下降 1.56%、住宿与餐饮业下降 1.23%，这些部门的消费比重下降不利于我国农村居民收入的提高。综上可以看出，前后两个阶段城镇居民消费部门结构变动均是阻碍我国农村居民收入增长的主要消极因素，究其原因主要是对农业部门产品消费的减少造成的；后一阶段拉动农村居民收入增长的主要因素是固定资本形成的部门结构变化，前一阶段拉动农村居民收入增长的政府消费及存货增加的部门结构变动在此阶段变为负向影响。

表 7.7　　　2007—2010 年各项最终需求结构变动对我国居民收入的
影响分析　　　　　　　　　　　（单位：亿元）

2007—2010	全国		农村		城镇	
	绝对量	相对量	绝对量	相对量	绝对量	相对量
ΔS	-3431.06	-5.04	-4009.82	-35.38	578.75	1.02
ΔS_R	-144.90	-0.21	-143.58	-1.27	-1.32	0.00
ΔS_U	-1691.98	-2.48	-1725.97	-15.23	33.98	0.06
ΔS_G	357.83	0.53	-32.18	-0.28	390.01	0.69
ΔS_I	-151.96	-0.22	595.67	5.26	-747.64	-1.32
ΔS_S	-422.41	-0.62	-803.94	-7.09	381.52	0.67
ΔS_E	-203.57	-0.30	-247.76	-2.19	44.19	0.08
ΔS_M	-328.49	-0.48	-616.03	-5.44	287.54	0.51
ΔS_O	-845.57	-1.24	-1036.03	-9.14	190.46	0.34

2007—2010 年各项最终需求的部门结构变动依然对城镇居民收入的增长起正向拉动作用，带动我国城镇居民收入增加 578.75 亿元，占此阶段城镇居民收入增加总量的 1.02%，为前阶段收入增加量的 36.36%，拉动作用有所减弱。政府消费的部门结构变动 ΔS_G、存货增加的部门结构变化 ΔS_S 由前阶段的负向影响变为正向影响，分别使得城镇居民收入增长 390.01 亿元和 381.52 亿元，但拉动作用依然不显著。主要的消极影响因素为固定资本形成的部门结构变化 ΔS_I 与进口的部门结构变动 ΔS_M，使得城镇居民收入减少 747.64 亿元和 287.54 亿元。

由表 7.7 可以看出，2007—2010 阶段除固定资本形成的部门结

构变动 ΔS_I 与进口的部门结构变动 ΔS_M 对我国城乡居民收入比的缩小起到了积极作用外，其他各项最终需求的部门结构变动均不利于我国城乡居民收入差距的缩小。

（三）GDP 结构变动分析

在前面小节中我们讨论了 GDP 总量的变动及各项最终需求合计，如农村居民消费合计、城镇居民消费合计等总量变动对我国居民收入的影响，本小节主要讨论各类 GDP 结构变动的影响。各类 GDP 结构是指农村居民消费合计、城镇居民消费合计、政府消费合计、资本形成合计、出口总额等占 GDP 总量的比重。

1. 2002—2007 年居民收入 GDP 结构变动分析

总的来说，2002 年到 2007 年间 GDP 结构变动 ΔH 对我国居民收入的提高产生了负向影响，总共使得我国居民收入减少 1121.45 亿元，占居民收入增长总量的 -1.28%。其中，农村居民收入减少 939.25 亿元，占农村居民收入增量的 -4.29%；城镇居民收入减少 306.7 亿元，占其增量的 -0.47%。出口总额占 GDP 比重的变动 ΔH_E 对我国居民收入的拉动作用最大，为 10485.35 亿元。其次是进口与固定资本形成占 GDP 的比重变动，分别促进我国居民收入增长 5580.31 亿元和 3925.62 亿元。起消极作用的因素为：农村居民消费占 GDP 比重变动 ΔH_R、政府消费占 GDP 比重变动 ΔH_G、城镇居民消费占 GDP 比重变动 ΔH_U，分别使得我国居民收入减少 4751.19 亿元、3160.89 亿元和 2842.24 亿元。由此说明，虽然这段时间 GDP 总量的变动对我国居民收入的提高起到了促进作用，但其内部结构却存在进一步优化调整的空间。

各项 GDP 结构的变动对我国农村居民收入和城镇居民收入的影响作用在方向上保持一致。出口总额占 GDP 比重 ΔH_E、进口总额占 GDP 比重 ΔH_M 及固定资本形成占 GDP 的比重 ΔH_I，三项的变动均对我国农村、城镇居民的收入起正向劳动作用，并且影响大小顺序一致，即影响顺序为：$\Delta H_E > \Delta H_M > \Delta H_I$。其余因素的变动均对我国农村居民收入和城镇居民收入起到了负面影响，但对农村居民收入和城镇居民收入的影响大小顺序有所不同。具体来看，对农村居民收入增长产生负面影响的主要是农村居民消费占 GDP 的比重 ΔH_R，使得收入减少 2262.69 亿元，占此阶段农村居民收入增量的 -10.33%。其次是城镇居民消费占 GDP 比重的变动 ΔH_U、政府消费占 GDP 比重的变动 ΔH_G，分别使得农村居民收入减少 1009.88 亿元、297.57 亿元。对城镇居民收入影响最大的不是农村居民消费占 GDP 的比重，而是政府消费占 GDP 的比重，拉动城镇居民收入提高 2921.40 亿元，其次才是农村居民消费占 GDP 比重的变动，带动城镇居民收入增长 2488.50 亿元，而后是城镇居民消费占 GDP 的比重使得城镇居民收入增长 1832.37 亿元。

表 7.8　2002—2007 年 GDP 结构变动对我国居民收入的影响分析

（单位：亿元）

2002—2007	全国		农村		城镇	
	绝对量	相对量	绝对量	相对量	绝对量	相对量
ΔH	-1121.45	-1.28	-939.25	-4.29	-306.57	-0.47
ΔH_R	-4751.19	-5.41	-2262.69	-10.33	-2488.50	-3.78
ΔH_U	-2842.24	-3.24	-1009.88	-4.61	-1832.37	-2.78
ΔH_G	-3160.89	-3.60	-297.57	-1.36	-2921.40	-4.43
ΔH_I	3925.62	4.47	760.84	3.47	3147.17	4.78
ΔH_S	521.18	0.59	208.22	0.95	310.53	0.47
ΔH_E	10485.35	11.94	2404.64	10.98	8015.16	12.16
ΔH_M	-5580.31	-6.36	-1188.28	-5.43	-4370.92	-6.63
ΔH_O	281.03	0.32	445.47	2.03	-166.25	-0.25

事实上，各类 GDP 结构变动对全国居民、农村居民及城镇居民的影响方向与 2002 年至 2007 年各部分占 GDP 的比重变化方向是一致的，即占 GDP 比重减小的部分阻碍了居民收入的增加，占

GDP 比重增大的部分则促进了居民收入的增加。由表 7.9 可以看出，2002—2007 年占 GDP 比重增长最多的为农村居民消费，其次是城镇居民消费、政府消费；占 GDP 比重有所减少的是出口、进口、固定资本总额。各部分变化的大小排序也基本与前部分分析的对居民收入的影响作用大小相吻合。

表 7.9　　　　　　**2002—2007 年各项最终需求占 GDP 比重**　　（单位:%）

年份	农村居民消费	城镇居民消费	政府消费	固定资本形成总额	存货增加	出口	进口	其他
2002	13.35	29.79	15.69	35.81	1.59	25.39	-22.11	0.49
2007	9.14	27.15	13.23	39.63	2.06	35.91	-27.82	0.70
2002—2007 变化量	-4.21	-2.64	-2.46	3.83	0.47	10.52	-5.71	0.21

2. 2007—2010 年居民收入 GDP 结构变动分析

2007 年到 2010 年间 GDP 结构变动 ΔH 依然对我国居民收入的提高产生了负向影响，总共使得我国居民收入减少 534.86 亿元，是前阶段影响的 47.69%，阻碍作用有所减小。从全国总收入的角度来看，与前一阶段规律相同，GDP 结构变动对我国居民收入的影响作用与各部分占 GDP 比重的变化情况类似。2007—2010 年固定资本形成占 GDP 比重的变动是拉动我国居民收入增长的主要因素，为 10186.37 亿元，占全部居民收入增量的 14.95%。由表 7.10 也可以看出，2007—2010 年固定资本形成总额占 GDP 的比重增长最多，由 2007 的 39.63% 上涨为 2010 年的 45.49%。其次是城镇居民消费与存货增加占 GDP 比重的变化，但拉动作用不是很明显，分别促进收入增长 1192.92 亿元和 802.38 亿元。出口占 GDP 的比重减少最多，由 2007 年的 35.91% 减小为 27.72%。同样，后一阶段对我国居民收入起主要消极作用的也是出口项 ΔH_E，使得我国居民收入减少 14411.51

亿元，占居民收入增加总量的 - 21.15% 。其次是进口总额占 GDP 比重 ΔH_M 及农村居民消费占 GDP 的比重 ΔH_R 的减小分别使得我国居民收入减少 4712.86 亿元和 2190.26 亿元。

表 7.10　　　　　2007—2010 年各项最终需求占 GDP 比重　　　（单位:%）

年份	农村居民消费	城镇居民消费	政府消费	固定资本形成总额	存货增加	出口	进口	其他
2007	9.14	27.15	13.23	39.63	2.06	35.91	- 27.82	0.70
2010	8.07	27.78	12.88	45.49	2.47	27.72	- 25.12	0.70
2007—2010 变化量	- 1.07	0.63	- 0.35	5.86	0.41	- 8.19	2.70	0.00

　　从农村居民收入和城镇居民收入的角度分别来看，情况稍有不同。2007—2010 年 GDP 结构变动使得我国农村居民收入减少 913.07 亿元，在数量上与前一阶段变化不大，占本阶段农村居民收入增加总量的 - 8.06% 。具体各部分对农村居民收入的影响作用与对全国居民收入的作用情况相一致。即固定资本形成占 GDP 比重的变动 ΔH_I 、城镇居民消费占 GDP 比重的变动 ΔH_U 、存货增加占 GDP 比重的变动 ΔH_S 对农村居民收入起了正向拉动作用，分别使其增长 1688.29 亿元、411.31 亿元、314.4 亿元。主要的消极影响因素是：出口占 GDP 的比重变动 ΔH_E 、进口总额占 GDP 比重 ΔH_M 及农村居民消费占 GDP 的比重 ΔH_R 的减小分别使得我国农村居民收入减少 1059.20 亿元和 1019.85 亿元。与前阶段不同的是，本阶段 GDP 结构变动对城镇居民收入的影响由消极作用变为积极作用，总共拉动城镇居民收入增长 378.21 亿元，占其全部收入增量的 0.67% ，拉动作用较小。具体到各部分的影响效果与全国、农村的情况基本一致，在此就不赘述了。

表 7.11　　　　　2007—2010 年 GDP 结构变动对我国居民收入的

影响分析　　　　　（单位：亿元,%）

2007—2010	全国		农村		城镇	
	绝对量	相对量	绝对量	相对量	绝对量	相对量
ΔH	− 534.86	− 0.78	− 913.07	− 8.06	378.21	0.67
ΔH_R	− 2190.26	− 3.21	− 1019.85	− 9.00	− 1170.42	− 2.06
ΔH_U	1192.92	1.75	411.31	3.63	781.61	1.38
ΔH_G	− 842.25	− 1.24	− 78.33	− 0.69	− 763.93	− 1.34
ΔH_I	10186.37	14.95	1688.29	14.90	8498.07	14.96
ΔH_S	802.38	1.18	314.40	2.77	487.98	0.86
ΔH_E	− 14411.51	− 21.15	− 3302.99	− 29.15	− 11108.52	− 19.56
ΔH_M	4712.86	6.92	1059.20	9.35	3653.67	6.43
ΔH_O	14.63	0.02	14.89	0.13	− 0.26	0.00

对比 2002—2007 年与 2007—2010 年两个阶段可以发现，由于固定资本形成总额占 GDP 的比重一直上涨，因此两个阶段均是促进我国居民收入增长的主要因素。出口总额占 GDP 比重的变动及进口总额占 GDP 比重的变动均由前一阶段的正向拉动作用变为负向作用。农村居民消费与政府消费占 GDP 比重的减少均阻碍了我国居民收入的增长。城镇居民消费占 GDP 比重的变动在前一阶段对居民收入的增长起了消极影响，但在后一阶段小幅度地促进了我国居民收入的增长。

第四节　小结

本章利用 SDA 技术对我国 2002—2007 年、2007—2010 年的全国、农村、城镇居民收入进行结构分解分析，将居民收入的变动分解为技术、居民直接收入系数以及与 GDP 相关的各类指标的变动，分析我国居民收入快速增长的内在原因，探讨造成城镇和农村居民收入上涨的关键因素，寻找我国城乡收入差距变化的原因。结果显示：

第一，最终需求合计、GDP、消费等各类最终需求合计的总量变动对我国居民收入的拉动作用较为明显。技术系数的变动在前后两个阶段均对我国居民收入增加起到了促进作用。特别是后一阶段，对农村居民收入的拉动作用进一步加大。城镇居民直接收入系数在两个阶段对其收入增长起了一定的负面影响，但是由于2002—2007年农村居民直接收入系数的上涨，农村居民直接收入系数对其收入增长起正向拉动作用，后一阶段则不利于其收入的增加。

第二，总的来说，各项最终需求总量的变动均不同程度的拉动了我国居民收入增长，作用较为显著的是：固定资本形成总额、出口总额及城镇居民消费合计的变动，但其结构变化对我国居民收入的拉动作用却大不相同。各项最终需求的部门结构比例的变动在2002—2007年与2007—2010年两个阶段均对我国居民收入的增加产生了不利影响，尤其是城镇居民消费的部门结构变动在两个阶段均是主要的消极影响因素。从全国与农村角度来讲，固定资本形成与出口的部门结构变动在前后两个阶段均不利于居民收入的增长。但城镇居民消费的部门结构变动和出口的部门结构变动两阶段对城镇居民收入起了小幅度的促进作用。

第三，2002—2007年与2007—2010年两个阶段的GDP结构的变动对我国居民收入的提高产生了负向影响，后一阶段作用有所减弱。具体到各个部分的作用效果有所不同，前后阶段相同的规律是：各部分的影响作用与其占GDP的比重变化方向相同，即占GDP比重减小的部分阻碍了我国居民收入的增加，并且影响大小顺序也基本保持一致。

第四，通过对比可以发现，2002—2007阶段政府消费部门结构变动、存货增加部门结构变动有利于农村居民收入的提高，这些变动对于缩小我国城乡居民收入差距起到了一定的积极作用。而农村居民消费、城镇居民消费及出口的部门结构变动则不利于我国城乡居民收入差距的缩小。2007—2010 年阶段除固定资本形成的部门结构变动与进口的部门结构变动对我国城乡居民收入比的缩小起到了积极作用外，其他各项最终需求的部门结构变动均不利于我国城乡居民收入差距的缩小。

第 八 章

结论与展望

第一节　主要结论

在经济快速发展的同时，我国居民收入分配中存在的一系列问题也日益凸显，并成为社会各界关注的热点问题。提高城乡居民收入，有效缩小城乡居民收入差距，逐步实现由"国富"到"民富"，让人民共享发展果实，不仅是关系我国经济可持续发展的重要问题，也是关系我国社会和谐稳定的重要基石。

本书充分利用投入产出技术的优势，提出了城乡居民收入分配投入占用产出模型，将城乡居民收入分配结构与国民经济各部门经济结构结合在一起，通过一个棋盘式结构的表格清楚地将城乡居民收入和经济结构关联关系反映出来，在概念方法以及实证分析等方面均有所创新。

本书主要围绕以下几个问题进行讨论：第一，针对十八大提出的"2020年我国人均收入比2010年翻一番"的目标，利用投入产出与计量经济学相关方法对实现2020年收入倍增计划的我国居民收入总量与GDP增速问题进行科学测算。第二，近年来，我国劳动者报酬占GDP比重持续下降，居民收入增长与宏观经济增长不匹配已成为制约中国经济社会发展的瓶颈。利用结构分解分析方法对我国劳动者报酬占GDP的比重问题进行分析，试图找寻造成2002—2010年我国劳动报酬占GDP比重下降的关键因素。第三，通过构建投入产出结构分解乘法模型，对比考察 2002—2007 年我国城乡收入比盘旋扩大以及 2007—2010 年我国城乡收入比有所缩小的内在原因。同时，提出人均收入乘数的概念，测算了城乡人均收入间的相互拉动作用及其对城乡收入比的影响作用。试图从有利于缩小城乡居民收入差距的角度，为科学调整城镇和农村居民收入提供参考依据。第四，模拟分析了调整拉动经济增长的"三驾马车"——消费、投资和出口在最终需求中比重的变动对我国城乡居民收入增长以及城乡收入比的影响。另外，还模拟分析了提高农村农业从业人员收入和农产品价格对我国农村居民收入的实际影响。第五，基于 2002—2007 年与 2007—2010 年我国城乡收入比的不同变化特点，通过建立结构分解模型寻找对前后两个阶段的城乡居民收入增长产生差异性影响的关键因素。

主要结论如下：

第一，要顺利完成十年收入翻番目标，我国的经济增长压力依然不容小觑。以 2010 年为价格基期进行计算，在保持其他参数不变的情况下，只考虑人口增长因素，2010—2020 年十年间我国 GDP 年均增速应保持在 7.5%—7.6%；在 GDP 结构、居民收入占 GDP 比重等参数均发生变化的情况下，要实现收入倍增目标，2010—2020 年我国 GDP 年均增速应保持在 7.4%。已知 2011 年和 2012 年我国 GDP 增速分别为 9.3%、7.8% 的基础上，针对参数不变和变化两种情况，计算要实现收入倍增计划，我国在 2013—2020 年接下来八年间的 GDP 增长速度。结果显示：只考虑人口增长因素影响，要完成 2020 年人均收入翻番的目标，2013—2020 年我国 GDP 年均增速应保持在 7.2%—7.4%；在各个参数均发生变化的情况下，这一增速应保持在 7.1%。另外，受人口增长影响要完成 2020 年人均收入翻番的目标，我国居民收入总量应增长为 2010 年的 208%。

第二，各部门增加值系数、最终需求部门结构及增加值部门结构的变动是造成 2002—2010 年我国劳动报酬占 GDP 比重下降的主要原因，表现在以下几个方面：一是第二产业增加值系数较大幅度的下降在整体上使得我国劳动报酬占 GDP 比重有所下降；二是农业和第三产业最终需求占比降低，而相对于第二产业，农业和第三产业的劳动报酬占其增加值比重均较高，从而从整体上拉低了我国劳动报酬占 GDP 的比重；三是随着农业向第二、第三产业的转移，农业占 GDP 的比重逐渐下降，而在三次产业中，农业的劳动报酬占其增加值的比重最高，因此农业增加值比重的降低必然会使得我国劳动报酬占 GDP 比重整体上有所下降。另外，各因素对于城镇和农村居民劳动报酬占 GDP 比重的影响有很大的不同。其中，对我国农村居民劳动报酬占 GDP 比重起到了较大的阻碍作用的最终需求部门结构的变动以及增加值部门结构的变动，却在一定程度上有利于城镇居民劳动报酬占 GDP 比重的提高，但从全国角度看，仍然是消极作用占主导。而阻碍我国城镇居民劳动报酬占 GDP 比重提高的主要因素是各部门增加值系数的变动。

第三，无论从人均收入乘数直接分析还是从人均收入完全乘数来分析，结果均表明提高农村居民人均收入带来的收入拉动作用是最好的。农村居民人均收入增长对城镇居民人均收入的拉动作用明显大于城镇对农村的拉动，并且农村居民人均收入增加对其本身的拉动作用也大于城镇人均收入增加对农村人均收入的影响。农村居民收入的增加对于我国居民收入水平整体的提高有着积极的作用，有利于拉动各部门消费扩大内需，对我国国民经济的发展有重要的推动作用。另外，由于城镇居民人均收入基数较大且城镇居民人均收入的提高对农村居民人均收入拉动作用不大，提高城镇居民人均收入将使得城乡收入比增大。提高农村居民人均收入对缩小城乡收入比的作用最显著。城乡人均收入同步提高对城乡居民人均收入的拉动作用比分别提高城乡人均收入作用更大，并且也将在一定程度上有利于城乡居民收入比的缩小。

第四，城镇化进程的加快是缩小城乡居民收入比的重要有利因素；我国城乡居民收入各部门增加值系数与农业占增加值比重的变动是影响我国城乡居民收入比变动的重要因素。具体表现在：其一，由于我国劳动力相对充裕，尤其是农村存在大量剩余劳动力，致使 2002—2007 年我国城乡居民收入增加值系数有所下降，特别是农村居民收入增加值系数下降幅度较城镇更大，对我国城乡居民收入比的缩小产生了较大的阻碍作用。因此，提高农村居民收入增加值系数，尤其是使农村居民的收入增长速度快于城镇居民收入增长速度，是缩小我国城乡居民收入比的关键因素。其二，农业部门是农村居民收入的重要来源之一，并且农业部门居民收入占增加值的比重远高于第二、第三产业，我国农业占增加值比重的下降是导致城乡居民收入比值拉大的重要原因之一。另外，GDP 总量的变动对我国城乡居民收入增长并没有造成差异性影响，最终需求结构变动的影响主要体现在：国民经济各部门对农业部门产品需求占比的下降导致农村居民收入的减少，对城乡居民收入比的缩小产生不利影响。

第五，依靠内需特别是消费需求拉动经济增长保持经济良性循环，对增加我国居民收入及缩小城乡收入比具有重要意义。大幅度提高普通百姓的收入是当务之急。从增加总收入水平的角度看，扩大最终消费和净出口占最终需求的比重对于我国居民总收入有正向拉动作用，而扩大资本形成占最终需求的比重则会减少我国居民总收入。从缩小城乡收入比的角度看，扩大消费起到了积极作用，而扩张投资和净出口则不利于我国城乡居民收入比的缩小。

第六，单纯依靠直接提高农产品价格和补贴农民收入来提高农村居民收入是不够的，提高农民收入的最终途径要靠提高农业的产业化水平和单位劳动力生产率。提高农产品价格和直接提高农村农业从业人员收入都将导致其他部门产品价格不同程度的提高，其中与农业有显著正相关关系的部门产品价格上涨比较明显。从而对本部门农村居民收入系数有明显的拉动作用，对其他部门的农村居民收入系数的作用则不明显。由于价格上涨将导致农村居民消费价格总体提高，最终通过计算可以发现，扣除消费增长的因素，农村农业从业人员的实际收入上涨幅度将有一定程度的减小。

第七，2002—2007 年与 2007—2010 年两个阶段的各项最终需求总量的变动对我国城乡居民收入的拉动作用较为明显，但 GDP 结构的变动对我国居民收入的提高产生了负向影响，后一阶段作用有所减弱。整体来看，最终需求合计、GDP、消费等各类最终需求合计的总量变动均不同程度地拉动了我国居民收入增长，作用较为显著的是：固定资本形成总额、出口总额及城镇居民消费合计的变动，但其结构变化对我国居民收入的拉动作用却大不相同。城镇居民消费的部门结构变动在两个阶段均是主要的消极影响因素。从缩小城乡收入差距的角度看，2002—2007 阶段政府消费部门结构变动、存货增加部门结构变动对于缩小我国城乡居民收入差距起到了一定的积极作用。2007—2010 阶段除固定资本形成的部门结构变动与进口的部门结构变动外，其他各项最终需求的部门结构变动均不利于我国城乡居民收入差距的缩小。

第二节　研究展望

收入分配问题是一个极其复杂的问题，本书提出的城乡居民收入分配投入占用产出模型是研究城乡居民收入分配结构、产业收入分配关联关系的有力工具，为城乡居民收入问题的研究开拓了新思路。但不可否认的是，由于时间、数据及本人研究水平的限制，本书的研究工作只是初步的，还有许多问题需要深入和拓展。就目前的研究而言，以下几个方面值得我们在未来的研究工作中进一步探讨：

第一，城乡居民收入分配矩阵的编制方法值得深入探讨。本书构建的城乡居民收入分配矩阵是根据现有数据，综合运用各种方法编制而成的，显然处理过程中存在一些粗糙之处。目前我国关于国民经济各部门的收入统计数据还不足以支撑我们的模型，许多问题由于数据的欠缺难以测算。如何从现有统计资料中将细分的各部门城乡居民收入抽离出来值得探讨。只有基于准确的数据，模型的测算结果才更具有意义。

第二，放宽假定条件，进一步优化城乡居民收入分配投入占用产出模型。本书的研究是建立在诸多的假定之上，例如假定居民直接收入系数不变、收入发生变化时居民的消费倾向不变，价格传导无时滞、价格变动通过成本传导而不考虑供求影响等。这与现实情况并不完全一致，如何将这些因素考虑进去值得深入研究，是进一步研究的重点。例如可以结合考虑消费结构的部分消费内生化的投入产出局部闭模型等来对城乡居民收入问题进行分析，会使我们的研究结果更符合实际情况。

第三，利用一般可计算均衡模型（CGE）分析收入政策对我国居民收入问题的影响。通过研究可以发现，政策因素是影响我国城乡居民收入的重要因素。CGE 模型在各经济主体相互作用的传导和反馈机制等方面具有独特的优势，是世界银行等国际组织以及发达国家与发展中国家决策机构常用的政策分析工具。利用 CGE 模型可以更好地分析政策影响对我国居民收入及收入差距问题。

第四，城乡居民收入分配投入占用产出模型与其他研究问题的结合扩展。本书提出的城乡居民收入分配投入占用产出模型是一个基本的分析框架，进一步还可以将收入群体按照收入高中低、区域以及教育程度等进行细分，从而得到更多有意义的研究结果。另外，收入分配问题与诸如消费、就业、储蓄、投资、人口等许多研究领域都有内在关联关系，还有非常多的问题值得我们思考。

附　录

2010年中国城乡居民收入分配投入占用产出表（实物价值型）（单位：万元）

投入＼产出	代码	稻谷	小麦	玉米	大豆	其他粮食	油料作物	棉花（原棉）
	代码	0100101	0100102	0100103	0100104	0100105	0100106	0100107
稻谷	0100101	3288528.0	0.0	0.0	0.0	0.0	0.0	0.0
稻谷（万吨）	0.0	1210.4	0.0	0.0	0.0	0.0	0.0	0.0
小麦	0100102	0.0	2385531.1	0.0	0.0	0.0	0.0	0.0
小麦（万吨）	0.0	0.0	876.7	0.0	0.0	0.0	0.0	0.0
玉米	0100103	0.0	0.0	3306254.9	0.0	0.0	0.0	0.0
玉米（万吨）	0.0	0.0	0.0	1223.2	0.0	0.0	0.0	0.0
大豆	0100104	0.0	0.0	0.0	438260.0	0.0	0.0	0.0
大豆（万吨）	0.0	0.0	0.0	0.0	74.2	0.0	0.0	0.0
其他粮食	0100105	0.0	0.0	0.0	0.0	1331671.9	0.0	0.0
其他粮食（万吨）	0.0	0.0	0.0	0.0	0.0	279.4	0.0	0.0
油料作物	0100106	0.0	0.0	0.0	0.0	0.0	2088403.8	0.0
油料作物（万吨）	0.0	0.0	0.0	0.0	0.0	0.0	321.2	0.0
棉花（原棉）	0100107	0.0	0.0	0.0	0.0	0.0	0.0	577023.5
棉花（万吨）	0.0	0.0	0.0	0.0	0.0	0.0	0.0	19.6

续表 1

投入 \ 产出	代码	稻谷 0100101	小麦 0100102	玉米 0100103	大豆 0100104	其他粮食 0100105	油料作物 0100106	棉花（原棉）0100107
蔬菜	0100108	0.0	0.0	0.0	0.0	0.0	0.0	0.0
其他种植业	0100109	550368.1	0.0	0.0	0.0	0.0	0.0	0.0
林业	0100202	10343.6	14481.1	8274.9	4137.4	12412.3	6206.2	6206.2
畜牧业	0100203	151445.6	29700.4	97016.5	5113.0	36381.5	53082.4	7523.7
渔业	0100304	20.1	17.8	24.8	0.7	8.3	9.6	6.5
农、林、牧、渔服务业	0100405	891368.6	645622.9	705921.1	115082.6	337644.3	286957.7	169723.5
农业合计	01	4892074.0	3075353.3	4117492.1	562593.7	1718118.3	2434659.7	760483.3
煤炭开采和洗选业	02	50821.2	38282.7	21046.8	6382.9	25473.4	5981.4	16792.2
石油和天然气开采业	03	0.0	0.0	0.0	0.0	0.0	0.0	0.0
纺织业	07	1803.8	1032.8	1216.9	273.9	644.5	590.5	419.2
纺织服装服饰皮革羽绒及其制品业	08	1053.7	603.3	710.9	160.0	376.5	344.9	244.9
木材加工及家具制造业	09	39326.7	22516.1	26531.3	5971.2	14050.9	12873.0	9140.0
造纸印刷及文教体育用品制造业	10	74868.7	16525.9	34515.1	37820.9	32584.7	0.0	750.8
石油加工、炼焦及核燃料加工业	11	666659.7	551836.5	404274.0	116833.5	263098.6	104737.6	52001.0
化学工业	12	9817369.4	8185941.4	8593743.7	1161447.4	3958334.8	3175364.3	2086708.9

续表 2

投入 / 产出	代码	稻谷 0100101	小麦 0100102	玉米 0100103	大豆 0100104	其他粮食 0100105	油料作物 0100106	棉花（原棉）0100107
其中：化肥（万吨）	—	859.0	815.2	977.5	100.4	383.8	322.8	195.3
非金属矿物制品业	13	69914.5	58952.6	55687.6	9636.3	28207.9	22516.7	12462.7
金属冶炼及压延加工业	14	7326.9	5478.9	4427.3	1009.5	2689.8	1729.5	930.6
金属制品业	15	232480.9	173844.6	140479.0	32031.9	85348.0	54877.3	29528.0
通用、专用设备制造业	16	420864.5	314714.1	254311.8	57987.9	154507.0	99345.3	53455.1
交通运输设备制造业	17	52508.7	44275.9	41823.8	7237.3	21185.3	16911.0	9360.0
电气机械及器材制造业	18	12674.1	10491.2	7685.8	2221.2	5001.9	1991.2	988.6
通信设备、计算机及其他电子设备制造业	19	709.2	587.1	430.1	124.3	279.9	111.4	55.3
仪器仪表及文化办公用机械制造业	20	1637.9	942.3	793.5	148.0	505.0	409.4	247.7
工艺品及其他制造业	21	56314.8	47485.2	44855.3	7761.9	22720.9	18136.8	10038.5
电力、热力的生产和供应业	22	1200928.8	1369554.5	764217.1	27492.8	451474.0	139196.0	358812.7
燃气生产和供应业	23	3317.5	3783.3	2111.1	75.9	1247.2	384.5	991.2
水的生产和供应业	24	4310.7	5209.5	2898.2	97.4	1679.4	513.7	1312.4
建筑业	25	13376.2	7695.8	6480.7	1208.4	4124.2	3343.2	2022.6
交通运输及仓储业	26	290962.6	203915.6	260735.4	53435.1	120867.9	49003.8	87286.8

续表3

投入 \ 产出	代码	稻谷 0100101	小麦 0100102	玉米 0100103	大豆 0100104	其他粮食 0100105	油料作物 0100106	棉花（原棉） 0100107
代码	一							
邮政业	27	7942.0	5566.0	7117.0	1458.5	3299.2	1337.6	2382.6
信息传输、计算机服务和软件业	28	113963.1	45432.5	70914.9	43990.6	48762.5	7113.3	13389.7
批发和零售业	29	137802.4	96576.2	123486.6	25307.3	57244.1	23208.6	41339.8
住宿和餐饮业	30	27382.6	19190.6	24538.0	5028.8	11374.9	4611.8	8214.6
金融业	31	362932.2	131954.8	244382.1	144437.7	157621.8	0.0	263031.6
房地产业	32	13477.6	7754.2	6529.9	1217.6	4155.5	3368.5	2037.9
租赁和商务服务业	33	47301.4	18857.2	29433.8	18258.7	20239.3	2952.4	5557.5
研究与试验发展业	34	60833.8	24252.0	37854.5	23482.3	26029.5	3797.1	7147.4
综合技术服务业	35	301870.4	173676.9	146255.3	27271.3	93074.8	75448.3	45644.5
水利、环境和公共设施管理业	36	112173.5	64537.5	54347.7	10133.9	34586.1	28036.2	16961.3
居民服务和其他服务业	37	364867.4	80537.8	168207.0	184317.3	158799.0	0.0	3658.9
教育	38	42387.8	9356.3	19541.1	21412.7	18448.2	0.0	425.1
卫生、社会保障和社会福利业	39	15450.0	3410.3	7122.6	7804.8	6724.2	0.0	154.9
文化、体育和娱乐业	40	25909.4	5719.0	11944.5	13088.6	11276.4	0.0	259.8
公共管理和社会组织	41	37314.7	8236.5	17202.4	18850.0	16240.2	0.0	374.2

续表 4

产出＼投入	代码	稻谷	小麦	玉米	大豆	其他粮食	油料作物	棉花（原棉）
	—	0100101	0100102	0100103	0100104	0100105	0100106	0100107
中间投入合计	TII	20700997.6	15093083.4	16476143.7	2679351.5	7868641.7	6685614.9	3957985.9
农村居民收入	VA001	31371443.3	15691550.2	30594800.5	6061313.2	12337046.5	13918947.3	13290727.0
城镇居民收入	VA002	657358.5	328801.4	641084.7	127009.0	258511.0	291658.2	278494.5
固定资产折旧	VA003	500466.2	247332.8	241086.7	42351.3	144872.0	125033.3	80831.8
其他	VA004	-43264.8	-21640.4	-42193.7	-8359.2	-17014.2	-19195.8	-18329.4
增加值合计	TVA	32486003.2	16246044.0	31434778.1	6222314.4	12723415.3	14316443.0	13631723.8
总投入	TI	53187000.8	31339127.3	47910921.8	8901665.9	20592057.0	21002058.0	17589709.7
总播种面积（千公顷）	OU001	29873.0	24257.0	32500.0	8516.0	14730.0	13890.0	4849.0
灌溉面积（千公顷）	OU002	10424.4	10044.7	12221.8	2985.3	5110.1	5075.2	2554.0
固定资产总值（亿元）	OU003	834.1	412.2	401.8	70.6	241.5	208.4	134.7
农业机械总动力（百万千瓦）	OU004	70.9	77.8	89.1	18.1	34.8	36.8	14.8
大中型拖拉机（千台）	OU005	448.8	537.6	1037.9	291.3	364.5	267.6	137.9
小型拖拉机（千台）	OU006	528.1	983.4	1608.5	385.2	497.2	413.8	261.5

续表5

投入 ＼ 产出	代码	蔬菜 0100108	其他种植业 0100109	林业 0100202	畜牧业 0100203	渔业 0100304	农、林、牧、渔服务业 0100405	农业合计 01
稻谷		0.0	0.0	159029.4	4877423.5	702066.7	923202.5	9950250.2
稻谷（万吨）		0.0	0.0	58.5	1795.2	258.4	339.8	3662.3
小麦		0.0	0.0	87993.4	706055.3	267856.8	320556.4	3767993.0
小麦（万吨）		0.0	0.0	32.3	259.5	98.4	117.8	1384.8
玉米		0.0	0.0	77558.1	5106506.8	572367.7	51289.0	9113976.5
玉米（万吨）		0.0	0.0	28.7	1889.2	211.8	19.0	3371.8
大豆		0.0	0.0	2608.8	965056.3	14097.7	51289.0	1471311.8
大豆（万吨）		0.0	0.0	0.4	163.5	2.4	8.7	249.2
其他粮食		0.0	0.0	0.0	3296231.7	59210.4	64111.3	4751225.3
其他粮食（万吨）		0.0	0.0	0.0	691.7	12.4	13.5	997.0
油料作物		0.0	0.0	0.0	1518959.3	0.0	0.0	3607363.0
油料作物（万吨）		0.0	0.0	0.0	233.6	0.0	0.0	554.8
棉花（原棉）		0.0	0.0	0.0	0.0	0.0	0.0	577023.5
棉花（原棉）（万吨）		0.0	0.0	0.0	0.0	0.0	0.0	19.6
蔬菜		10579414.8	0.0	0.0	8144425.3	0.0	0.0	18723840.1
其他种植业		22712.5	3702650.1	1956.6	1894044.4	228383.2	487245.8	6887360.6
林业		14481.1	24824.7	1620874.8	58256.1	93524.4	88677.6	1962700

续表6

产出 投入	蔬菜	其他种植业	林业	畜牧业	渔业	农、林、牧、渔服务业	农业合计
代码	0100108	0100109	0100202	0100203	0100304	0100405	01
畜牧业	61395.8	94112.9	26485.2	17739828.3	59195.4	723927.9	19085208
渔业	222.0	17.1	133.2	12071.4	2141681.4	80034.9	2234248
农、林、牧、渔服务业	1883655.1	508763.7	766694.5	1513640.5	1256728.1	988196.3	10069999
农业合计	12561881.2	4330368.5	2743334.0	45832498.9	5395111.8	3778530.9	92202499.6
煤炭开采和洗选业	6114.3	91501.7	21535.3	170799.3	23926.4	9838.9	488496.5
石油和天然气开采业	0.0	0.0	0.0	0.0	0.0	0.0	0.0
纺织业	5539.8	1033.2	12586.1	11558.0	7156.4	52044.0	95899.1
纺织服装鞋帽皮革羽绒及其制品业	3236.1	603.5	21739.3	30366.6	775.2	206150.7	266365.7
木材加工及家具制造业	120776.8	22525.3	45369.3	113508.6	162502.5	69569.4	664661.2
造纸印刷及文教体育用品制造业	38846.5	0.0	56761.9	44625.7	149449.1	91378.4	578127.7
石油加工、炼焦及核燃料加工业	88959.3	183271.4	195181.9	401186.9	1231092.8	641621.9	4900755.0
化学工业	6931826.9	5556301.8	1775905.8	1268615.6	680252.0	1229301.7	54421113.8
其中：化肥（万吨）	1335.5	572.2	325.8	0.4		11.5	5899.4
非金属矿物制品业	60435.5	39400.1	85333.5	126118.9	344037.6	74451.8	987155.9
金属冶炼及压延加工业	14455.5	3026.3	25682.3	48776.9	41449.1	1637.5	158620.2
金属制品业	458672.0	96025.1	305744.0	151008.0	213459.2	231240.5	2204738.3

续表 7

产出 投入	代码	蔬菜 0100108	其他种植业 0100109	林业 0100202	畜牧业 0100203	渔业 0100304	农、林、牧、渔服务业 0100405	农业合计 01
通用、专用设备制造业		830342.5	173836.0	240594.8	305754.7	955316.3	281246.4	4142276.4
交通运输设备制造业		45389.6	29591.2	92206.4	235861.0	1420038.5	147092.0	2163480.8
电气机械及器材制造业		1691.2	3484.2	47028.3	23879.6	33356.3	44260.3	194753.9
通信设备、计算机及其他电子设备制造业		94.6	195.0	14608.8	10341.5	17018.8	22567.9	67123.9
仪器仪表及文化办公用机械制造业		12002.8	716.3	15595.9	9213.3	27924.2	123301.1	193437.2
工艺品及其他制造业		48679.6	31736.1	140590.7	171694.7	112848.1	48525.1	761387.8
电力、热力的生产和供应业		863367.8	243567.3	80446.9	641274.3	511070.6	336613.0	6988015.9
燃气生产和供应业		2385.0	672.8	870.8	3772.8	5150.8	2273.1	27035.9
水的生产和供应业		2719.6	898.9	6301.6	9352.5	7882.1	34668.5	77844.6
建筑业		98025.6	5850.0	6677.9	9030.1	6353.3	8555.7	172743.7
交通运输及仓储业		5821246.6	85747.6	694164.5	2294216.0	1420617.6	1428132.4	12810331.9
邮政业		158895.1	2340.5	37291.9	62077.2	68370.4	80903.7	438981.7
信息传输、计算机服务和软件业		882216.9	12446.9	87775.5	339021.4	236888.4	336466.4	2238381.9
批发和零售业		2756993.7	40610.8	283035.4	4838579.7	762842.8	332536.5	9519564.0
住宿和餐饮业		547840.8	8069.8	198723.7	236856.2	162468.4	603107.2	1857407.3

续表8

产出　　　　投入	代码	蔬菜	其他种植业	林业	畜牧业	渔业	农、林、牧、渔服务业	农业合计
		0100108	0100109	0100202	0100203	0100304	0100405	01
金融业		1193788.7	0.0	322090.2	1168185.3	990539.5	535457.0	5514421.0
房地产业		98768.9	5894.3	690.2	325.6	39.0	5092.0	149351.2
租赁和商务服务业		366172.0	5166.2	76721.9	154036.8	171232.6	105300.7	1021230.6
研究与试验发展业		470929.7	6644.2	3423.2	182484.7	28513.2	156891.4	1032283.1
综合技术服务业		2212214.4	132020.5	428745.9	1189609.1	275421.1	250721.8	5351974.4
水利、环境和公共设施管理业		822047.7	49058.2	26995.9	108335.3	160828.0	214614.8	1702656.0
居民服务和其他服务业		189315.7	0.0	121855.6	240913.1	276054.7	348038.3	2136564.6
教育		21993.4	0.0	7178.3	46878.9	19216.6	31452.1	238290.4
卫生、社会保障和社会福利业		8016.4	0.0	5259.1	335776.8	7426.0	11563.6	408708.8
文化、体育和娱乐业		13443.4	0.0	8585.9	41661.1	12173.0	11166.6	155227.6
公共管理和社会组织		19361.2	0.0	9361.3	57337.2	20031.6	6206.6	210515.9
中间投入合计		37965183.1	11853307.9	8273991.9	118859787.7	24333335.6	13114575.0	287862000.0
农村居民收入		65963255.9	21640377.1	16858693.9	103143252.9	36104520.1	11248678.5	378224606.4
城镇居民收入		1382196.8	453453.4	353257.8	2161268.1	756535.6	235705.3	7925334.3
固定资产折旧		8966041.0	221678.7	841529.8	5154287.5	1800728.4	557934.9	18924174.4

续表9

投入＼产出	蔬菜	其他种植业	林业	畜牧业	渔业	农、林、牧、渔服务业	农业合计
代码	0100108	0100109	0100202	0100203	0100304	0100405	01
其他	-90970.9	753655.4	-23250.1	-142246.4	-49792.3	-15513.2	261885.0
增加值合计	76220522.8	23069164.6	18030231.4	110316562.1	38611991.9	12026805.5	405336000.0
总投入	114185705.9	34922472.5	26304223.3	229176349.8	62945327.5	25141380.5	693198000.0
总播种面积（千公顷）	21389.0	10671.0	0.0	0.0	0.0	0.0	160675.0
灌溉面积（千公顷）	7242.5	4689.7	0.0	0.0	0.0	0.0	60347.7
固定资产总值（亿元）	14943.4	369.5	1402.5	8590.5	3001.2	929.9	31540.3
农业机械总动力（百万千瓦）	54.0	31.3	90.6	152.0	103.7	153.8	927.8
大中型拖拉机（千台）	321.2	249.0	114.9	54.2	6.5	90.3	3921.7
小型拖拉机（千台）	500.2	10893.3	969.3	388.0	42.7	386.7	17857.9

续表 10

投入 \ 产出	代码	煤炭开采和洗选业 02	石油和天然气开采业 03	金属矿采选业 04	非金属矿及其他矿采选业 05	食品制造及烟草加工业 06	纺织业 07	纺织服装鞋帽皮革羽绒及其制品业 08
稻谷		590.3	0.0	373.7	1180.7	13836053.2	0.0	0.0
稻谷（万吨）		0.2	0.0	0.1	0.4	5092.5	0.0	0.0
小麦		1229.8	0.0	996.4	1652.9	11239576.4	3423751.2	52168.1
小麦（万吨）		0.5	0.0	0.4	0.6	4130.9	1258.3	19.2
玉米		0.0	0.0	0.0	0.0	37237480.1	0.0	0.0
玉米（万吨）		0.0	0.0	0.0	0.0	13776.3	0.0	0.0
大豆		319.8	0.0	249.1	472.3	19654901.5	0.0	0.0
大豆（万吨）		0.1	0.0	0.0	0.1	3329.7	0.0	0.0
其他粮食		0.0	0.0	0.0	0.0	1021779.7	0.0	140853.8
其他粮食（万吨）		0.0	0.0	0.0	0.0	214.4	0.0	29.6
油料作物		0.0	0.0	0.0	0.0	28107783.9	0.0	41734.5
油料作物（万吨）		0.0	0.0	0.0	0.0	4323.0	0.0	6.4
棉花（原棉）		0.0	0.0	0.0	0.0	0.0	23966258.5	78252.1
棉花（万吨）		0.0	0.0	0.0	0.0	0.0	812.2	2.7
蔬菜		246.0	0.0	1245.5	0.0	40521702.2	0.0	0.0
其他种植业		1623.4	0.0	435.9	3305.9	18677335.6	6847502.4	208672.3

续表11

投入＼产出	煤炭开采和洗选业	石油和天然气开采业	金属矿采选业	非金属矿及其他矿采选业	食品制造及烟草加工业	纺织业	纺织服装鞋帽皮革羽绒及其制品业
代码	02	03	04	05	06	07	08
林业	1460938.4	2058.5	137280.5	7469.2	1886149.6	7613.5	33875.2
畜牧业	0.0	0.0	747.0	1659.9	67893568.9	9896064.6	8873860.8
渔业	0.0	0.0	124.3	329.0	27333533.7	95828.8	170026.3
农、林、牧、渔服务业	0.0	0.0	0.0	0.0	0.0	7942139.7	999809.7
农业合计	1464947.6	2058.5	141452.4	16069.8	267409864.7	52179158.7	10599252.8
煤炭开采和洗选业	35361686.3	930043.6	476805.9	134874.2	1844356.7	1334380.5	807221.6
石油和天然气开采业	0.0	1793872.7	0.0	0.0	0.0	0.0	0.0
纺织业	54093.0	86204.8	65758.2	30701.8	348436.1	122321820.4	82003460.0
纺织服装鞋帽皮革羽绒及其制品业	666348.7	383920.3	449963.7	218519.0	885018.6	4975983.3	38245571.4
木材加工及家具制造业	1518443.8	412953.1	349935.0	94412.0	723747.7	256182.6	434179.8
造纸印刷及文教体育用品制造业	222617.7	230644.9	216774.3	113216.2	12599974.4	2832577.5	3431968.2
石油加工、炼焦及核燃料加工业	2242682.5	4087018.4	6622917.5	2553173.7	1896848.1	776664.6	1514367.6
其中：化肥（万吨）	0.0	0.0	0.0	0.0	8.4	0.0	0.0
非金属矿物制品业	2004919.9	1004986.9	1006027.4	2136246.0	4665757.5	755215.6	330488.5
化学工业	4364735.7	3742995.8	5613122.4	5302590.4	18635924.3	35414078.2	14168043.8

续表 12

产出 投入	煤炭开采 和洗选业	石油和天然 气开采业	金属矿 采选业	非金属矿及 其他矿采选业	食品制造及 烟草加工业	纺织业	纺织服装鞋帽皮革 羽绒及其他制品业
代码	02	03	04	05	06	07	08
金属冶炼及压延加工业	8349838.7	5299235.2	1513865.7	368927.0	761610.9	231917.8	323334.0
金属制品业	3832842.1	833896.9	2503370.1	863596.3	3125799.5	569195.3	1059720.9
通用、专用设备制造业	11122795.7	8989175.4	9455518.7	4874628.9	2309060.5	3886738.2	1625374.5
交通运输设备制造业	1463958.1	739428.7	1240178.5	1190006.1	856991.8	634955.8	385861.4
电气机械及器材制造业	3044262.7	1005296.8	1539621.5	526607.0	984056.6	721325.6	464501.1
通信设备、计算机及其他电子设备制造业	317088.9	139870.5	156939.0	59480.6	248917.1	236376.2	271939.5
仪器仪表及文化办公用机械制造业	1074468.1	1325564.6	408209.7	128651.6	476051.1	225224.8	115304.1
工艺品及其他制造业	722491.4	151208.6	574982.4	726701.2	1559974.0	1306593.7	1054934.6
电力、热力的生产和供应业	6644797.9	7932852.2	15319244.7	4713664.8	7005937.0	6259214.1	1632425.6
燃气生产和供应业	79827.1	134042.1	608502.5	285617.0	400017.2	167392.1	89173.6
水的生产和供应业	133823.3	85221.0	99850.6	50410.2	273673.3	226853.3	104127.0
建筑业	241775.5	122665.2	41721.2	18064.8	190607.4	68526.1	70802.2
交通运输及仓储业	9591681.3	2105923.8	5355162.7	3470519.6	19378082.6	5730719.8	5799232.4
邮政业	50618.8	17431.4	19920.6	14974.2	152475.9	193649.4	409418.8
信息传输、计算机服务和软件业	511464.1	184142.2	160456.7	111924.4	1200158.6	522083.2	1057321.5

续表 13

产出 投入	代码	煤炭开采和洗选业 02	石油和天然气开采业 03	金属矿采选业 04	非金属矿及其他矿采选业 05	食品制造及烟草加工业 06	纺织业 07	纺织服装鞋帽皮革羽绒及其制品业 08
批发和零售业		2001164.5	995640.5	1251111.7	708135.4	16322339.8	4684946.1	3818980.3
住宿和餐饮业		2256109.1	964148.7	1366520.1	798456.7	4003896.7	1260189.7	1378513.4
金融业		3721388.3	890407.6	1218502.6	708406.9	6952813.4	5017873.6	2612739.1
房地产业		243538.8	48527.3	61827.6	63117.1	1162059.2	842572.9	2183236.0
租赁和商务服务业		972803.7	197416.1	423830.5	208165.4	11162661.8	1101482.0	5081054.4
研究与试验发展业		257044.1	198546.5	36257.7	11966.3	548411.7	149727.1	111443.3
综合技术服务业		1659494.5	1223798.7	1464197.8	527763.0	2325597.5	629770.8	740069.1
水利、环境和公共设施管理业		219017.5	88541.2	71776.5	122542.9	207252.9	401029.9	29295.7
居民服务和其他服务业		1333686.3	405780.2	243027.4	183990.6	814761.9	281864.4	371544.5
教育		152050.4	20059.3	37332.0	56101.9	92900.8	28922.2	24427.1
卫生、社会保障和社会福利业		413217.1	38928.5	192583.3	97031.6	336659.5	140219.5	161903.3
文化、体育和娱乐业		259348.7	104043.5	278354.6	202718.4	712157.0	308567.3	392941.4
公共管理和社会组织		42086.8	32864.4	20526.9	8784.0	94516.3	33659.6	31017.8
中间投入合计		1090017130.6	47201000.3	74565879.7	35693368.9	532194044.9	258951404.4	195240418.9
农村居民收入		3149660.3	1259863.8	1530363.2	1048288.4	6854260.5	7282563.3	10169185.0

续表 14

投入 ＼ 产出	代码	煤炭开采和洗选业 02	石油和天然气开采业 03	金属矿采选业 04	非金属矿及其他矿采选业 05	食品制造及烟草加工业 06	纺织业 07	纺织服装鞋帽皮革羽绒及其制品业 08
城镇居民收入		44393636.9	22995087.1	16414974.2	7578942.8	48353023.4	29651675.6	19950302.8
固定资产折旧		7606453.6	10627642.9	3002094.7	1749399.7	12827120.8	8522328.5	3186738.3
其他		37494456.9	34648924.7	18585666.7	7829753.3	74094404.8	21737108.8	13026251.7
增加值合计		92644207.7	69531518.6	39533098.7	18206384.3	142128809.4	67193676.2	46332477.9
总投入		201661338.3	116732518.9	114098978.4	53899753.2	674322854.3	326145080.6	241572896.8
总播种面积（千公顷）		0.0	0.0	0.0	0.0	0.0	0.0	0.0
灌溉面积（千公顷）		0.0	0.0	0.0	0.0	0.0	0.0	0.0
固定资产总值（亿元）		12677.4	17712.7	5003.5	2915.7	21378.5	14203.9	5311.2
农业机械总动力（百万千瓦）		0.0	0.0	0.0	0.0	0.0	0.0	0.0
大中型拖拉机（千台）		0.0	0.0	0.0	0.0	0.0	0.0	0.0
小型拖拉机（千台）		0.0	0.0	0.0	0.0	0.0	0.0	0.0

续表15

投入 ＼ 产出 代码	木材加工及家具制造业 09	造纸印刷及文教体育用品制造业 10	石油加工、炼焦及核燃料加工业 11	化学工业 12	非金属矿物制品业 13	金属冶炼及压延加工业 14	金属制品业 15
稻谷	0.0	0.0	0.0	0.0	36,001.1	0.0	0.0
小麦（万吨）	0.0	0.0	0.0	0.0	13.3	0.0	0.0
玉米（万吨）	0.0	0.0	0.0	1114685.0	18000.5	0.0	0.0
大豆（万吨）	0.0	0.0	0.0	409.7	6.6	0.0	0.0
其他粮食（万吨）	0.0	0.0	0.0	1237734.6	9000.3	0.0	0.0
油料作物（万吨）	0.0	0.0	0.0	457.9	3.3	0.0	0.0
棉花（原棉）	0.0	0.0	0.0	0.0	0.0	0.0	0.0
（其他作物）	0.0	0.0	0.0	0.0	0.0	0.0	0.0
（其他作物）	0.0	0.0	0.0	235242.0	9000.3	0.0	0.0
（其他作物）	0.0	0.0	0.0	49.4	1.9	0.0	0.0
（其他作物）	0.0	0.0	0.0	155621.6	0.0	0.0	0.0
（其他作物）	0.0	0.0	0.0	23.9	0.0	0.0	0.0
（其他作物）	0.0	0.0	0.0	166478.9	0.0	0.0	0.0
蔬菜	721754.4	4222011.9	0.0	47048.4	0.0	0.0	0.0
其他种植业	360877.2	2111006.0	0.0	7773842.1	18000.5	0.0	0.0
棉花（万吨）	0.0	0.0	0.0	5.6	0.0	0.0	0.0

续表 16

投入＼产出	木材加工及家具制造业	造纸印刷及文教体育用品制造业	石油加工、炼焦及核燃料加工工业	化学工业	非金属矿物制品业	金属冶炼及压延加工工业	金属制品业
代码	09	10	11	12	13	14	15
林业	16432428.8	2886262.5	6388.1	9920863.3	63928.3	40760.5	54925.7
畜牧业	0.0	71308.5	263.5	8906709.1	30390.4	26038.0	0.0
渔业	47703.4	8445.9	29.2	218456.6	4043.1	3378.5	0.0
农、林、牧、渔服务业	41265.0	47923.8	0.0	0.0	0.0	0.0	0.0
农业合计	17604028.8	9346958.7	6680.9	29776681.6	188364.5	70177.0	54925.7
煤炭开采和洗选业	1155227.7	1780124.2	18661862.9	13343206.3	28186959.2	28610897.2	1019789.9
石油和天然气开采业	0.0	0.0	169053860.5	17778879.7	752951.3	2182395.3	0.0
纺织业	1542440.2	4073740.8	15301.6	6964199.0	910682.8	95229.1	388888.5
纺织服装鞋帽皮革羽绒及其制品业	2724703.1	1513816.1	124649.3	2200716.3	1005457.6	1829370.2	722279.8
木材加工及家具制造业	46275700.2	4533917.9	92088.4	1476908.9	2681030.5	593510.3	3864704.0
造纸印刷及文教体育用品制造业	23812233.2	60021865.4	162868.6	12951297.1	8846501.3	853250.2	2317439.6
石油加工、炼焦及核燃料加工工业	1131811.3	1039913.7	18214900.9	57045134.7	16821951.2	35611804.2	2513742.3
其中：化肥（万吨）	12.2	1.3	0.0	703.0	0.0	0.0	0.0
化学工业	14330539.6	28764601.1	5620624.0	382477595.7	30351444.7	11578259.9	9233759.4
非金属矿物制品业	1377143.6	605809.6	1017394.6	7515706.6	75537459.9	17741440.8	2812782.5

续表 17

产出／投入	代码	木材加工及家具制造业 09	造纸印刷及文教体育用品制造业 10	石油加工、炼焦及核燃料加工业 11	化学工业 12	非金属矿物制品业 13	金属冶炼及压延加工业 14	金属制品业 15
金属冶炼及压延加工业		3517182.6	2462292.4	191976.1	9376989.5	10957114.7	234297269.2	83499372.3
金属制品业		3894282.4	3198178.5	965564.7	8294995.0	11288129.0	7859286.4	32759400.4
通用、专用设备制造业		2346893.2	2957544.7	3856467.2	14791028.7	11544104.7	27362041.4	12170374.4
交通运输设备制造业		749919.4	1763750.9	676603.7	3015124.4	2289075.5	4660814.8	2267318.2
电气机械及器材制造业		526324.9	1434137.6	339709.5	2583188.7	1651444.7	2797661.6	2068926.7
通信设备、计算机及其他电子设备制造业		65624.3	1827335.9	40906.5	585028.4	254802.6	215256.6	289641.1
仪器仪表及文化办公用机械制造业		112930.8	462384.8	426168.5	3725101.0	840248.3	2013454.3	380811.5
工艺品及其他制造业		1029855.1	12296523.7	191558.2	5937672.4	7465763.6	29530029.5	2987173.9
电力、热力的生产和供应业		4328122.8	5275795.7	4953389.6	40664900.7	24076358.2	40005895.2	14168550.9
燃气生产和供应业		72982.6	64807.9	439432.7	2442929.9	477313.5	1141660.7	244641.7
水的生产和供应业		99370.8	448236.2	90320.6	986177.6	384184.2	538730.3	195343.3
建筑业		40024.6	50807.8	144703.6	351685.1	134286.5	259414.1	44375.6
交通运输及仓储业		5262217.4	5477492.9	5720136.9	26919786.9	18066804.8	17017188.4	5758476.6
邮政业		97958.3	95398.7	8914.4	658554.0	96402.1	229722.2	43264.2
信息传输、计算机服务和软件业		540639.5	500287.6	923770.0	2991952.2	797738.4	6554782.2	660902.3

续表18

投入＼产出	木材加工及家具制造业	造纸印刷及文教体育用品制造业	石油加工、炼焦及核燃料加工业	化学工业	非金属矿物制品业	金属冶炼及压延加工业	金属制品业
代码	09	10	11	12	13	14	15
批发和零售业	3332916.1	4852332.8	3525671.2	16473319.4	9086940.7	13344905.2	5121800.8
住宿和餐饮业	878711.3	1143308.8	525626.9	5683641.2	3210352.9	3205589.0	2987262.6
金融业	2368054.8	3217574.5	1759381.6	14496917.3	10383029.2	11743723.2	2176950.2
房地产业	662815.4	909750.2	46791.2	1966275.3	890358.2	205138.4	985278.8
租赁和商务服务业	1388419.8	1701180.5	1385384.1	13225590.8	2520215.6	1310774.5	931639.3
研究与试验发展业	86961.4	104733.5	80058.7	1983394.3	271887.5	1204742.8	169443.6
综合技术服务业	264858.0	952491.2	493098.4	5154274.1	1433602.5	2597599.4	1156758.7
水利、环境和公共设施管理业	20569.2	564418.0	58098.0	848510.7	102605.6	223824.9	30375.5
居民服务和其他服务业	162195.5	358258.8	255412.0	1797006.8	1104378.9	1758023.6	359173.8
教育	22899.5	24826.8	11623.6	125371.8	53111.4	55878.7	27500.7
卫生、社会保障和社会福利业	132842.6	230187.4	75082.9	567666.8	647768.9	673027.6	501356.8
文化、体育和娱乐业	183286.5	220401.0	66316.9	1055941.8	590411.1	477232.2	231434.9
公共管理和社会组织	19177.6	27807.1	13347.3	107992.7	59404.1	73549.4	28122.0
中间投入合计	121545709.4	165134564.3	241663717.3	751960360.9	312706857.5	674616260.9	199174366.2
农村居民收入	2799006.4	3445852.8	828097.5	10281830.8	4806035.7	5052182.5	5787457.6

续表19

产出 投入	代码	木材加工及家具制造业 09	造纸印刷及文教体育用品制造业 10	石油加工、炼焦及核燃料加工工业 11	化学工业 12	非金属矿物制品业 13	金属冶炼及压延加工工业 14	金属制品业 15
城镇居民收入		12607397.8	18320587.6	12498890.5	71862727.4	35615670.8	59978419.3	17694358.0
固定资产折旧		3059422.2	6899527.0	7218477.2	27514104.9	12075854.6	31542898.5	5551567.8
其他		10449917.5	14135829.0	39276914.7	70891561.3	35436320.1	49628160.0	16760124.7
增加值合计		28915744.0	42801796.4	59822380.0	180550224.3	87933881.2	146201660.3	45793508.0
总投入		150461453.4	207936360.7	301486097.2	932510585.3	400640738.8	820817921.1	244967874.2
总播种面积（千公顷）		0.0	0.0	0.0	0.0	0.0	0.0	0.0
灌溉面积（千公顷）		0.0	0.0	0.0	0.0	0.0	0.0	0.0
固定资产总值（亿元）		5099.0	11499.2	12030.8	45856.8	20126.4	52571.5	9252.6
农业机械总动力（百万千瓦）		0.0	0.0	0.0	0.0	0.0	0.0	0.0
大中型拖拉机（千台）		0.0	0.0	0.0	0.0	0.0	0.0	0.0
小型拖拉机（千台）		0.0	0.0	0.0	0.0	0.0	0.0	0.0

续表20

投入＼产出	通用、专用设备制造业	交通运输设备制造业	电气机械及器材制造业	通信设备、计算机及其他电子设备制造业	仪器仪表及文化办公用机械制造业	工艺品及其他制造业	电力、热力的生产和供应业
代码	16	17	18	19	20	21	23
稻谷	0.0	0.0	0.0	0.0	0.0	383033.0	911.3
稻谷（万吨）	0.0	0.0	0.0	0.0	0.0	141.0	0.3
小麦	0.0	0.0	0.0	0.0	0.0	191516.5	911.3
小麦（万吨）	0.0	0.0	0.0	0.0	0.0	70.4	0.3
玉米	0.0	0.0	0.0	0.0	0.0	0.0	0.0
玉米（万吨）	0.0	0.0	0.0	0.0	0.0	0.0	0.0
大豆	0.0	0.0	0.0	0.0	0.0	0.0	911.3
大豆（万吨）	0.0	0.0	0.0	0.0	0.0	0.0	0.2
其他粮食	0.0	0.0	0.0	0.0	0.0	0.0	911.3
其他粮食（万吨）	0.0	0.0	0.0	0.0	0.0	0.0	0.2
油料作物	0.0	0.0	0.0	0.0	0.0	63838.8	911.3
油料作物（万吨）	0.0	0.0	0.0	0.0	0.0	9.8	0.1
棉花（原棉）	0.0	0.0	0.0	0.0	0.0	0.0	911.3
棉花（万吨）	0.0	0.0	0.0	0.0	0.0	0.0	0.0
蔬菜	4162.6	0.0	0.0	0.0	0.0	255355.3	0.0
其他种植业	2081.3	0.0	0.0	0.0	0.0	383033.0	911.3

续表 21

产出 投入	代码	通用、专用设备制造业 16	交通运输设备制造业 17	电气机械及器材制造业 18	通信设备、计算机及其他电子设备制造业 19	仪器仪表及文化办公用机械制造业 20	工艺品及其他制造业 21	电力、热力的生产和供应业 23
林业		47154.6	26781.6	6829.4	0.0	2637.6	748451.9	1075.5
畜牧业		14345.5	7631.3	348.6	0.0	0.0	9033602.5	0.0
渔业		3210.6	1088.3	0.0	0.0	0.0	56846.7	0.0
农、林、牧、渔服务业		0.0	0.0	0.0	0.0	0.0	0.0	0.0
农业合计		70954.7	35501.1	7178.0	0.0	2637.6	11115677.9	7454.5
煤炭开采和洗选业		2243763.3	547192.8	345083.7	162258.1	201303.1	687167.4	73630066.4
石油和天然气开采业		0.0	0.0	0.0	0.0	0.0	910.6	2617865.3
纺织业		924397.0	1051888.4	890025.2	159690.5	105354.5	8297809.1	21545.1
纺织服装鞋帽皮革羽绒及其制品业		1412064.8	5946575.1	981906.3	1050112.6	211860.3	1378543.8	1388920.7
木材加工及家具制造业		2120550.3	5651815.5	1155299.0	893513.9	198421.2	2815490.1	258623.8
造纸印刷及文教体育用品制造业		2877106.8	1837821.9	4966073.3	4237752.2	802647.1	1656398.0	796676.3
石油加工、炼焦及核燃料加工工业		6727964.0	2609615.0	1993067.4	1573113.0	334031.5	790802.4	12307570.4
化学工业		23758994.6	31897874.2	37574865.8	39281257.2	6654366.3	8162617.3	1299717.1
其中：化肥（万吨）		0.0	0.0	0.0	0.0	0.0	0.0	0.0
非金属矿物制品业		4729627.5	4391068.1	9778041.6	11215004.4	2837007.2	2066794.9	891063.2

续表 22

产出／投入　代码	通用、专用设备制造业 16	交通运输设备制造业 17	电气机械及器材制造业 18	通信设备、计算机及其他电子设备制造业 19	仪器仪表及文化办公用机械制造业 20	工艺品及其他制造业 21	电力、热力的生产和供应业 23
金属冶炼及压延加工业	138292026.4	61936452.8	119775955.3	17658438.3	2805447.0	9319463.4	403878.0
金属制品业	27611074.7	9619592.2	20577624.9	13934487.3	2834560.4	3931115.1	1982187.6
通用、专用设备制造业	148088291.1	50189065.8	23955760.0	6286433.2	2020208.2	403022.3	4203743.2
交通运输设备制造业	9925379.4	196167705.2	1300587.8	2094942.0	452703.3	950863.4	4681728.1
电气机械及器材制造业	36006304.7	22177577.0	68826473.9	17066657.8	3634743.1	665069.4	21675644.3
通信设备、计算机及其他电子设备制造业	13719617.3	6353078.4	27320973.1	281345242.7	17402033.6	233296.0	257197.5
仪器仪表及文化办公用机械制造业	3441942.3	6256856.6	2507327.5	3128140.5	6957108.1	203858.2	7633319.7
工艺品及其他制造业	12357450.3	2147449.0	6136257.6	2611185.7	710474.7	10628424.9	325364.8
电力、热力的生产和供应业	14705214.8	6537834.4	4869562.8	6429796.5	746745.1	1479829.2	149706892.6
燃气生产和供应业	586541.6	380815.1	286536.2	313946.1	49238.5	99619.2	486854.1
水的生产和供应业	219624.5	258273.3	168415.2	221483.5	50606.7	73679.9	521514.1
建筑业	227390.5	180962.9	115575.2	105892.5	19336.4	19987.5	143608.5
交通运输及仓储业	18825422.3	11430140.6	11331695.1	9832268.8	1608417.2	2597303.2	5106264.3
邮政业	583492.8	92799.8	299206.3	190111.7	78608.4	27195.0	49479.7
信息传输、计算机服务和软件业	20772279.8	1158569.2	1315905.4	4923433.1	272618.8	636230.9	2565873.3

续表23

产出 投入	代码	通用、专用设备制造业 16	交通运输设备制造业 17	电气机械及器材制造业 18	通信设备、计算机及其他电子设备制造业 19	仪器仪表及文化办公用机械制造业 20	工艺品及其他制造业 21	电力、热力的生产和供应业 23
批发和零售业		16836339.0	18291392.3	11754031.0	18550183.4	1618668.8	2083155.2	3318857.1
住宿和餐饮业		5082496.0	2458179.6	3265357.1	1808185.1	674737.0	708500.7	1200905.4
金融业		6996507.9	4831904.8	5116056.9	15930971.3	555663.6	1238257.8	17395141.2
房地产业		1835919.6	758104.9	1268296.7	1368015.1	311365.3	641451.7	183565.0
租赁和商务服务业		5805766.4	7155128.4	10050434.8	6386801.4	903341.4	816181.4	1867618.1
研究与试验发展业		2285446.0	3982858.2	1584317.8	3795794.2	351854.3	94443.9	278803.0
综合技术服务业		3935619.6	3987772.8	2263067.0	2726663.3	412514.5	218801.4	3360610.1
水利、环境和公共设施管理业		135926.8	134848.4	82556.0	64257.1	6684.7	17816.9	1119234.0
居民服务和其他服务业		773916.4	649800.7	352788.9	364242.2	58471.0	86116.8	3209770.9
教育		208881.3	90163.7	59411.0	51672.0	12870.2	15824.5	64788.9
卫生、社会保障和社会福利业		1561798.6	966478.2	768329.0	290369.2	119169.1	22962.5	500350.3
文化、体育和娱乐业		921993.6	508197.0	482703.0	476080.3	76365.8	109344.2	944973.0
公共管理和社会组织		89250.5	66829.5	46423.6	56383.8	8887.5	13085.1	59829.7
中间投入合计		5225571197.4	474890674.3	385936583.3	478697033.3	56411778.3	75952083.9	327867228.9
农村居民收入		8914004.0	4352221.6	4874376.9	5497963.3	831543.7	4596542.9	903844.1

续表24

产出 投入	通用、专用设备制造业	交通运输设备制造业	电气机械及器材制造业	通信设备、计算机及其他电子设备制造业	仪器仪表及文化办公用机械制造业	工艺品及其他制造业	电力、热力的生产和供应业
代码	16	17	18	19	20	21	23
城镇居民收入	62381061.2	47173438.0	33128825.9	46297799.1	7950189.7	18880490.1	37236495.8
固定资产折旧	15337116.2	11702825.5	8316247.3	14439307.3	1528750.5	2158801.1	42035893.5
其他	53513935.1	48914438.9	26693401.9	20743977.5	4652380.8	34966979.8	29441408.8
增加值合计	140146116.5	112142924.0	73012852.0	86979047.3	14962864.6	60602814.0	109617642.1
总投入	662703313.9	587033598.3	458949435.2	565676080.6	71374642.9	136554897.9	437484871.0
总播种面积（千公顷）	0.0	0.0	0.0	0.0	0.0	0.0	0.0
灌溉面积（千公顷）	0.0	0.0	0.0	0.0	0.0	0.0	0.0
固定资产总值（亿元）	25561.9	19504.7	13860.4	24065.5	2547.9	3598.0	70059.8
农业机械总动力（百万千瓦）	0.0	0.0	0.0	0.0	0.0	0.0	0.0
大中型拖拉机（千台）	0.0	0.0	0.0	0.0	0.0	0.0	0.0
小型拖拉机（千台）	0.0	0.0	0.0	0.0	0.0	0.0	0.0

续表 25

投入＼产出	燃气生产和供应业	水的生产和供应业	建筑业	交通运输及仓储业	邮政业	信息传输、计算机服务和软件作业	批发和零售业
代码	24	25	26	27	28	29	30
稻谷	366.1	0.0	904778.1	0.0	0.0	0.0	16565.1
稻谷（万吨）	0.1	0.0	333.0	0.0	0.0	0.0	6.1
小麦	366.1	0.0	428579.1	0.0	0.0	0.0	14494.5
小麦（万吨）	0.1	0.0	157.5	0.0	0.0	0.0	5.3
玉米	0.0	0.0	54422.7	0.0	0.0	0.0	6902.1
玉米（万吨）	0.0	0.0	20.1	0.0	0.0	0.0	2.6
大豆	366.1	0.0	0.0	0.0	0.0	0.0	2760.9
大豆（万吨）	0.1	0.0	0.0	0.0	0.0	0.0	0.5
其他粮食	366.1	0.0	816341.2	0.0	0.0	0.0	345.1
其他粮食（万吨）	0.1	0.0	171.3	0.0	0.0	0.0	0.1
油料作物	366.1	0.0	0.0	0.0	0.0	0.0	0.0
油料作物（万吨）	0.1	0.0	0.0	0.0	0.0	0.0	0.0
棉花（原棉）	366.1	0.0	0.0	0.0	0.0	0.0	0.0
棉花（万吨）	0.0	0.0	0.0	0.0	0.0	0.0	0.0
蔬菜	0.0	0.0	0.0	11434482.5	0.0	0.0	1725.5
其他种植业	366.1	0.0	176873.9	0.0	0.0	0.0	26228.2

续表 26

投入＼产出	代码	燃气生产和供应业	水的生产和供应业	建筑业	交通运输及仓储业	邮政业	信息传输、计算机服务和软件业	批发和零售业
		24	25	26	27	28	29	30
林业		366.0	0.0	2110818.4	23639.1	0.0	0.0	0.0
畜牧业		659.7	0.0	0.0	1643.9	0.0	0.0	21178.2
渔业		111.6	0.0	0.0	3281.9	0.0	0.0	7927.8
农、林、牧、渔服务业		0.0	0.0	0.0	0.0	0.0	0.0	0.0
农业合计		3700.1	0.0	4491813.5	11463047.5	0.0	0.0	98127.4
煤炭开采和洗选业		1067405.5	23098.4	811111.7	1654046.9	17834.2	0.0	123619.9
石油和天然气开采业		10458743.5	0.0	0.0	596575.5	0.0	0.0	0.0
纺织业		2590.0	5182.4	763067.9	620595.9	19262.7	20717.3	488893.9
纺织服装鞋帽皮革羽绒及其制品业		249359.3	85670.9	3691056.0	3430211.1	91714.9	319905.0	3581265.6
木材加工及家具制造业		26025.5	25567.6	17898527.1	585150.0	63368.1	162020.4	669257.3
造纸印刷及文教体育用品制造业		56013.1	45326.3	1708481.1	1762609.6	337317.0	4770159.1	3755178.9
石油加工、炼焦及核燃料加工业		462132.9	179952.5	13179332.4	89506052.9	375395.4	325888.5	1356941.3
化学工业		142727.4	857834.3	31238133.7	8448578.6	42206.6	895678.4	3677706.1
其中：化肥（万吨）		0.0	0.0	0.0	0.1	0.0	0.0	0.0
非金属矿物制品业		51304.7	50728.7	231658078.2	1017195.0	44006.2	45850.3	110410.2

续表27

产出 投入	代码	燃气生产和供应业 24	水的生产和供应业 25	建筑业 26	交通运输及仓储业 27	邮政业 28	信息传输、计算机服务和软件业 29	批发和零售业 30
金属冶炼及压延加工业		54775.2	20066.3	127450750.1	2472140.9	0.0	1734.0	198575.7
金属制品业		211701.6	468215.8	329422252.0	2671760.8	9896.0	339875.4	163056.8
通用、专用设备制造业		179431.2	184687.3	302636659.0	11560644.9	133284.6	1367448.3	876198.1
交通运输设备制造业		486963.1	215614.6	4225753.3	33791265.7	1006026.7	1191853.3	3553597.0
电气机械及器材制造业		51567.3	58412.4	38671700.1	1349836.9	22500.9	11639044.4	2766459.4
通信设备、计算机及其他电子设备制造业		11659.2	14010.1	2464550.3	1209824.4	111630.1	10101394.2	1585338.3
仪器仪表及文化办公用机械制造业		139401.9	94234.3	3132526.3	764453.6	15070.8	2315565.9	132341.4
工艺品及其他制造业		16619.7	17932.2	3327985.8	439325.2	32144.6	179119.2	310434.0
电力、热力的生产和供应业		444243.3	4071544.7	7635607.5	5753485.4	173781.9	4215318.5	4757084.5
燃气生产和供应业		1238090.2	56611.6	120941.9	450948.8	12131.9	96196.4	83229.0
水的生产和供应业		11882.5	364141.2	245431.2	289143.1	20443.4	206552.5	155672.1
建筑业		16482.8	21128.1	108441130.2	2065168.2	537879.1	286506.3	1049605.1
交通运输及仓储业		587658.0	164690.4	95244035.3	40520059.2	1813503.0	5183220.9	28517852.4
邮政业		2894.4	5403.9	220460.3	150766.8	533568.0	220855.9	549128.3
信息传输、计算机服务和软件业		31712.9	64217.4	14802088.9	3448157.5	258470.4	7325004.6	3309035.8

续表28

投入＼产出	代码	燃气生产和供应业 24	水的生产和供应业 25	建筑业 26	交通运输及仓储业 27	邮政业 28	信息传输、计算机服务和软件业 29	批发和零售业 30
批发和零售业		373186.4	105448.7	25153078.5	6209547.8	953803.1	5310582.6	2064697.7
住宿和餐饮业		101960.9	138455.9	10223105.3	7649073.4	91504.8	3320412.7	7811980.2
金融业		736774.4	1000554.9	9672300.3	28316745.4	149017.2	3499381.5	13887359.5
房地产业		23356.4	9151.1	595714.5	2342409.1	193661.6	4420636.2	9039468.5
租赁和商务服务业		97874.0	85495.9	3684424.5	2665676.8	493724.6	8174977.5	19832978.0
研究与试验发展业		5847.6	3574.7	765751.2	147614.4	6887.5	282831.0	634518.3
综合技术服务业		51229.5	26456.8	11824691.6	564943.3	2252.7	826361.7	1568500.6
水利、环境和公共设施管理业		9695.2	995243.7	50240.4	144816.7	0.0	47311.5	94056.5
居民服务及其他服务业		64060.2	137070.3	1431619.4	10922472.7	20291.8	1082381.4	3761572.9
教育		5220.8	13335.5	127236.4	358414.2	12747.7	198001.0	243215.3
卫生、社会保障和社会福利业		62364.7	3840.1	303477.2	258936.0	2443.2	50394.9	65404.3
文化、体育和娱乐业		41983.8	52189.8	1420210.1	988092.9	95164.8	945922.9	1585096.6
公共管理和社会组织		1887.7	3471.1	130407.6	135350.4	4192.1	64371.8	101240.4
中间投入合计		17664235.0	9715743.1	756823212.2	290627870.1	7728803.0	79845642.4	124668013.4
农村居民收入		119810.5	225770.5	13565000.7	9022355.0	423415.0	467251.5	12681990.7

续表29

产出 投入	代码	燃气生产和供应业 24	水的生产和供应业 25	建筑业 26	交通运输及仓储业 27	邮政业 28	信息传输、计算机服务和软件业 29	批发和零售业 30
城镇居民收入		2621348.4	3455464.4	157792859.8	89358196.1	3232647.6	34796681.9	111031457.3
固定资产折旧		738292.1	3048700.9	14751878.9	34566269.2	859615.6	21949871.3	19507078.0
其他		12667555.3	965148.5	80500056.2	56528510.7	330875.8	31605663.1	162328650.0
增加值合计		4747006.3	7695084.3	266609795.6	189475331.0	4846554.0	88219467.7	305549176.0
总投入		22411241.3	17410827.5	1023433007.7	480103201.1	12575357.0	168665110.1	430217189.4
总播种面积（千公顷）		0.0	0.0	0.0	0.0	0.0	0.0	0.0
灌溉面积（千公顷）		0.0	0.0	0.0	0.0	0.0	0.0	0.0
固定资产总值（亿元）		1230.5	5081.2	24586.5	26589.4	1432.7	36583.1	32511.8
农业机械总动力（百万千瓦）		0.0	0.0	0.0	0.0	0.0	0.0	0.0
大中型拖拉机（千台）		0.0	0.0	0.0	0.0	0.0	0.0	0.0
小型拖拉机（千台）		0.0	0.0	0.0	0.0	0.0	0.0	0.0

续表 30

产出＼投入	住宿和餐饮业	金融业	房地产业	租赁和商务服务业	研究与试验发展业	综合技术服务业	水利、环境和公共设施管理业
代码	31	32	33	34	35	36	37
稻谷	734605.4	0.0	0.0	0.0	0.0	0.0	0.0
（万吨）	270.4	0.0	0.0	0.0	0.0	0.0	0.0
小麦	559699.4	0.0	0.0	0.0	0.0	0.0	0.0
（万吨）	205.7	0.0	0.0	0.0	0.0	0.0	0.0
玉米	104943.6	0.0	0.0	0.0	0.0	0.0	0.0
（万吨）	38.8	0.0	0.0	0.0	0.0	0.0	0.0
大豆	34981.2	0.0	0.0	0.0	0.0	0.0	0.0
（万吨）	5.9	0.0	0.0	0.0	0.0	0.0	0.0
其他粮食	17490.6	0.0	0.0	0.0	0.0	0.0	0.0
（万吨）	3.7	0.0	0.0	0.0	0.0	0.0	0.0
油料作物	419774.5	0.0	0.0	0.0	0.0	0.0	0.0
（万吨）	64.6	0.0	0.0	0.0	0.0	0.0	0.0
棉花（原棉）	0.0	0.0	0.0	0.0	0.0	0.0	0.0
棉花（万吨）	0.0	0.0	0.0	0.0	0.0	0.0	0.0
蔬菜	1626626.3	0.0	16593.2	339353.2	229373.7	238543.1	632511.2
其他种植业	0.0	0.0	8296.6	169676.6	114686.8	119271.5	316255.6

续表 31

产出〈投入〉	代码	住宿和餐饮业 31	金融业 32	房地产业 33	租赁和商务服务业 34	研究与试验发展业 35	综合技术服务业 36	水利、环境和公共设施管理业 37
林业		281748.9	0.0	0.0	0.0	170347.9	0.0	125088.9
畜牧业		10136227.0	0.0	0.0	2174.9	408062.3	0.0	15728.0
渔业		10992011.4	0.0	0.0	0.0	270263.1	0.0	0.0
农、林、牧、渔服务业		0.0	0.0	0.0	0.0	0.0	0.0	0.0
农业合计		24908108.4	0.0	24889.8	511204.8	1192733.9	357814.6	1089583.7
煤炭开采和洗选业		143811.5	0.0	64367.9	3037777.3	54813.9	120374.3	233490.6
石油和天然气开采业		0.0	0.0	0.0	0.0	0.0	0.0	0.0
纺织业		1060908.1	46047.4	337529.6	2784743.1	641059.6	59398.6	192991.1
纺织服装鞋帽皮革羽绒及其制品业		814028.2	848991.3	1369243.7	2686627.6	244794.7	150366.2	582578.4
木材加工及家具制造业		298262.7	241972.9	367245.2	544158.9	107426.9	114432.5	574762.5
造纸印刷及文教体育用品制造业		733856.8	6257402.4	1780217.3	19304250.1	353197.5	1267484.3	305723.3
石油加工、炼焦及核燃料加工业		1061423.1	2035928.8	3966944.5	6858564.7	289562.5	1838647.4	1655217.4
化学工业		1645010.1	1092664.7	5070023.3	7717932.0	3442969.7	1981316.8	3031917.5
其中：化肥（万吨）		0.0	0.0	0.0	0.0	0.0	4.7	1.3
非金属矿物制品业		442303.1	51724.7	89917.7	114360.6	249423.4	174381.3	627386.0

续表32

产出　　投入	代码	住宿和餐饮业 31	金融业 32	房地产业 33	租赁和商务服务业 34	研究与试验发展业 35	综合技术服务业 36	水利、环境和公共设施管理业 37
金属冶炼及压延加工业		9716.5	0.0	272314.8	164570.1	158864.8	660451.4	339699.0
金属制品业		252084.5	291246.2	1842562.9	4325561.1	807418.3	1921537.9	359432.4
通用、专用设备制造业		253101.8	1371437.3	1075816.1	1414250.7	476389.6	722715.8	943207.8
交通运输设备制造业		728531.1	937360.8	1159085.8	6555683.1	281414.2	1312273.2	1586154.5
电气机械及器材制造业		1546238.3	662114.7	3367679.0	6041585.2	1397554.2	3746566.5	1175693.4
通信设备、计算机及其他电子设备制造业		87990.0	240933.0	909852.1	12446511.8	1248924.7	3381502.9	648094.7
仪器仪表及文化办公用机械制造业		6762.5	1236559.7	1093268.8	1041474.6	1517551.7	3539294.2	620500.4
工艺品及其他制造业		134412.7	335474.3	392283.9	1305765.7	144498.8	198818.5	236298.4
电力、热力的生产和供应业		4611344.7	3037255.0	1817521.7	2054498.6	645280.3	621924.8	1284057.2
燃气生产和供应业		787484.6	16003.4	32008.6	208019.4	10445.6	22884.9	41246.5
水的生产和供应业		374597.4	152377.1	55357.0	140651.9	49183.8	106213.8	83964.5
建筑业		493774.3	466196.6	5843349.9	210331.8	112736.0	271485.0	1125204.2
交通运输及仓储业		2624502.9	7992364.9	2291487.7	10601611.0	1314225.8	5338229.0	1040927.7
邮政业		123966.8	1387313.5	193842.2	1013193.1	53243.2	107248.8	43085.1
信息传输、计算机服务和软件业		663180.7	9191300.7	1183117.6	805453.7	180303.4	444643.5	400191.8

续表 33

投入 \ 产出	住宿和餐饮业	金融业	房地产业	租赁和商务服务业	研究与试验发展业	综合技术服务业	水利、环境和公共设施管理业
代码	31	32	33	34	35	36	37
批发和零售业	4563079.2	1366717.4	1295427.6	4996955.6	660745.1	1056956.8	643490.1
住宿和餐饮业	1460373.5	11888343.1	4946219.2	14215685.4	1128284.6	3692454.9	1075948.1
金融业	3571563.7	25911913.6	12502120.6	9776178.7	136491.8	2847480.1	1437491.3
房地产业	2287535.6	10335579.7	3994439.8	3194534.2	144488.8	921621.3	136003.1
租赁和商务服务业	2578139.2	19660147.6	10247550.0	9433005.8	300002.9	1356564.8	665415.0
研究与试验发展业	1914.1	452258.3	63921.0	107581.6	760632.0	207234.4	43414.8
综合技术服务业	39747.3	223614.1	581877.6	160694.9	460080.5	5622272.0	232397.1
水利、环境和公共设施管理业	70740.1	207173.7	97509.6	1850607.7	19873.3	19018.0	1072007.6
居民服务和其他服务业	2013762.9	1253116.0	2233880.9	3336587.4	94352.7	808660.4	1127461.1
教育	56216.0	627477.7	71627.3	103647.1	106565.6	89084.2	74445.7
卫生、社会保障和社会福利业	36358.6	223124.0	104818.5	35204.3	83646.7	83811.5	167945.3
文化、体育和娱乐业	557578.8	1930904.9	1604332.7	924575.6	193053.9	458046.7	328207.9
公共管理和社会组织	33221.1	184089.2	200879.7	41022.7	8124.1	28716.0	17792.4
中间投入合计	136042144.2	113059491.6	73397439.9	139879947.2	19937062.4	45930860.7	25825478.6
农村居民收入	6769712.0	1369081.2	511650.1	849833.4	159161.7	494154.7	201887.8

续表34

产出　投入	住宿和餐饮业	金融业	房地产业	租赁和商务服务业	研究与试验发展业	综合技术服务业	水利、环境和公共设施管理业
代码	31	32	33	34	35	36	37
城镇居民收入	46022167.0	102956925.1	43486247.6	42528473.9	8158105.9	27703947.7	10620194.1
固定资产折旧	10951345.6	4919117.0	1099907527.1	20098930.7	1453074.4	4573389.2	3937119.6
其他	16941484.1	100561210.7	73914699.6	14372989.3	1607995.8	12218707.9	2761741.1
增加值合计	80684708.7	209806333.9	227820124.4	77850227.3	11378337.9	44990199.6	17520942.7
总投入	216726852.9	322865825.5	301217564.3	217730174.6	31315400.3	90921060.2	43346421.2
总播种面积（千公顷）	0.0	0.0	0.0	0.0	0.0	0.0	0.0
灌溉面积（千公顷）	0.0	0.0	0.0	0.0	0.0	0.0	0.0
固定资产总值（亿元）	18252.2	8198.5	183179.2	33498.2	2421.8	7622.3	6561.9
农业机械总动力（百万千瓦）	0.0	0.0	0.0	0.0	0.0	0.0	0.0
大中型拖拉机（千台）	0.0	0.0	0.0	0.0	0.0	0.0	0.0
小型拖拉机（千台）	0.0	0.0	0.0	0.0	0.0	0.0	0.0

续表35

投入＼产出	居民服务和其他服务业	教育	卫生、社会保障和社会福利业	文化、体育和娱乐业	公共管理和社会组织	中间需求合计	农村居民消费
代码	38	39	40	41	42	TIU	FU101
稻谷	0.0	0.0	0.0	0.0	0.0	25864708.2	5180625.2
稻谷（万吨）	0.0	0.0	0.0	0.0	0.0	9519.8	1906.8
小麦	0.0	0.0	0.0	0.0	0.0	20815620.3	3885468.9
小麦（万吨）	0.0	0.0	0.0	0.0	0.0	7650.3	1428.0
玉米	0.0	0.0	0.0	0.0	0.0	47764460.1	2590312.6
玉米（万吨）	0.0	0.0	0.0	0.0	0.0	17670.8	958.3
大豆	0.0	0.0	0.0	0.0	0.0	21166273.9	1942734.5
大豆（万吨）	0.0	0.0	0.0	0.0	0.0	3585.7	329.1
其他粮食	0.0	0.0	0.0	0.0	0.0	6993555.3	1618945.4
其他粮食（万吨）	0.0	0.0	0.0	0.0	0.0	1467.5	339.7
油料作物	0.0	0.0	0.0	0.0	0.0	32397393.7	1618945.4
油料作物（万吨）	0.0	0.0	0.0	0.0	0.0	4982.7	249.0
棉花（原棉）	0.0	0.0	0.0	0.0	0.0	24789290.4	129515.6
棉花（万吨）	0.0	0.0	0.0	0.0	0.0	840.1	4.4
蔬菜	864376.5	15965.6	510391.1	81024.5	0.0	80488332.9	12174469.2
其他种植业	432188.2	7982.8	255195.6	40512.2	0.0	44943521.7	3237890.8

续表36

投入＼产出	代码	居民服务和其他服务业 38	教育 39	卫生、社会保障和社会福利业 40	文化、体育和娱乐业 41	公共管理和社会组织 42	中间需求合计 TIU	农村居民消费 FU101
林业		0.0	0.0	0.0	0.0	0.0	38448582.5	252461.2
畜牧业		87295.3	218596.9	5764.2	14725.4	0.0	134753803.1	18881840.2
渔业		0.0	43472.0	4097.1	103941.2	0.0	41602398.4	5911738.8
农、林、牧、渔服务业		0.0	0.0	0.0	0.0	0.0	19101137.1	0.0
农业合计		1383860.0	286017.3	775448.0	240203.4	0.0	539129077.4	57424947.6
煤炭开采和洗选业		482123.9	303881.5	653907.9	39850.9	676640.6	218726924.5	839009.1
石油和天然气开采业		0.0	0.0	0.0	0.0	0.0	205242154.4	0.0
纺织业		1781521.5	261993.5	900854.3	144536.1	983293.6	241562751.9	2066567.4
纺织服装鞋帽皮革羽绒及其制品业		834090.5	167781.8	2220679.7	820298.1	3214811.3	93986141.1	15738052.3
木材加工及家具制造业		1116108.1	1823297.3	1208001.9	589561.6	3916721.4	107397957.2	1457235.2
造纸印刷及文教体育用品制造业		1975745.6	5223586.2	2015745.3	5539162.8	6277925.3	188404213.7	882933.2
石油加工、炼焦及核燃料加工业		2173151.7	1178155.7	660805.7	319933.2	3501268.6	314235148.6	1265143.7
化学工业		10316163.3	1343282.7	68998202.4	2021358.1	2439968.1	927052794.9	7901246.1
其中：化肥（万吨）		4.6	3.8	0.0	0.0	0.0	6638.9	0.0
非金属矿物制品业		125863.6	732678.4	902269.3	315495.1	1175627.3	393386146.0	293452.1

续表37

产出\投入 代码	居民服务和其他服务业 38	教育 39	卫生、社会保障和社会福利业 40	文化、体育和娱乐业 41	公共管理和社会组织 42	中间需求合计 TIU	农村居民消费 FU101
金属冶炼及压延加工业	303800.1	111709.3	7740.3	22676.8	0.0	843750792.8	0.0
金属制品业	587872.6	320398.4	337900.6	195725.3	285375.1	212077511.7	787098.5
通用、专用设备制造业	287438.8	297926.2	7228564.7	137799.0	560300.8	415914848.2	55641.6
交通运输设备制造业	4517339.9	993639.5	179504.1	230347.2	3131957.7	305755742.1	7389802.9
电气机械及器材制造业	1942700.9	440139.7	514862.4	271772.1	548794.9	266149512.0	6886713.0
通信设备、计算机及其他电子设备制造业	2919266.5	482516.6	119061.5	293964.2	1854360.2	391539154.3	4955179.4
仪器仪表及文化办公用机械制造业	1153061.1	1953137.1	377196.6	184595.7	423891.6	61777451.7	467482.5
工艺品及其他制造业	941509.8	254297.2	203025.3	99407.1	545726.4	110328535.8	4564998.6
电力、热力的生产和供应业	1313517.5	2722954.4	1877703.7	442594.7	3274287.8	425199046.9	5924181.1
燃气生产和供应业	76397.1	96057.4	75111.2	32976.4	72474.2	12408186.3	1077410.4
水的生产和供应业	194333.9	201948.6	107689.0	38998.4	137911.7	8244256.8	618070.1
建筑业	9081132.6	717568.8	3129419.9	401115.7	3372518.6	34637690.0	0.0
交通运输及仓储业	2488082.3	3825086.5	8809459.4	1448837.1	10016598.7	431017701.4	6139921.6
邮政业	164935.9	312204.5	51811.5	112190.9	2568743.6	11663435.5	93439.0
信息传输、计算机服务和软件业	404851.5	1210446.5	14701773.0	397479.2	4479961.8	81976306.3	8809502.8

续表38

产出 投入	代码	居民服务和其他服务业 38	教育 39	卫生、社会保障和社会福利业 40	文化、体育和娱乐业 41	公共管理和社会组织 42	中间需求合计 TIU	农村居民消费 FU101
批发和零售业		2117748.9	1099100.5	4822700.5	1011353.7	2461386.2	233758401.5	24162400.5
住宿和餐饮业		1865800.7	3581519.3	1555825.3	1533871.6	15299021.4	138297935.6	14427633.4
金融业		2511875.1	3751933.6	916536.8	736690.3	3824313.4	250033409.2	10004163.5
房地产业		3332641.8	566687.7	308402.7	633862.9	1300024.0	60567574.9	28142676.6
租赁和商务服务业		1689266.0	2588919.2	1148665.9	1080348.3	2147763.5	163548060.4	1449303.0
研究与试验发展业		3219.0	298745.8	73234.2	49567.9	3237.6	22532404.2	0.0
综合技术服务业		91280.0	304153.8	225701.3	33554.9	334867.3	66055073.7	177551.3
水利、环境和公共设施管理业		171889.2	188640.9	40714.2	43917.5	556979.1	11932273.4	411131.3
居民服务和其他服务业		4612815.9	1048925.9	881277.3	463444.8	3435586.9	55790117.3	8968011.5
教育		36345.4	643852.5	153613.5	47019.8	1831756.3	6274730.0	15178357.0
卫生、社会保障和社会福利业		38315.6	211534.8	397790.0	70462.7	655908.1	11702421.8	8107424.1
文化、体育和娱乐业		476173.6	862575.4	231606.6	1505216.7	2988255.1	25947228.4	1713808.5
公共管理和社会组织		27399.0	27854.0	23202.7	10165.7	64244.1	2251693.3	0.0
中间投入合计		58061021.7	41695599.0	107037855.1	24344092.6	89334792.1	8491458967.7	325752111.4
农村居民收入		835517.9	1132589.6	533821.4	152802.5	992112.7	522997669.9	

续表39

投入 \ 产出	居民服务和其他服务业	教育	卫生、社会保障和社会福利业	文化、体育和娱乐业	公共管理和社会组织	中间需求合计	农村居民消费
代码	38	39	40	41	42	TIU	FU101
城镇居民收入	43690204.6	105042011.8	50418802.0	15584630.9	137516025.5	1714905720.1	
固定资产折旧	3305001.7	12532202.8	6032961.0	3808421.6	20151065.6	552918608.8	
其他	13185833.9	1714319.6	2822149.8	5412503.9	3443857.3	1245667754.4	
增加值合计	61016558.1	120421123.9	59807734.3	24958359.0	162103061.1	4036489753.2	
总投入	119077579.8	162116722.9	166845589.3	49302451.5	251437853.2	12527948720.9	
总播种面积（千公顷）	0.0	0.0	0.0	0.0	0.0	160675.0	
灌溉面积（千公顷）	0.0	0.0	0.0	0.0	0.0	60347.7	
固定资产总值（亿元）	5508.3	20887.0	10054.9	6347.4	33585.1	890510.0	
农业机械总动力（百万千瓦）	0.0	0.0	0.0	0.0	0.0	927.8	
大中型拖拉机（千台）	0.0	0.0	0.0	0.0	0.0	3921.7	
小型拖拉机（千台）	0.0	0.0	0.0	0.0	0.0	17857.9	

续表 40

投入\产出	城镇居民消费 FU102	居民消费合计 THC	政府消费 FU103	消费合计 TC	固定资本形成总额 FU201	存货增加 FU202	合计 GCF
代码							
稻谷	2674177.3	7854802.5	0.0	7854802.5	0.0	-190792.1	-190792.1
稻谷（万吨）	984.3	2891.0	0.0	2891.0	0.0	-70.2	-70.2
小麦	1604506.4	5489975.3	0.0	5489975.3	0.0	-76316.9	-76316.9
小麦（万吨）	589.7	2017.7	0.0	2017.7	0.0	-28.0	-28.0
玉米	1069670.9	3659983.5	0.0	3659983.5	0.0	-146274.0	-146274.0
玉米（万吨）	395.7	1354.0	0.0	1354.0	0.0	-54.1	-54.1
大豆	1069670.9	3012405.4	0.0	3012405.4	0.0	0.0	0.0
大豆（万吨）	181.2	510.3	0.0	510.3	0.0	0.0	0.0
其他粮食	1069670.9	2688616.3	0.0	2688616.3	0.0	-63597.4	-63597.4
其他粮食（万吨）	224.5	564.2	0.0	564.2	0.0	-13.3	-13.3
油料作物	1337088.7	2956034.0	0.0	2956034.0	0.0	-91004.9	-91004.9
油料作物（万吨）	205.6	454.6	0.0	454.6	0.0	-14.0	-14.0
棉花（原棉）	26741.8	156257.4	0.0	156257.4	0.0	9590.2	9590.2
棉花（万吨）	0.9	5.3	0.0	5.3	0.0	0.3	0.3
蔬菜	14146398.0	26320867.3	0.0	26320867.3	0.0	-9590.2	-9590.2
其他种植业	3743848.3	6981739.0	0.0	6981739.0	0.0	-67988.5	-67988.5

续表41

产出 投入	代码	城镇居民消费 FU102	居民消费 合计 THC	政府消费 FU103	消费合计 TC	固定资本 形成总额 FU201	存货增加 FU202	合计 GCF
林业		203223.7	455684.8	0.0	455684.8	0.0	-3018.3	-3018.3
畜牧业		27199541.6	46081381.8	0.0	46081381.8	33447967.1	4059004.5	37506971.7
渔业		10132896.1	16044634.9	0.0	16044634.9	0.0	441061.3	441061.3
农、林、牧、渔服务业		0.0	0.0	4977112.4	4977112.4	0.0	0.0	0.0
农业合计		64277434.6	121702382.2	4977112.4	126679494.6	33447967.1	3861073.7	37309040.9
煤炭开采和洗选业		526877.7	1365886.8	0.0	1365886.8	0.0	2101199.1	2101199.1
石油和天然气开采业		0.0	0.0	0.0	0.0	0.0	1458522.2	1458522.2
纺织业		3160677.6	5227245.0	0.0	5227245.0	0.0	1829449.5	1829449.5
纺织服装鞋帽皮革羽绒及其制品业		67104864.8	82842917.0	0.0	82842917.0	0.0	5115731.5	5115731.5
木材加工及家具制造业		5888990.8	7346226.0	0.0	7346226.0	12155550.1	1369614.8	13525164.8
造纸印刷及文教体育用品制造业		6795177.3	7678110.5	0.0	7678110.5	0.0	2569406.1	2569406.1
石油加工、炼焦及核燃料加工工业		12580259.0	13845402.6	0.0	13845402.6	0.0	-391919.6	-391919.6
化学工业		25694020.5	33595266.6	0.0	33595266.6	0.0	11652841.3	11652841.3
其中：化肥（万吨）		0.0	0.0	0.0	0.0	0.0	43.9	43.9
非金属矿物制品业		2801553.3	3095005.4	0.0	3095005.4	0.0	4335522.0	4335522.0

续表 42

投入／产出 代码	城镇居民消费 FU102	居民消费合计 THC	政府消费 FU103	消费合计 TC	固定资本形成总额 FU201	存货增加 FU202	合计 GCF
金属冶炼及压延加工业	0.0	0.0	0.0	0.0	0.0	10139171.2	10139171.2
金属制品业	4277387.9	5064486.5	0.0	5064486.5	4527207.2	1802786.9	6329994.1
通用、专用设备制造业	852144.6	907786.3	0.0	907786.3	256237734.3	5229981.8	261467716.1
交通运输设备制造业	39527694.7	46917497.6	0.0	46917497.6	222368911.6	8657342.7	231026254.3
电气机械及器材制造业	25532081.5	32418794.5	0.0	32418794.5	94467871.0	10720017.8	105187888.9
通信设备、计算机及其他电子设备制造业	20118755.4	25073934.8	0.0	25073934.8	66738717.8	7510256.2	74248974.0
仪器仪表及文化办公用机械制造业	2284741.7	2752224.2	0.0	2752224.2	15985417.7	2205289.4	18190707.2
工艺品及其他制造业	19395621.3	23960619.9	0.0	23960619.9	16675050.5	1581916.8	18256967.2
电力、热力的生产和供应业	21768347.5	27692528.5	0.0	27692528.5	0.0	0.0	0.0
燃气生产和供应业	8742813.4	9820223.8	0.0	9820223.8	0.0	147042.6	147042.6
水的生产和供应业	8425890.8	9043960.9	0.0	9043960.9	0.0	0.0	0.0
建筑业	12483648.1	12483648.1	0.0	12483648.1	962683064.4	0.0	962683064.4
交通运输及仓储业	25264103.0	31404024.6	12031091.1	43435115.7	3423559.3	0.0	3423559.3
邮政业	561631.6	655070.6	0.0	655070.6	0.0	0.0	0.0
信息传输、计算机服务和软件业	34955741.2	43765243.9	0.0	43765243.9	34310000.0	0.0	34310000.0

续表 43

投入　　产出 代码	城镇居民消费 FU102	居民消费合计 THC	政府消费 FU103	消费合计 TC	固定资本形成总额 FU201	存货增加 FU202	合计 GCF
批发和零售业	70854030.7	95016431.2	0.0	95016431.2	28964571.2	0.0	28964571.2
住宿和餐饮业	55284404.0	69712037.4	0.0	69712037.4	0.0	0.0	0.0
金融业	49378500.0	59382663.5	2623906.9	62006570.5	0.0	0.0	0.0
房地产业	124955118.5	153097795.1	0.0	153097795.1	74636000.0	0.0	74636000.0
租赁和商务服务业	21192806.0	22642109.0	7377031.6	30019140.6	0.0	0.0	0.0
研究与试验发展业	0.0	0.0	16750084.4	16750084.4	0.0	0.0	0.0
综合技术服务业	2273091.2	2450642.4	11539029.7	13989672.2	9530000.0	0.0	9530000.0
水利、环境和公共设施管理业	5344477.8	5755609.0	25874535.6	31630144.7	0.0	0.0	0.0
居民服务和其他服务业	51239101.6	60207113.0	0.0	60207113.0	0.0	0.0	0.0
教育	34700113.5	49878470.4	109270150.8	159148621.2	0.0	0.0	0.0
卫生、社会保障和社会福利业	82650495.4	90757919.5	66604528.1	157362447.6	0.0	0.0	0.0
文化、体育和娱乐业	9063421.6	10777230.1	12121590.2	22898820.3	0.0	0.0	0.0
公共管理和社会组织	0.0	0.0	250551512.7	250551512.7	0.0	0.0	0.0
中间投入合计	1121392092.1	1447144203.5	519720573.7	1966864777.2	1836151622.3	99887489.6	1936039111.9

续表44

投入＼产出	代码	出口 EX	最终需求合计 TFU	进口 IM	其他 ER	总产出 GO
稻谷		417355.9	8081366.3	136040.5	19376966.8	53187000.8
稻谷（万吨）		153.6	2974.426538	50.1	7131.88367	19576.0
小麦		103592.0	5517250.4	158338.2	5164594.8	31339127.3
小麦（万吨）		38.1	2027.742816	58.2	1898.132075	11518.0
玉米		264490.9	3778200.5	184463.0	-3447275.7	47910921.8
玉米（万吨）		97.9	1397.77322	68.24345896	-1275.345141	17725.0
大豆		74701.6	3087106.9	12573984.8	-2777730.1	8901665.9
大豆（万吨）		12.7	522.9759611	2130.114668	-470.5655195	1508.0
其他粮食		0.0	2625018.9	1294067.1	12267549.9	20592057.0
其他粮食（万吨）		0.0	550.8292245	271.5447036	2574.200484	4321.0
油料作物		77462.2	2942491.3	3021375.5	-11316451.6	21002058.0
油料作物（万吨）		11.9	452.5528511	464.6851755	-1740.461352	3230.1
棉花（原棉）		5818.2	171665.8	2835452.6	-4535793.8	17589709.73
棉花（万吨）		0.2	5.817604184	96.0910283	-153.7141172	596.1
蔬菜		5041758.5	31353035.6	502719.2	2847056.6	1141185705.9
其他种植业		883542.6	7797293.1	5559496.5	-12258845.9	34922472.53

续表 45

产出\投入 代码	出口 EX	最终需求合计 TFU	进口 IM	其他 ER	总产出 GO
林业	43450.4	496117.0	11572416.3	-1068059.9	26304223.3
畜牧业	680878.7	84269232.1	2865480.1	13018794.8	229176349.8
渔业	852786.5	17338482.6	265725.8	4270172.3	62945327.5
农、林、牧、渔服务业	789.5	4977901.9	63900.2	1126241.7	25141380.5
农业合计	8446627.0	172435162.5	41033459.8	22667219.9	693198000
煤炭开采和洗选业	1411591.9	4878677.9	13140886.6	-8803377.5	201661338.3
石油和天然气开采业	1585813.0	3044335.2	86033277.1	-5520693.6	116732518.9
纺织业	89896922.5	96953617.0	9629145.7	-2742142.7	326145080.6
纺织服装鞋帽皮革羽绒及其制品业	57965327.8	145923976.4	7597658.4	9260437.6	241572896.8
木材加工及家具制造业	26985579.2	47856970.1	4624952.9	-168520.9	150461453.4
造纸印刷及文教体育用品制造业	22693154.8	32940671.4	10477352.7	-2931171.7	207936360.7
石油加工、炼焦及核燃料加工业	8174685.1	21628168.0	20642144.4	-13735075.0	301486097.2
化学工业	94420280.3	139668388.3	118423995.3	-15786602.7	932510585.3
其中：化肥（万吨）	1510.0	1553.9	702.0	0.0	7490.8
非金属矿物制品业	19022111.9	26452639.26	5210492.9	-13987553.6	400640738.8

续表 46

投入 代码　　产出	出口 EX	最终需求合计 TFU	进口 IM	其他 ER	总产出 GO
金属冶炼及压延加工业	36567429.7	46706600.9	51275401.1	-18364071.4	820817921.1
金属制品业	34534763.2	45929243.8	7178911.0	-5859970.3	244967874.2
通用、专用设备制造业	71615488.7	333990991.1	96931710.9	9729185.5	662703313.9
交通运输设备制造业	50978683.4	328922435.3	59595434.4	11950855.3	587033598.3
电气机械及器材制造业	92912595.7	230519279.0	42350579.0	4631223.3	458949435.2
通信设备、计算机及其他电子设备制造业	241257787.7	340580696.4	176618184.6	10174414.4	565676080.6
仪器仪表及文化办公用机械制造业	37154104.5	58097035.9	49985311.3	1485466.6	71374642.88
工艺品及其他制造业	17192942.0	59410529.1	34041659.2	857492.1	136554897.9
电力、热力的生产和供应业	791958.1	28484486.7	185728.1	-16012934.5	437484871
燃气生产和供应业	0.0	9967266.4	0.0	35788.6	22411241.3
水的生产和供应业	0.0	9043960.9	0.0	122609.7	17410827.47
建筑业	9812178.0	984978890.5	3433383.1	7249810.3	1023443008
交通运输及仓储业	36963221.4	83821896.4	16928136.2	-17808260.5	480103201.1
邮政业	511139.5	1166210.1	539823.9	285535.3	12575357
信息传输、计算机服务和软件业	6992532.1	85067776.1	2701935.9	4322963.6	168665110.1

续表 47

投入＼产出	出口 EX	最终需求合计 TFU	进口 IM	其他 ER	总产出 GO
批发和零售业	67141886.8	191122889.2	0.0	5335898.6	430217189.4
住宿和餐饮业	6302404.5	76014441.9	7549573.4	9964048.7	216726852.9
金融业	2070132.9	64076703.4	1807385.1	10563098.1	322865825.5
房地产业	0.0	227733795.1	0.0	12916194.3	301217564.3
租赁和商务服务业	42883843.5	72902984.1	24934988.2	6214118.3	217730174.6
研究与试验发展业	562196.0	17312280.4	8827121.0	297836.6	31315400.26
综合技术服务业	0.0	23519672.2	0.0	1346314.4	90921060.24
水利、环境和公共设施管理业	0.0	31630144.7	0.0	-215996.9	43346421.23
居民服务和其他服务业	2174363.4	62381476.4	2604643.4	3510629.4	119077579.8
教育	350450.0	159499071.2	937438.3	-2719640.1	162116722.9
卫生、社会保障和社会福利业	382792.5	157745240.1	267682.6	-2334390.0	166845589.3
文化、体育和娱乐业	4279047.6	27177867.9	5159315.5	1336670.7	49302451.51
公共管理和社会组织	646236.6	251197749.2	776718.8	-1234870.5	251437853.2
中间投入合计	1119108719.9	5022012609.0	1013904220.4	28381364.6	12527948721